王明亮 著

教育强国六力论

JIAOYU QIANGGUO
LIULI LUN

中山大学出版社
·广州·

版权所有 翻印必究

图书在版编目（CIP）数据

教育强国六力论 / 王明亮著. --- 广州：中山大学出版社，2025.6.
ISBN 978-7-306-08501-6

Ⅰ．G52

中国国家版本馆 CIP 数据核字第 2025EP3252 号

JIAOYU QIANGGUO LIULI LUN

| 出 版 人：王天琪
| 策划编辑：陈 霞
| 责任编辑：陈 霞
| 封面设计：曾 斌
| 责任校对：马萌萌 高津君
| 责任技编：靳晓虹
| 出版发行：中山大学出版社
| 电 话：编辑部 020-84110283，84113349，84111997，84110779，84110776
| 发行部 020-84111998，84111981，84111160
| 地 址：广州市新港西路135号
| 邮 编：510275   传 真：020-84036565
| 网 址：http://www.zsup.com.cn E-mail：zdcbs@mail.sysu.edu.cn
| 印 刷 者：广东虎彩云印刷有限公司
| 规 格：787mm×1092mm 1/16 14.25印张 250千字
| 版次印次：2025年6月第1版 2025年6月第1次印刷
| 定 价：48.00元

如发现本书因印装质量影响阅读，请与出版社发行部联系调换

序

王仕民[*]

2024年9月9日至10日，全国教育大会在北京召开。习近平总书记在大会上强调："我们要建成的教育强国，是中国特色社会主义教育强国，应当具有强大的思政引领力、人才竞争力、科技支撑力、民生保障力、社会协同力、国际影响力，为以中国式现代化全面推进强国建设、民族复兴伟业提供有力支撑。"[①] 习近平总书记在大会上的重要讲话内涵丰富、高屋建瓴、思想深邃，具有很强的政治性、思想性、指导性，是新时代教育发展的指导思想，是新征程上教育工作的纲领性文献，为中国特色社会主义教育强国建设指明了前进的方向、提供了根本遵循。全国教育大会结束之后，教育界的学者们开展了集中学习与研讨。王明亮博士的新著《教育强国六力论》就是学习阐释全国教育大会"六力"精神的最新成果。

王明亮博士的新著《教育强国六力论》写完后，想给我看看，我爽快地答应了。当我真正拿到书稿的时候，首先是感到很惊讶：全国教育大会刚刚开完，研究的著作就写出来了，真是了不起啊！当我读完了书稿后，感觉十分惊艳：怎么会写得这么好！内涵丰富，结构严谨，层次分明，重点突出，洋洋洒洒！合上稿件，我心中充满惊叹：青年学者，后生可畏！长江后浪推前浪！有了前面的"三惊"之后，我就主动提出为其新著写一个序，一则想写一写读后感，二则想过一把写序的瘾！以前都是求前辈帮我写个序，受到许多前辈的关照，给我的研究成果增色不少！我写的序虽

---

[*] 中山大学马克思主义学院教授，博士研究生导师。教育部马克思主义工程专家，教育部重大课题攻关项目"高校思政课教学方法论研究"首席专家，广东省粤港澳大湾区网络实践中心（基地）首席专家，广东思想政治工作专家，广州市重大行政决策论证专家，广州市委宣传部"新时代理论宣讲团"专家，广东省思想政治理论课教学指导委员会委员。

① 习近平：《紧紧围绕立德树人根本任务 朝着建成教育强国战略目标扎实迈进》，载《人民日报》2024年9月11日第01版。

然不敢说为书稿增色多少，但作为一个著作的介绍倒是可以的。当我真正开始写序的时候，却发现写序也不是那么容易的，本序只能算是一些介绍和读后感吧！我认为，王博士的新著具有如下四个特点。

一是时代性。时代是思想之母，实践是理论之源。全国教育大会于2024年9月9日至10日在北京召开，新著在11月就已完稿。这是在与时间赛跑，这是站在时代的前沿，更是站在学术的前沿。新时代中国教育取得了前所未有的成就，教育规模得到了空前的发展，不禁让人畅想教育强国2035远景目标！一个崭新的教育画面浮现在眼前——追逐梦想，青春有我，奋斗正当时！新时代中国青年学者，正在以自己青春的风采，书写着时代的芳华！

二是前沿性。全国教育大会给中国教育规划了发展的蓝图。教育是强国建设、民族复兴之基。习近平总书记对教育发展战略地位的全面论述，深刻地彰显了党中央对教育事业的高度重视和对强国建设规律的深刻洞察与精准把握。这是沉甸甸的信任和期待，更是广大教育工作者光荣的使命和责任。全面准确深入学习宣传贯彻大会精神，领悟习近平总书记重要讲话精神实质和核心要义，意义重大。著作紧紧围绕习近平总书记提出的建成教育强国应当具有强大的思政引领力、人才竞争力、科技支撑力、民生保障力、社会协同力、国际影响力来展开研究。这就是前沿研究！新时代中国青年学者勇扛使命担当，秉承家国情怀，勇立潮头，敢为人先，思考着前沿的问题，阐释着前沿的命题，书写着前沿的答案！

三是理论性。新著就思政引领力、人才竞争力、科技支撑力、民生保障力、社会协同力、国际影响力进行了系统的理论阐释。思政引领力就是思想政治教育自身蕴含的对教育强国建设的引导和带领的伟大力量。教育强国建设人才是基础、是根本、是依托，而科技则为高质量发展提供了强大支撑力。保障和改善民生是一项长期性工程，没有终点，只有接续奋斗的新起点。有力的民生保障是持续改善民生的内生动力，通过不断完善公共服务、健全社会保障，使人民生活水平进一步提高，人民群众幸福感、获得感、安全感持续提升。社会协同力，是指社会有机体系统各要素之间、各子系统内部通过相互协调配合，使社会系统不同利益主体之间形成协同关系，通过相互支持、相互依靠、相互促进的合作行动，共同推进社会良好发展的能力。教育系统本身的社会协同力提升，进而通过教育高质量发展助推社会协同力整体提升。建设教育强国，需不断提升我国教育的国际影响力。不断提升教育的国际影响力、竞争力和话语权是深入推动教育对外开放的重要内容和重大目标，也是教育强国建设的重要路径和必然要求。所有这些研究内容，具有较强的理论色彩，书写着理论创新与时代的同步性！

四是实践性。新著在理论的基础上，又具有很强的实践性。习近平总书记指出："我们推进理论创新是实践基础上的理论创新，而不是坐在象牙塔内的空想，必须坚持在实践中发现真理、发展真理，用实践来实现真理、检验真理。"① 新著紧密结合现实情况进行了系统的论证，结合新时代、新实践、新形势，对教育强国要求，特别是教育强国"六力"作出系统阐释。新时代每一位教育工作者都应该将讲话精神落实到具体的教育教学工作中去。在课堂上，要精心设计教学方案，激发学生的学习兴趣和主动性；在课外，要关注学生的身心健康和全面发展，开展丰富多彩的教育活动，以高度的责任感和使命感，为学生的成长和发展贡献自己的力量。著作在实践的层面上，研究了教育强国的发展路向，书写着教育强国的实践策略！

虽然新著还有很多其他特色与优点，但限于篇幅，难以面面俱到地去阐述。研究成果暂时是阶段性的成果，对全国教育大会精神的学习解读，也才刚刚开始，我相信研究成果会不断涌现。青年学者有一个成长的过程，有一个发展的空间，其学术之路才刚刚开始！我们应该创造条件，提供力所能及的帮助。青年是国家的未来，青年学者是教育强国的中坚力量，应对他们的成长给予必要的关注。青年学者"要锤炼对党忠诚的政治品格，树立不负人民的家国情怀，追求高尚纯粹的思想境界，练就堪当重任的过硬本领，为党和人民事业拼搏奉献，在新时代新征程上留下无悔的奋斗足迹"②。新时代，伟大的中国已经走上了发展的快车道，我们每一个人都必须以崭新的姿态，迎接这个伟大的时代，拥抱这个伟大的时代！每一位教师，都应以饱满的热情，积极投身于伟大的教育事业，为中国特色社会主义教育强国贡献自己的伟力！不负韶华，不负时代，不负青春！

---

① 习近平：《不断深化对党的理论创新的规律性认识 在新时代新征程上取得更为丰硕的理论创新成果》，载《人民日报》2023 年 7 月 2 日第 01 版。

② 习近平：《努力成长为对党和人民忠诚可靠、堪当时代重任的栋梁之才》，载《求是》2023 年第 13 期，第 16 页。

前　言

当今世界正经历百年未有之大变局，新一轮科技革命和产业变革深入发展，国际竞争日趋激烈，人才成为综合国力竞争的关键要素。党的二十大报告明确提出"加快建设高质量教育体系，发展素质教育，促进教育公平"①，为新时代教育事业的发展指明了方向。2024年9月9日至10日，全国教育大会在北京召开，习近平总书记系统阐释了教育强国的科学内涵和基本路径。习近平总书记指出："我们要建成的教育强国，是中国特色社会主义教育强国，应当具有强大的思政引领力、人才竞争力、科技支撑力、民生保障力、社会协同力、国际影响力，为以中国式现代化全面推进强国建设、民族复兴伟业提供有力支撑。"② 建设教育强国不仅是实现中华民族伟大复兴的基础工程，更是国家长远发展的战略支撑。

教育强则国家强。教育作为民族振兴、社会进步的重要基石，在国家现代化进程中具有基础性、先导性和全局性作用。没有强大的教育体系，就不可能建成社会主义现代化强国。当前，我国正处于由教育大国向教育强国转变的关键阶段，如何在新的历史起点上进一步凝聚教育力量、提升教育质量、优化教育结构、增强教育服务能力，成为亟待解决的重大课题。

本书正是围绕这一时代命题展开的系统性研究。教育强国六大核心能力相互联系、相辅相成，共同构成了新时代教育强国建设的基本框架和发展路径。

第一，思政引领力是教育强国的根本保障。教育不仅是知识的传授，

---

① 习近平：《高举中国特色社会主义伟大旗帜　为全面建设社会主义现代化国家而团结奋斗——中国共产党第二十次全国代表大会上的报告》，人民出版社2022年版，第34页。

② 习近平：《紧紧围绕立德树人根本任务　朝着建成教育强国战略目标扎实迈进》，载《人民日报》2024年9月11日第01版。

更是价值观的塑造。必须坚持党对教育事业的全面领导，牢牢把握意识形态工作的主导权，通过加强思政课程与课程思政建设，引导学生坚定理想信念，厚植爱国主义情怀，践行社会主义核心价值观，真正实现立德树人的根本任务。

第二，人才竞争力是教育强国的核心动力。面对全球人才竞争的新格局，我们必须加快构建以国内大循环为主体、国内国际双循环相互促进的人才培养新格局。要坚持"四个面向"——面向世界科技前沿、面向经济主战场、面向国家重大需求、面向人民生命健康，推动高等教育内涵式发展，提升拔尖创新人才培养质量，不断增强人才自主供给能力和人才竞争力。

第三，科技支撑力是教育强国的战略支撑。高校是国家战略科技力量的重要组成部分，是基础研究的主力军、原始创新的策源地、关键技术攻关的主阵地。要不断深化科教融合、产教融合，完善科研评价机制，强化关键核心技术攻关，推动科技成果转化，全面提升教育服务国家创新驱动发展战略的能力。

第四，民生保障力是教育强国的价值体现。教育公平是社会公平的重要基石，是实现共同富裕的重要途径。要坚持以人民为中心的发展思想，持续优化教育资源配置，推进义务教育优质均衡发展，健全覆盖全学段的学生资助体系，保障特殊群体的受教育权利，努力让每个孩子都能享有公平而有质量的教育。

第五，社会协同力是教育强国的重要依托。教育是一项系统工程，需要政府、学校、家庭、社会多方联动，形成协同育人机制。要树立"大教育观"，打破教育边界，整合各类教育资源和社会力量，营造全社会尊师重教、关心支持教育的良好氛围。

第六，国际影响力是教育强国的重要标志。在全球化背景下，教育对外开放是提升国家软实力的重要手段。要主动对接国际先进教育理念，积极参与全球教育治理，加强中外人文交流，引进优质教育资源，推动中国教育"走出去"，不断提升中国教育的国际话语权和影响力。

本书立足于新时代中国特色社会主义教育发展的实践基础，结合国内外教育改革与发展经验，从理论与实践两个维度出发，系统探讨"六力"的内涵、运行机理及其协同发展路径。在理论层面，试图构建具有中国特色的教育强国理论体系；在实践层面，努力提出切实可行的政策建议和发展策略,力求为新时代教育强国建设提供有力的学理支撑和实践指导。

教育强国的建设不是一蹴而就的,需要一代又一代教育工作者接续奋斗。本书的写作,既是对当前教育改革发展经验的阶段性总结,也是对未来教育强国建设路径的积极探索。希望本书能够为教育研究者、政策制定者、一线教育工作者以及广大关心教育事业的社会各界人士提供有益的参考和启发。

最后,衷心感谢王仕民教授拨冗为本书撰写序言,其精辟的学术洞见为读者理解"六力论"的内在逻辑提供了权威导读。在此,谨向为本书提供帮助和支持的所有专家、领导、同仁以及始终给予理解支持的家人致以深切谢忱。

本书作为教育现代化研究领域的阶段性探索成果,恳请学界前辈与教育实践者指正谬误,以便在后续研究中不断完善和深化。

编者

2025 年 5 月

目　录

第一章　教育强国问题的研究综述 …………………………… 1
　一、关于教育强国内涵的研究 ………………………………… 1
　二、关于教育强国特征的研究 ………………………………… 5
　三、关于教育强国评价体系的研究 …………………………… 8
　四、关于教育强国建设路径的研究 …………………………… 11
　五、教育强国"六力"的相互关系 …………………………… 18

第二章　教育强国的思政引领力 ……………………………… 19
　一、教育强国思政引领力的科学内涵 ………………………… 19
　二、教育强国思政引领力的主要特征 ………………………… 21
　三、教育强国思政引领力的价值功能 ………………………… 24
　四、教育强国思政引领力的创新发展 ………………………… 27
　五、思政引领力服务教育强国的基本方略 …………………… 31
　六、思政引领力支撑教育强国建设的实践进路 ……………… 44

第三章　教育强国的人才竞争力 ……………………………… 59
　一、教育强国人才竞争力的科学内涵 ………………………… 59
　二、教育强国人才竞争力的主要特征 ………………………… 62
　三、教育强国人才竞争力的价值功能 ………………………… 66
　四、教育强国人才竞争力的创新发展 ………………………… 69
　五、人才竞争力服务教育强国的基本方略 …………………… 73
　六、人才竞争力支撑教育强国建设的实践进路 ……………… 81

第四章　教育强国的科技支撑力 ……………………………… 89
　一、教育强国科技支撑力的科学内涵 ………………………… 89
　二、教育强国科技支撑力的主要特征 ………………………… 91

  三、教育强国科技支撑力的价值功能 …………………… 95
  四、教育强国科技支撑力的创新发展 …………………… 98
  五、科技支撑力服务教育强国的基本方略 ……………… 102
  六、科技支撑力支撑教育强国建设的实践进路 ………… 111

第五章　教育强国的民生保障力 ……………………………… 119
  一、教育强国民生保障力的科学内涵 …………………… 119
  二、教育强国民生保障力的主要特征 …………………… 123
  三、教育强国民生保障力的价值功能 …………………… 126
  四、教育强国民生保障力的创新发展 …………………… 129
  五、民生保障力服务教育强国的基本方略 ……………… 132
  六、民生保障力支撑教育强国建设的实践进路 ………… 141

第六章　教育强国的社会协同力 ……………………………… 149
  一、教育强国社会协同力的科学内涵 …………………… 149
  二、教育强国社会协同力的主要特征 …………………… 152
  三、教育强国社会协同力的价值功能 …………………… 155
  四、教育强国社会协同力的创新发展 …………………… 160
  五、社会协同力服务教育强国的基本方略 ……………… 164
  六、社会协同力支撑教育强国建设的实践进路 ………… 173

第七章　教育强国的国际影响力 ……………………………… 179
  一、教育强国国际影响力的科学内涵 …………………… 179
  二、教育强国国际影响力的主要特征 …………………… 182
  三、教育强国国际影响力的价值功能 …………………… 187
  四、教育强国国际影响力的创新发展 …………………… 192
  五、国际影响力服务教育强国的基本方略 ……………… 196
  六、国际影响力支撑教育强国建设的实践进路 ………… 206

参考文献 ………………………………………………………… 212

后　记 …………………………………………………………… 214

第一章 教育强国问题的研究综述

习近平总书记指出，建成教育强国是近代以来中华民族梦寐以求的美好愿望，是实现以中国式现代化全面推进强国建设、民族复兴伟业的先导任务、坚实基础、战略支撑，必须朝着既定目标扎实迈进。① 党的十八大以来，党中央坚持把教育作为国之大计、党之大计，提出建设什么样的教育强国、怎样建设教育强国这一重大课题。全面推进教育强国建设，推动新时代教育事业取得历史性成就、发生格局性变化，切实以教育之力厚植人民幸福之本，以教育之强夯实国家富强之基。"教育强国"作为新时代我国教育事业发展的战略目标，自提出以来便引起了广泛的关注和讨论，目前已成为学界的研究热点。学术界对教育强国的研究也经历了从不断深入到逐渐细化的过程。

一、关于教育强国内涵的研究

教育强国这一概念的提出，经历了从提出到逐步明确再到不断深化的过程。2010年，《国家中长期教育改革和发展规划纲要（2010—2020年）》正式发布，首次提出"教育强国"的概念，提出我们要"加快从教育大国向教育强国迈进"的奋斗目标。2017年，党的十九大报告指出"建设教育强国是中华民族伟大复兴的基础工程"②，明确了教育强国建设的重要性。2018年全国教育大会上，习近平总书记发出了加快推进教育现代化、建设教育强国、办好人民满意的教育的动员令，进一步推动了教育强国建设的进程。2021年，"十四五"规划和2035年远景目标纲要的

---

① 习近平：《紧紧围绕立德树人根本任务 朝着建成教育强国战略目标扎实迈进》，载《人民日报》2024年9月11日第01版。

② 《习近平谈治国理政》（第三卷），外文出版社2020年版，第61页。

发布，为教育强国建设提供了明确的时间表和路线图。2022年，党的二十大报告对教育、科技、人才进行了统筹安排部署，单独列章阐述，提出到2035年要建成教育强国，比全面建成社会主义现代化强国的时间提前了15年，凸显了教育强国建设的战略先导和支撑引领作用。

对"教育强国"概念进行阐释，是建设教育强国的前提和基础。从理论层面来看，教育强国是一个动态发展、体系化且多维度的概念，通过对其概念进行辨析，可以更加清晰地把握它的内涵和外延，从而避免在理论探讨的过程中产生歧义和误解，为制定教育政策和规划提供科学的理论依据。从实践层面来看，教育强国建设是社会主义现代化强国建设的重要组成部分，通过辨析教育强国的概念，可以明确我国教育事业的发展方向和目标，发现当前教育实践中存在的问题与不足，为教育改革提供有针对性的指导，确保研究者和决策者在统一概念框架下思考和行动，凝聚教育强国建设的合力。

"教育强国"这一概念从提出至今，经历了从模糊到逐渐清晰的过程。教育强国的概念最早起源于"高等教育强国"这一论题。1999年，时任教育部副部长周远清开展了关于高等教育强国问题的研究讨论，这些研究为近年来有关教育强国的研究提供了非常重要的理论基础和方法遵循。近年来，不少学者围绕教育强国这一概念的历史演化做了非常好的梳理与点评。

石中英（2023）围绕教育强国中的"强"字是形容词还是动词展开了深入讨论。他认为，教育强国既指"教育强的国家"，也意味着"通过教育使国家强盛"。前者侧重于特征形容，教育供给的充分性和便捷性、教育品质的优异性和公平性等特征是教育强国的显著标志；后者侧重于实践驱动，教育自身强大还远远不够，要增强教育服务国家建设的能力，通过立德树人，为现代化建设提供价值驱动、道德引领、人才支持、智力支撑。由此，他提出"教育强国不再是一个单纯的描述性概念，而是一个带有比较强烈价值预设和指向的命题，一个有关教育与国家功能性关系的理论命题"的观点。他还认为，教育强国的两层内涵之间也是具有高度统一性的，没有"教育强的国家"的实现，就没有"通过教育使国家强盛"的实现，其统一的本质就是教育自身强与教育功能强的有机统一。[①]

[①] 参见石中英《教育强国：概念辨析、历史脉络与路径方法——学习领会党的二十大报告中有关教育强国建设的重要论述》，载《清华大学教育研究》2023年第1期，第17页。

王涛、李福林（2023）尝试通过建模的方式推导出教育强国的概念。他们从理念层、标准层和发展层三重维度出发，构建了一个"教育强国"的概念模型：其中从理念层来看，教育强国是"位于知识生产的中心，具有辐射广泛的教育理念"；从标准层来看，教育强国的"强"是在标准层之上的"强"；从发展层分析，教育强国是与经济社会发展和人民美好期望相统一的，需要自身实现可持续发展的同时促进国家和经济社会的发展。基于这一概念模型，作者用演绎的方法，从知识生产、国际比较和政策制定的角度，对教育强国进行精准定义，认为"教育强国是一个系统性、体系化、动态多维的概念"，具备强调公平、规模适度、结构优化等特征。它不仅能引领并服务国家重大战略，还能在国际上产生显著的影响力和竞争力。①

罗方述（2024）立足教育强国建设的战略目标，从质量、价值、结构等视角对教育强国的概念进行了详细界定。首先，他认为高质量发展是建设教育强国的重要任务，高质量对于教育体系建设来说，体现为教育综合实力强、教育国际竞争力强、教育创新力强，且具有较大的国际影响力；对于教育类型来说，包括高等教育、职业教育、继续教育等多维度的强大；对于世界坐标体系来说，一国须具备较强的教育国际影响力、吸引力和竞争力。其次，作者指出教育强国的概念还包括高价值，即教育对经济社会发展的重要支撑作用，经济、科技、文化价值是其贡献程度的重要指标。最后，从系统结构视角看教育强国的内涵，主要表现为"高公平"，既包括每个人接受优质教育的权利平等、机会平等，也包括各种教育类型的协同均衡发展。②

张应强（2024）则放眼整个近代中国，从大历史观的角度出发辨析教育强国的概念。其通过深刻分析 160 多年来教育与社会的关系，概括出了我国从"教育救国"到"科教兴国"再到"教育强国"的演进过程，同时又立足当下，赋予教育强国更加宏阔纵深的时代内涵。他认为，一方面，"教育强国是一个蕴含大国博弈和竞争的概念"。在新一轮科技革命和产业革命的背景下，教育是科技、创新、人才等硬实力的汇聚性载体，已成为国家硬实力的关键组成部分，是大国博弈与竞争的重要战略策略。另

---

① 参见王涛、李福林《教育强国：从概念模型到精准定义》，载《教育发展》2023 年第 2 期，第 7 页。

② 参见罗方述《教育强国内涵表征及其建设路径研究》，载《中国高校社会科学》2024 年第 4 期，第 14 页。

一方面,"教育强国还是现代化强国的下位概念"。我们是在建设社会主义现代化强国的战略之下实施教育强国战略的,"教育强国"是"社会主义现代化强国"的关键部分,发挥战略先导的作用。①

还有学者从评价指标来量化教育强国的概念。张炜、周洪宇（2022）在《教育强国建设：指数与指向》一文中对教育强国进行了指数构建。文章指出,教育强国的形成是一个多维度、多层次的结果,它是"时间、经济与教育综合水平及其影响力的复合函数"②。基于新型人力资本理论框架与 CIPP（Context, Input, Process, Product）评价范式,作者们运用德尔菲专家咨询法,创新性地设计了一套全球视野下的教育强国发展指数体系。该体系由四大核心一级指标——背景环境、资源配置、实施流程与成效产出构成,并细化为一系列具体的二级指标,以全面反映教育强国的各个维度。随后,研究团队采用科学的方法为各项指标分配权重,并进行了严格的量化评估。通过这一严谨的分析过程,他们成功地将全球超过60个主要国家的教育现代化进程划分为四个层次：全球顶尖教育强国、区域领先教育强国、接近教育强国行列的国家以及一般教育国家。这一分类不仅揭示了各国教育发展的现状,也为未来教育政策的制定提供了有价值的参考。中国在这一排名中占据第 24 位,稳居准教育强国阵营的前列。这一成果利用了一套科学且实用的评价指标体系,全面审视了中国教育现代化的进程,精确定位了中国在全球教育强国建设序列中的位置,并据此提出了具有针对性的推进策略与建议。

从上述几例关于教育强国的概念辨析的研究来看,学者们的观点既有共性,也有个性。在共性方面,首先,学者们普遍从多个维度来界定教育强国的概念,几乎都提到了教育质量、教育公平、教育服务现代化建设、教育的国际影响力等关键词。其次,学者们都认同教育强国是一个动态性、系统性的概念,与时代的发展同频共振,也需要教育的各环节、各领域协同配合。最后,大家都强调教育强国是带有价值预设和功能指向的命题,要力图通过教育自身的强大来实现国家"强起来"。而在个性方面,不同学者采取了不同的研究角度,运用了不同的研究方法,选择了不同的量化指标。这些共性与个性共同构成了教育强国研究的丰富内涵,为我们

---

① 参见张应强《关于教育强国时代内涵的思考》,载《江苏高教》2024 年第 7 期,第 2 页。

② 张炜、周洪宇：《教育强国建设：指数与指向》,载《教育研究》2022 年第 1 期,第 146 页。

深入理解教育强国提供了多角度的视野与思路。

综合来看，近年来，关于教育强国概念的研究，呈现出内涵与外延不断拓展、跨学科研究与综合评估相互交织、国际化视野与全球横向比较不断延伸三个方面的趋势。其一，教育强国研究的内涵不断深化，研究不仅关注教育质量和教育水平，还强调教育创新与教育开放；教育强国研究的外延也在不断拓展，除了实现基础教育到高等教育的全覆盖，还开始关注教育与经济、社会、文化、科技的互动融合。其二，教育强国概念研究越来越注重跨学科的交流融合，研究涉及教育学、社会学、政治学等多个学科领域，可以帮助我们更加全面地理解把握教育强国的本质和规律。同时，教育强国概念的研究方法也呈现量化趋势，通过定量和定性相结合的综合评估方法，赋予教育强国这一概念更加客观、全面、准确的内涵。其三，教育强国概念研究还呈现出全球化视野，关注国际教育的动态和发展趋势，将教育放在国际视域下分析，更能体现教育强国概念中"强"字的应有之义。

二、关于教育强国特征的研究

什么样的国家称得上教育强国？教育要发展到何种程度，我们才能说自己的国家是教育强国？对教育强国特征进行研究界定，也是所有教育强国研究者和政策制定者必须面对的一个基本问题。

从教育强国特征研究的重要性来看，一方面，教育强国具有多方面的特征，对这些特征进行研究，有助于我们清晰认识教育强国建设的核心要素和关键环节，从而明晰发展的方向与目标，继而为优化教育资源配置提供科学依据，也为提升教育质量提供路径选择。另一方面，在全球化的背景之下，教育的国际竞争力已经成为衡量一个国家教育水平的重要指标。对教育强国特征进行研究，有助于我们制定更加科学合理的教育国际化战略，更好地应对国际教育竞争中的机遇与挑战，提升我国教育的国际地位和影响力。以下将就教育强国特征研究所涉及的研究方法进行综述。

历史分析方法。在关于教育强国的特征研究当中，历史分析法是学者们常用的方法之一，通过分析不同历史时期的教育强国取向，揭示教育强国的特征。这一方法在刘小强等（2024）的文章中表现得尤为明显。作者分析了不同历史阶段教育强国的典型特征，从19世纪英法教育强国的普及义务教育，到第一次世界大战后期美国的普及中学教育，再到第二次世界大战后普及高等教育，直至20世纪后半叶以具有"公平而有质量的教育"为判断标准，作者以历史时间为坐标，标注出不同时期教育强国的典型特征，从而在时间维度上赋予教育强国以时代特征。[1]

访谈调查法和专家判断法。作为互补性研究方法，它们已被综合运用于教育强国特征的研究当中。学者们访谈教育领域的专家和政策制定者，了解他们对教育强国问题的看法和意见，同时结合专家判断，分析整合出教育强国的基本特征。薛二勇等（2024）在《教育强国建设的中国特色道路》一文中就使用了这样的研究方法。作者从教育强国建设的规律和战略部署出发，基于访谈调查和专家判断，在理论分析的基础上，回应教育强国建设的中国道路问题，从而得出强质量、强支撑、强认同三项特征指标。[2]

文献梳理与理论分析。文献梳理与理论分析是教育强国特征研究的基础工作。学者们通过广泛收集和分析相关文献，梳理出教育强国建设的基本特征、关键指标等内容，同时结合理论分析，构建教育强国建设的理论框架和逻辑体系。如曾里、李广海（2024）在研究中通过文献梳理和理论分析，构建了教育强国建设的关键特征的理论逻辑框架，明确了"新发展阶段，教育强国建设具体表现出人民性、现代化、融合性、包容性等四个方面的关键特征"[3]。

教育强国特征的研究是一个多维度、深层次的课题，涉及教育学、政治学、经济学等多个领域。众多学者从各自的专业视角出发，对教育强国的特征进行了深入剖析，并提出了富有洞见的观点。

刘小强、邓婧（2024）在其研究中强调"支撑强大的创新驱动发展能力是教育强国的核心特征"[4]。他们从时间的纵深视角出发，细致地剖

---

[1] 参见刘小强、邓婧《从教育强国到产教融合的几点思考》，载《中国人民大学教育学刊》2024年第1期，第11-15页。

[2] 参见薛二勇、李健、刘英倜《教育强国建设的中国特色道路》，载《国家教育行政学院学报》2024年第4期，第22-24页。

[3] 曾里、李广海：《教育强国建设的关键特征、理论逻辑与实践策略》，载《内蒙古社会科学》2024年第9期，第24-25页。

[4] 刘小强、邓婧：《从教育强国到产教融合的几点思考》，载《中国人民大学教育学刊》2024年第1期，第11页。

析了教育强国在不同历史阶段的演进轨迹，指出在 19 世纪，教育强国的标志性特征在于义务教育的广泛普及；而历经第一次世界大战的洗礼后，这一特征逐渐转变为中学教育的全面推广；到了当今社会，则是以"公平而有质量的教育"作为判断标准。随后，作者巧妙地将分析维度拓展至空间层面，深刻揭示了在全球化的竞争格局下，国家间的较量实质上已演化为科技与人才的激烈争夺，而这一切的根源，则可归结为教育能力和创新能力的较量。在此基础上，他们进一步阐明了创新驱动发展能力在不同历史阶段的具体表现形式，并强调，为了构建教育强国，必须紧密贴合时代发展的脉搏，矢志不渝地提升教育领域的创新能力。

薛二勇等（2024）则从中国特色道路的角度探讨了教育强国的特征[1]。他们认为，教育强国建设应深入研究其基本特征与关键指标，以建成具有中国特色、世界水平的教育体系。结合理论分析，他们认为，教育强国建设的基本特征，可以从三个维度进行深入剖析。一是从教育内部来看，教育强国的核心在于构建一个"强质量"的教育体系。这意味着我们的教育不仅要注重知识的传授，更要注重人的全面发展，包括智力、情感、道德、体质等多方面的提升，让教育成为知识传承与创新的摇篮，不断推动学术进步和技术革新，为国家的长远发展提供源源不断的智力支持。二是从教育外部来看，教育强国要发挥"强支撑"的教育功能。教育要与政治、经济、社会、文化、生态文明等各个领域产生良性互动，不仅要为国家的现代化建设提供人才保障和智力支持，还要通过其文化影响力，塑造国家的软实力，提升国家的国际地位。三是从综合评价的角度来看，教育强国要形成"强认同"的教育影响，要真正办好人民满意的教育，让人民群众在教育发展中获得实实在在的利益。同时还要对世界教育改革发展产生重要影响，成为引领全球教育潮流的先锋。其研究注重理论与实践相结合，通过实证研究验证了理论假设，为教育强国建设融入中国式现代化全局提供了学理注脚。

曾里和李广海（2024）在其对教育强国建设的研究中，深度剖析并构建了教育强国建设的关键特征的理论逻辑框架，这一框架全面而深入地揭示了教育强国建设的核心要素[2]。他们认为，教育强国建设必须深刻理解

---

[1] 参见薛二勇、李健、刘英佩《教育强国建设的中国特色道路》，载《国家教育行政学院学报》2024 年第 4 期，第 22-24 页。

[2] 参见曾里、李广海《教育强国建设的关键特征、理论逻辑与实践策略》，载《内蒙古社会科学》2024 年第 9 期，第 23-27 页。

和把握人民性、现代化、融合性和包容性这四个关键特征，其中，人民性要以教育共同利益为基础，将教育的目的和落脚点回归到人的发展上，这不仅体现在提供教育机会上，更要确保每个人都能通过教育实现自我潜能的充分发挥，过上有尊严的生活；现代化特征则强调了教育强国建设的目标和动力，即不断提升教育质量，实现教育的普及和优质化，为中国式现代化提供坚实的人才基础和智力支撑；融合性特征则体现在教育、科技、人才的有机结合上，文章认为，通过三者协同配合、系统集成，可以为高质量发展提供新动能、新优势；包容性体现在多元组织共治上，随着社会的多元化和复杂化，我们需要构建网络化、系统性的多元主体治理结构，形成权力的多中心格局，这不仅能提高教育的效率和质量，更可以确保教育的公平和可持续发展。曾里和李广海的研究注重理论构建与实证分析相结合，他们首先通过文献梳理和理论分析，明确了教育强国建设的关键特征，然后通过实证研究验证了这些特征在实际中的存在和有效性。他们的研究过程体现了理论与实践的相互促进，为教育强国建设提供了清晰的理论指导和实践路径。

然而，当前教育强国特征的研究仍存在一些不足。一方面，不同学者对教育强国特征的理解存在一定的差异和分歧，缺乏统一的理论框架和评价体系。另一方面，部分研究过于注重理论构建和宏观分析，缺乏深入细致的实证研究和案例分析。也正因如此，教育强国特征的研究呈现出以下趋势：一是教育强国特征的理论研究正在不断深化，各领域学者正努力尝试构建统一的理论框架和评价体系；二是实证研究和案例分析加强的势头明显；三是在跨学科研究和学术交流方面，也呈现出为推动教育强国特征研究合力献策的趋势。这些都为我们更好地认识和理解教育强国的特征提供了更加科学全面和有力的支持。

三、关于教育强国评价体系的研究

（一）国内相关评价指标分析

早期国内对教育强国的研究多聚焦于高等教育强国，随着党中央将建设教育强国上升为国家战略，学界逐渐将研究焦点转向构建教育强国追赶期指标体系。张丽在《教育强国追赶期指标体系探索》① 中，初步尝试构建一个涵盖教育投资、教育规模扩展、教育质量提升及教育公平促进等多维度的指标体系，为后续学术探索奠定了重要基础。随着研究的不断深化，国内学者开始从更多元化的视角出发，构建教育强国的综合评价指标体系。李伟涛在《教育强国基本内涵与指标体系构建》② 中，从国家教育发展的整体层次、教育对社会服务的贡献、民众对教育满意度以及教育在全球的影响力四个层面，系统性地建立了包含基础指标、发展性指标及保障性指标的教育强国评估框架，极大地增强了评价体系的全面性和系统性。褚宏启在《教育强国建设的底层逻辑与顶层设计——教育如何助推中国成为世界强国》③ 中，则从科技创新贡献、人才培养成效、教育实施过程、教育保障体系四个维度，精心设计了教育强国的评价指标系统，并着重阐述了教育强国建设的核心理念在于其如何有效促进中国迈向世界强国之列。这一研究不仅增强了教育强国评价体系的逻辑严密性，还为其科学性提供了坚实的理论支撑。

进入新时代，国内学者更加注重从教育现代化、高质量发展等角度构建教育强国指标体系。刘复兴、董昕怡在《论教育强国指标体系建构》④ 中，创新性地从国民教育体系指标、终身学习体系指标、高质量发展成效指标、教育投入与保障体系指标、中国特色教育指标五大板块，系统地搭建了新时代背景下的教育强国评价指标体系。这一研究不仅彰显了教育强国评价体系的时代特征，还体现了其在方法论上的创新。张炜、周洪宇在《教育强国建设：指数与指向》⑤ 中，从背景评估指数、投入分析指数、过程监控指数、产出成效指数四个方面，构建了全球视角下的教育强国建设评估指数体系，并着重指出教育强国建设需聚焦教育的国际化进程、信息化应用及可持续发展策略。该研究为教育强国评价体系的国际化视野和

---

① 张丽：《教育强国追赶期指标体系研究》，载《当代教育科学》2010 年第 3 期，第 18-21 页。

② 李伟涛：《教育强国基本内涵与指标体系构建》，载《中国教育学刊》2023 年第 2 期，第 1-6 页。

③ 褚宏启：《教育强国建设的底层逻辑与顶层设计——教育如何助推中国成为世界强国》，载《教育研究》2024 年第 1 期，第 4-14 页。

④ 刘复兴、董昕怡：《论教育强国指标体系建构》，载《新疆师范大学学报（哲学社会科学版）》2024 年第 1 期，第 118-126 页。

⑤ 张炜、周洪宇：《教育强国建设：指数与指向》，载《教育研究》2022 年第 1 期，第 147-158 页。

前瞻性导向提供了坚实的理论基础。北京师范大学教授张志勇及其团队基于对教育强国内涵和建设目标的理解，建构了一套由"教育公平、教育保障、教育结构、教育质量、教育开放、教育贡献"构成的"六位一体"教育强国评价指标体系①。该体系基于对教育强国内涵和建设目标的深刻理解，从教育公平、教育保障、教育结构、教育质量、教育开放、教育贡献六个维度出发，全面而系统地衡量我国教育的发展水平。这一评价体系的建构不仅借鉴了国内外相关研究的精髓，还充分考虑了中国特色与国际可比性的有机结合，确保了评价结果的客观性和科学性。其中，教育公平关注各级教育普及程度和机会公平，教育保障则涉及政府对教育的投入、资源的优化配置等，教育结构注重人才培养的比例分布，教育质量通过主要科目成绩、大学排名、创新能力等多维度来衡量，教育开放考察我国在国际教育领域的交流与合作，教育贡献则评估教育对经济社会发展的支撑能力。这六个方面相互关联、相互促进，共同构成了教育强国评价体系的完整框架，为我国教育强国建设提供了有力的理论支撑和实践指导。通过这一评价体系的实施，我们可以更清晰地认识到我国教育发展的现状、优势与不足，进而制定出更具针对性的发展策略，推动教育事业的持续健康发展。

国内学者在教育强国评价指标体系构建方面取得了显著成果，从多维度、多层次、多视角出发，构建了全面、系统、科学的评价体系。在构建教育强国评价指标体系时，学者们还特别注重结合中国国情和教育实际，提出了一系列中国特色指标，如区域教育均衡指数、城乡教育均衡指数、女性教育参与率、小学和初中教师学历等。这些指标不仅反映了中国教育的独特性和复杂性，也为教育强国评价体系的针对性和实效性提供了有力保障。当然，指标体系的具体应用和实证研究，仍有待进一步探索和完善。

（二）国外相关评价指标分析

国外虽然没有专门的教育强国概念，但各国际组织在教育评价方面积

---

① 张志勇、张文静：《教育强国评价指标体系建构》，载《中国高校社会科学》2004年第4期，第35-43页。

累了丰富的经验。联合国教科文组织（UNESCO）、经济合作与发展组织（OECD）以及世界银行等机构分别构建了各自的教育评价指标体系，用于评估世界各国家和地区或组织成员的教育发展水平或教育政策执行质量。UNESCO的专题指标框架主要用于记录全球教育事业的进展，监测各国家和地区能否如期实现教育2030目标。OECD则使用固定的教育政策分析框架，研判国际教育政策生态，明确教育改革的优先事项和发展趋势。世界银行的SABER评估工具则注重教育系统的整体效能和改革效果。

国外教育评价指标体系具有评价服务于特定目标、评价指标覆盖范围广泛且内容丰富、评价指标具有相对稳定性和国际可比性等特点。这些特点使得国外教育评价指标体系在国际比较和跨国研究中具有较高的权威性和可信度。国外教育评价指标体系在构建与应用方面积累了丰富的经验并拥有众多成功案例，也为我国教育强国评价体系的建构提供了有益的参考和借鉴。然而，由于各国国情和教育制度的差异，国外评价指标体系如直接应用于中国可能存在一定的局限性和适用性问题。因此，在借鉴国外经验时，我们应充分考虑中国国情和教育实际，进行本土化改造和创新。

总体来看，国内外学者在构建教育强国评价指标体系时，均注重从多维度、多层次、多视角出发，构建了全面、系统、科学的评价体系。这些指标体系涵盖了教育投入、教育规模、教育质量、教育公平、教育结构、教育治理等多个方面，为教育强国评价提供了有力的支撑。当然，国内外学者的研究也各有侧重，国内学者在构建教育强国评价指标体系时，特别注重结合中国国情和教育实际，提出了一系列中国特色指标。这些指标不仅反映了中国教育的独特性和复杂性，也为教育强国评价体系的针对性和实效性提供了有力保障。同时，国内学者还注重与国际经验相比较，通过与国际先进水平的对比和分析，明确了中国教育发展的优势和短板，为教育强国建设提供了有力的参考和借鉴。

四、关于教育强国建设路径的研究

习近平总书记在中共中央政治局第五次集体学习时强调，我们要建设的教育强国，必须"以教育理念、体系、制度、内容、方法、治理现代化为基本路径"①，这是对教育强国建设整体路向的具体擘画。在全球化纵深发展的当下，国家综合实力的评价体系已突破经济、军事等传统维度，更多地向教育、科技、文化等软实力方面倾斜。这些软实力不仅塑造了一个国家的国际形象，更深刻地影响着其内部的发展潜力和创新能力。其中，教育作为国家发展的基石，其水平和质量直接关系到国家的人才培养、科技创新和文化传承的能力。通过深入研究教育强国建设的路径，我们可以更好地理解和把握教育发展的内在规律与外在趋势。这不仅有助于我们认清当前教育发展的现状和挑战，更能引导我们科学、准确地预见未来的发展方向和机遇，指引我们制定出更加科学、合理的教育政策和发展战略，提升国家的整体教育水平和综合实力。教育领域的不少学者和专家已经敏锐地意识到这一点，他们开始积极投身于创新教育强国建设路径的研究之中。

党的二十大已经就加快教育强国建设和到2035年建成教育强国做出了总体部署，提出了明确要求。如何落实党的二十大的这个总体部署和任务要求，就成为当前和今后一段时间我国教育系统要深入思考与努力探索的一个重大问题。党的二十大之后，教育界已经围绕着这个问题行动起来，从不同的角度对教育强国建设的路径方法等展开研究，形成了一些初步的政策和学术成果。

如教育部部长怀进鹏从五个方面详细剖析了教育强国建设的根本路径。一是在理念上，需推动教育理念现代化，以培养具备理想、能力与责任感，能够肩负民族复兴大任的新时代人才为目标，为教育强国建设的实践明确方向。二是在体系上，要求实现教育体系的现代化，核心在于构建高质量教育体系，这不仅是教育现代化的核心要求，也是教育强国建设的应有之义。三是在内容上，需推进教育内容的现代化，这需要我们重新审视教育内容，精心打造能够培育学生品德、启迪学生智慧的高质量教材。四是在方法上，教育方法的现代化尤为关键，特别是利用数字技术赋能教育方法，使之成为推动教育强国建设的重要力量。五是在治理上，强调实现教育治理的现代化，推动教育治理体系和治理能力的现代化，为教育强国建设提供坚实的支撑。② 这些主张从价值取向、工作重心、思维模式、

---

① 《习近平在中共中央政治局第五次集体学习时强调 加快建设教育强国 为中华民族伟大复兴提供有力支撑》，载《人民日报》2023年5月30日第01版。

② 参见怀进鹏《加快建设教育强国》，载《人民日报》2022年12月21日第09版。

动力源泉等多个维度，全面揭示了教育强国建设的总体方向和关键要点，为构建教育强国建设路径的宏观框架奠定了坚实基础，可视为该框架的"四梁八柱"。

早期的研究者们在探索构建教育强国路径时，多聚焦于宏观视角，通过剖析立场、观点及方法，深入分析实现教育强国愿景的策略与途径。石中英（2023）综合运用归纳法和演绎法，在归纳总结前人关于教育强国建设的内涵、价值、历史脉络等研究成果的基础上，系统提出教育强国建设的具体路径[1]。一是在立场上，要深化政治认知，从全面推进社会主义现代化强国建设的宏伟蓝图及实现第二个百年奋斗目标的战略视角，来审视教育强国建设的深远意义。这一视角不仅精准捕捉了教育强国建设当前的紧迫性与具体实践路径，更深刻揭示了其面向未来的长远规划与全局性价值。二是在方法论层面，我们应坚持以马克思主义理论为指引，运用习近平新时代中国特色社会主义思想蕴含的世界观与方法论，并结合党的二十大报告中提出的"六个坚持"原则，应对教育强国建设这一复杂系统工程中出现的种种矛盾与挑战。三是在核心任务上，我们应凸显立德树人的根本地位，致力于培育德智体美劳全面发展的社会主义建设者与接班人。石中英强调，教育强国建设需直面人才培养中的难点、瓶颈、薄弱环节及亟待解决的问题，通过深化教育领域的改革创新，提升教育质量，增强自主培养杰出创新人才的能力，为实现中华民族伟大复兴的中国梦奠定坚实的人才基石。四是在理念上，我们应倡导"大教育观"，注重各级各类教育的有机衔接、相互贯通与深度融合，构建一体化的教育体系。这要求教育强国建设不仅要关注学校教育、正规教育，还应涵盖职工教育、干部培训、家庭教育、社会教育等多元教育领域，构建覆盖全生命周期、满足个性化及多样化学习需求的教育生态，推动教育系统的全面重构与育人功能的持续优化，形成更加开放、包容、灵活的教育格局。五是在主题聚焦上，我们应强调高质量发展的核心议题，坚持问题导向，集中力量解决制约教育事业科学发展的根本性问题与重大挑战。文章指出，当前教育领域正面临多重挑战，唯有以问题为导向，推动教育质量、效率的根本性变革，才能确保教育发展成果惠及更广泛的人民群众。六是在路径探索上，我们应强调文化自信，坚持立足中国实际发展教育，探索具有中国特色的

---

[1] 参见石中英《教育强国：概念辨析、历史脉络与路径方法——学习领会党的二十大报告中有关教育强国建设的重要论述》，载《清华大学教育研究》2023年第1期，第15-18页。

教育现代化之路。教育强国建设是一项具有鲜明中国特色的战略任务，无法简单复制国外模式，需基于我国具体国情，发挥主观能动性，自主总结实践经验、分析发展形势、设计实施方案。这为教育强国建设提供了新的思路：将中华优秀传统文化与现代教育改革需求相结合，为教育的高质量发展提供深厚的历史文化底蕴与丰富的精神滋养。

  随着研究的不断深入，教育强国路径的探索开始由宏观转向微观、由抽象概念转向具体措施。张铭凯、靳玉乐（2024）在《教育强国建设的价值遵循、基本路径与动力机制》①中，采用理论阐释与实例分析相结合的方式，明晰了教育强国建设过程中必经的六个现代化。一是教育理念现代化，其核心在于培养拥有崇高理想、卓越能力及强烈责任感，能够担当民族复兴大任的新时代人才，为教育强国实践提供明确的导向。此观念不仅展现出前瞻视野与全局战略价值，更与民族复兴的伟大使命紧密相连，彰显了新时代教育的历史责任与时代担当。二是教育体系现代化，文章指出构建高质量教育体系是教育强国的基石，该体系是各级各类教育高质量融合的整体，需以现代化为引领，针对教育改革中的顽疾，主动对接国家重大战略需求，灵活调整，优化布局。这一阐述不仅为构建高质量教育体系指明了发展方向，也为教育强国建设提供了坚实的结构支撑。三是教育制度现代化，教育制度现代化被认为是教育价值实现的关键，优质的教育制度如同肥沃的土壤，能促进教育实践茁壮成长，反之则可能成为其发展的障碍。因此，推进教育制度现代化，强化制度对高质量发展的支撑作用，是教育强国建设的必由之路。四是教育内容现代化，文章指出教材是教育内容最直接、最重要的载体和表现形式，并强调了新时代教材建设的根本遵循和方向指引。同时，作者还强调了加强教材建设和管理的重要性，以确保教育内容的科学性、正确性和时代性。五是教育方法现代化，作者特别提到了数字化赋能教育方法的重要性，认为数字化已成为教育方法迭代转型的重要支撑和具体体现。同时，作者也理性反思了数字化赋能的局限性，强调数字化应以赋能教育为基本指向与旨归。六是教育治理现代化，作者提出了以系统观念重塑治理理念，以破立结合创新治理实践的观点，强调了治理理念与治理方式的双重现代化。这一论述不仅为教育治理现代化提供了理论支持，也为教育强国建设提供了坚实的治理保障。这

---

  ① 张铭凯、靳玉乐：《教育强国建设的价值遵循、基本路径与动力机制》，载《西北师大学报（社会科学版）》2024年第2期，第57-63页。

些路径不仅具有理论上的指导意义,更为教育实践提供了具体的操作指南。

中国教育科学研究院课题组的多位专家也在《教育强国建设的世界经验与中国路径》①中,通过对比国内外教育发展的经验和教训,总结了中国教育强国建设的独特路径和优势,形成了教育强国问题的强烈共识。文中提出了六点路径。一是稳固基石,致力于基础教育的高质量与均衡发展。基础教育作为教育大厦的根基,对青少年的终身学习与社会融入具有深远影响。在强化基础知识传授的同时,需削弱过度竞争与分化趋势,使基础教育回归其促进学生全面发展的本质功能。这一策略不仅针对当前基础教育领域的竞争过度问题提出了解决方案,也为教育的公平性与均衡性发展指明了方向。二是需强化顶端优势,推动高等教育向国际一流水准迈进。至2035年,我国计划将高等教育毛入学率提升至70%~75%,并致力于使数所顶尖学府跻身世界顶尖行列。实现此目标,要加大教育投入力度,优化资源配置,并着力提升教育质量与教学效益。文章着重强调了"双一流"大学建设的重要性,并呼吁针对高技能人才需求,加速发展高等职业教育,以强化教育体系的实用性与竞争力。三是应弘扬传统文化精髓,构建特色鲜明的STEM(科学、技术、工程、数学)教育体系。通过充分利用理工科教育的优势资源,如生源质量高、规模大、就业前景广阔等,加速推进新工科教育与"卓越工程师培养计划"。此举旨在培养更多具备创新思维与实践能力的人才,为我国制造业的转型升级提供坚实的人才支撑。四是需优化机制设计,构建高效自主的人才培养体系。文章建议,应强化创新人才培养的学科基础,建立国家主导的关键领域学科建设动态调整机制;完善人才培养的连贯性,提升其系统性;健全多主体协同培养机制;充分发挥研究生教育在科研引领与人才集聚中的关键作用。这些措施的实施,将显著提升我国人才的自主培养能力,为教育强国建设奠定坚实的人才储备。五是应提升国际合作与交流的质量与效益。这要求我们积极构建全球人才高地,增强教育的国际影响力;广泛参与全球教育治理与国际教育合作,提升在国际教育议程中的话语权与影响力。六是要深化内部建设,将加强教师队伍建设作为核心战略。文章重申了尊师重教的优良传统,并提出提高教师待遇、强化教师培训、完善教师评价体系等具

---

① 中国教育科学研究院课题组:《教育强国建设的世界经验与中国路径》,载《新疆师范大学学报(哲学社会科学版)》2024年第1期,第108-116页。

体举措。这些措施的实施，将吸引更多优秀人才投身教育事业，为教育强国建设提供源源不断的动力源泉。综合来看，这六点路径对我国教育强国建设进行了全面而深入的思考，不仅总结了国内外教育发展的经验教训，还结合中国实际，是具有前瞻性和可操作性的策略。

罗方述（2024）[①]巧妙地从我国现有的"优势资源"出发，对教育强国建设的具体策略进行了深入的剖析，并提出了一系列具有前瞻性和可操作性的发展路径。一是强调利用制度优势，加速构建符合中国国情的现代教育治理体系。在此过程中，坚持党对教育事业的全面领导是教育强国建设的根本保障，同时，借鉴国际先进经验，推动教育治理体系的现代化。这包括加强教育法治建设，提升教育治理效能，促进政府、学校与社会三者间的协同治理，形成良性互动机制。这一路径的探讨，既贴合我国教育发展的现实状况，又展现了作者对教育政策动态的深刻洞察。二是发挥战略协同优势，汇聚教育、科技与人才强国的综合力量。通过强化教育、科技和人才的深度融合与协同，可以形成推动高质量发展的强大合力，为教育强国建设注入强劲动力。三是要利用人才优势，营造优秀人才终身投身教育事业的良好环境。高水平师资队伍被视为教育强国建设的核心资源。此外，罗方述还进一步阐述了营造优秀人才终身从教的积极氛围以及促进基本公共教育服务均衡化发展、利用数字化转型战略赋能教育强国建设进程、拓宽教育对外开放与国际合作的实践路径的重要性。整体来看，罗方述的分析条理清晰、论证严谨，所提出的实践策略具有高度的针对性和实效性。

教育强国路径研究的趋势分析，体现在如下四个方面。

一是从宏观到微观，逐步细化研究内容。早期的研究更多地聚焦于教育强国建设的宏观层面，如教育理念的现代化、教育体系的完善、教育内容的更新等。这些研究为教育强国建设提供了总体的方向和框架。然而，随着研究的深入，研究者们开始关注更为具体的实施路径和措施。如对于教育理念的现代化，不仅强调培养有理想、有本领、有担当的时代新人，还进一步探讨如何通过课程改革、教学方法创新等手段将这一理念落实到具体的教学实践中。对于教育体系的完善，也开始关注各级各类教育之间的衔接和融通，以及如何构建更加开放、灵活的教育体系。

二是由抽象概念到具体措施，可操作性增强。早期的研究大多集中在

[①] 罗方述：《教育强国内涵表征及其建设路径研究》，载《中国高校社会科学》2024年第4期，第16-20页。

教育强国建设的宏观战略层面，诸如教育理念的革新、教育结构的优化以及教育内容的更新迭代等方面。这些研究成果为教育强国建设勾勒出了总体的发展蓝图和理论框架。然而，随着研究的持续深化，研究者们的目光逐渐转向更为具体细致的实施策略与操作路径。在教育理念的革新方面，研究不再仅仅停留于培养具有理想追求、过硬本领和责任感强烈的时代新人的宏观目标上，而是进一步细化到如何通过课程体系的改革、教学方法的创新等具体措施，将这一教育理念切实融入日常的教学活动中，实现教育理念与实践的深度融合。在教育结构的优化方面，研究开始聚焦于各级各类教育之间的衔接与融合，探讨如何打破教育壁垒，促进各类教育之间的顺畅过渡与协同发展。同时，研究还着眼于构建更加开放包容、灵活多样的教育体系，以适应社会经济发展的多元化需求，为教育强国建设提供更为坚实有力的支撑。

三是结合国内外经验，形成独特路径。在教育强国战略路径的探索历程中，研究者们不仅将目光投向国内教育实践及其发展趋势，还广泛吸纳国际先进经验和成功案例作为参考。他们通过细致比较国内外教育发展的相似性与差异性，提炼出了一条符合中国国情的教育强国建设新路径。在基础教育层面，研究者们着重强调了打造优质且均衡的基础教育的重要性，进一步提出要在确保基础知识传授扎实的同时，优化学业竞争环境，减少分化现象，让基础教育真正回归到为个体全面发展奠定坚实基础的功能定位上。而在高等教育领域，研究者们则树立了建成全球顶尖高等教育体系的宏伟目标，提出要优化教育资源配置，提升教育效率与效益，同时加强"双一流"建设，推动高等教育内涵式发展。此外，研究者们还强调了高等教育需面向高素质技能型人才培养的需求，加大对高等职业教育的支持力度，以构建多层次、多类型的高等教育体系，为教育强国战略提供强有力的智力支撑。

四是强调人才培养和自主创新能力。在教育强国战略路径的深入研究中，研究者们普遍都有这样的共识，那就是人才培养的质量与自主创新能力的提升被视为推动国家经济社会持续发展的关键驱动力。唯有孕育出兼具创新思维与实践操作能力的人才队伍，方能确保国家发展拥有不竭的动力源泉。鉴于此，研究者们提出了一系列针对性举措，如加强 STEM 教育，旨在通过融合科学、技术、工程与数学等多领域知识，激发学生的探索精神与创新能力，为培养未来科技领域的领军人物奠定坚实基础。同时，优化创新人才培养的学科基础，意味着要根据国家发展战略需求，动态调整学科布局，强化关键领域与新兴学科的建设，为创新人才提供更为广阔的成长空间。此外，还提出要完善多主体协同培养创新人才机制，打破传统教育模式的局限，促进政府、学校、企业及科研机构等多方力量的深度融合，形成资源共享、优势互补的创新人才培养生态。这些举措的落地实施，将有效提升我国人才的自主培养效能，为教育强国战略的顺利实施提供坚实的人才支撑与智力保障，推动国家向创新驱动发展转型迈出坚实步伐。

五、教育强国"六力"的相互关系

首先，教育强国"六力"是一个有机整体。我们要建设的教育强国，不能只有一个维度，而是具有多个维度的整体。思政引领力、人才竞争力、科技支撑力、民生保障力、社会协同力、国际影响力，六个维度共同服务一个总目标，即教育强国。"六力"相互联系、相辅相成，构成一个有机统一的整体。这一整体以立德树人为根本任务，以人民满意为根本标准，以服务国家战略为根本导向，体现了新时代中国教育发展的系统思维与全局视野。

其次，教育强国"六力"各有侧重，形成了内在次序。思政引领力居于首位，是"六力"的灵魂和方向标，确保教育始终沿着社会主义办学方向前进；人才竞争力是核心动力，直接关系到国家发展所需高素质人才的供给能力；科技支撑力是战略引擎，体现教育在推动科技进步和服务创新驱动发展战略中的关键作用；民生保障力是价值归宿，彰显教育公平正义和社会和谐发展的内在追求；社会协同力是机制保障，强调多元主体参与教育治理、形成育人共同体的重要意义；国际影响力则是开放维度，反映中国教育在全球教育格局中的话语权与贡献力。

最后，教育强国的"六力"必须形成合力。"六力"不能孤立存在，不能单打独斗，"六力"相加必须大于"六"。政治引领为人才培养提供价值导向，人才培养为科技创新夯实人才基础，科技创新反哺教育质量提升，教育公平促进社会和谐稳定，社会协同拓展教育资源边界，国际交流提升教育水平与全球影响力。唯有实现"六力"协同发展，才能构建起高质量、有活力、可持续的现代教育体系，真正建成具有中国特色、世界水平的教育强国，为中华民族伟大复兴提供坚实的人才支撑和智力保障。

第二章　教育强国的思政引领力

教育是以"教导"为方法，以"育人"为目的。教育的根本在于凭借人相对成熟、理性的思维来认知事物，从而使事物的本质得以展现。在这个过程中，人对事物的理解会从感性认识逐步发展为理性认识，进而形成一种相对正确且全面的自我意识思维。教育与政治紧密相连，教育的政治属性决定了它需为特定的阶级和社会服务。在新时代，教育强国建设和政治建设需同步推进，因此，思政引领力的发展就显得尤为关键。

一、教育强国思政引领力的科学内涵

思政引领力作为建设教育强国"六力"的首位，是教育强国建设政治性质的集中体现。所以，思政引领力具有很强的意识形态属性。思政引领力的"思政"主要是指思想政治教育，当然也包括思想政治理论教育和德育，即国家使用某种思想观念、政治理念、道德规范、纪律标准，对人们施加有目的、有计划、有组织的熏陶影响，使其逐渐形成符合社会标准的社会实践活动。"思政引领力是'思政'自身蕴含的对于教育强国建设功能的集中体现，是指'思政'引导、带领教育强国建设实践的伟大力量。"[1] 习近平总书记所说的思政引领力主要是指中国特色社会主义的思政引领力。习近平总书记在主持召开学校思想政治理论课教师座谈会时强调，要"培养一代又一代拥护中国共产党领导和我国社会主义制度、立志为中国特色社会主义事业奋斗终身的有用人才"[2]。显然，思政引领力应

---

[1] 吴潜涛:《正确理解思政引领力的科学内涵》，载《光明日报》2024年10月8日第13版。

[2] 习近平:《用新时代中国特色社会主义思想铸魂育人 贯彻党的教育方针落实立德树人根本任务》，载《人民日报》2019年3月19日第01版。

该是一个宽泛的概念，不能仅仅局限于学校的思想政治教育，而应该包括全社会的思想政治教育，具有广泛的理论价值和现实意义。

中国特色社会主义思政引领力是促进人全面发展的精神动力。首先，中国特色社会主义思政引领力能够引导个人树立正确的价值取向。它使个人认识到什么是真正有价值的事物，使人超越物质层面的追求，理解公平、正义、责任和民主等价值观念的深刻内涵，这种正确的价值观念会成为行为准则，在人们的生活、学习和工作中发挥作用，激励人们朝着积极向上的方向发展，为人们的精神世界注入源源不断的动力。其次，思想引领可以帮助个人树立坚定的理想信念，激励人们在遇到挫折困难时艰苦奋斗、抵御诱惑、克服困难，向着光明道路前进。最后，思政引领力可推动个人道德修养和社会责任感的提升。这是因为思政引领力涵盖了对道德伦理的深入阐释，能够引导人们养成良好的道德品质。同时，能够激发人们的社会责任感，促使人们从以个人为中心转向关注社会、国家和民族，成为一个在思想、情感和能力等各方面全面发展的个体。

中国特色社会主义思政引领力是维护社会稳定发展的精神支柱。首先，思政引领力对加强社会主义核心价值观建设大有裨益。思政引领可助力人们明晰共同的价值追求，使人们意识到个人价值的实现与国家繁荣、社会公平正义息息相关。这种价值观的统一能减少因价值观念不同而引发的社会矛盾与冲突。其次，思政引领力有利于强化群众的道德约束和行为规范。思政引领重视道德建设，能够传播社会公德、职业道德和家庭美德。其中，社会公德要求人们遵守公共秩序、爱护公共环境等；职业道德引导人们在工作中敬业奉献、诚实守信；家庭美德推动家庭和睦、尊老爱幼等。这些道德规范为人们的行为提供了标准，从而有效地减少社会纠纷。最后，思政引领力在抵抗消极思潮影响方面发挥着重要作用。通过宣传中国特色社会主义理论与制度优势，使人们坚定对本国文化和制度的自信。这样一来，中国特色社会主义思政引领能助力人们运用马克思主义的立场、观点和方法，对消极思潮加以分析和甄别，进而维护本国意识形态安全。与此同时，在面对各种社会压力引发的心理问题时，思政引领能够帮助人们树立正确的心态，引导人们进行心理调适，增强社会整体的心理韧性，维护社会的和谐与稳定。

中国特色社会主义思政引领力是推动民族复兴的精神力量。意识对存在起能动的反作用，积极的思政引领可以有效促进社会进步。① 首先，思政引领力为国家政策的制定指明正确的方向。在制定国家发展规划、应对国内外复杂局势时，依据这些理论所确定的指导方针，能够确保行动的正确性和连贯性。其次，思政引领力注重对优秀传统文化的继承与发展，它让民族成员深刻理解民族发展的脉络，明白民族复兴是历史赋予的使命。最后，思政引领力强调民族的团结统一，倡导集体主义价值观，使人们将个人利益与国家利益、民族利益紧密结合，在面对自然灾害、重大国际挑战等情况时，这种民族团结意识将迸发出强大的力量。

总而言之，中国特色社会主义思政引领力对于个人、社会、民族都有着深刻内涵，它是促进人全面发展的精神动力、是维护社会稳定发展的精神支撑、是推动民族复兴的精神力量。深刻理解思政引领力的内涵才能正确分析其本质，从而促进思政引领力的高质高效发展。

二、教育强国思政引领力的主要特征

思政引领力涵盖多个领域的知识和观念，内容体系完整，教育方式多样，它包括社会主义理论体系教育、思想道德修养教育，涵盖社会公德、职业道德、家庭美德等诸多方面。这些内容相互联系、相互补充，构成一个完整的体系，通过学校的课堂教学、社会实践活动、网络在线学习、社区文化活动等发挥作用。为了进一步阐释思政引领力的概念，以下将就其五个方面的特征进行分析。

第一，思政引领力以马克思主义作为坚实底色。马克思主义思想作为一种科学的思想理论，同样是建设教育强国和发展思政引领力必须坚持的理论底色。"2023年10月，习近平总书记关于宣传思想文化工作所阐述的'七个着力'中，一个重要内容就是着力建设具有强大凝聚力和引领力的社会主义意识形态。"② 因此，思政引领力是社会主义性质的思政引领力，有着鲜明的社会主义特色。思政引领力的核心内容是引导人们树立正

---

① 参见任欣《高校思政课教师政治引领力的理论分析与现实进路》，载《中学政治教学参考》2024年第28期，第75—76页。

② 任晓伟：《从习近平文化思想看新时代思政课建设的价值》，载《中国高校社会科学》2024年第2期，第18页。

确的世界观、人生观和价值观,而马克思主义提供了科学的世界观和方法论。马克思主义的辩证唯物主义和历史唯物主义,让人们能够以科学的眼光看待世界和社会的发展。同时,马克思主义的政治经济学揭示了资本主义经济运行的规律和内在矛盾,为理解社会经济结构和经济现象提供了深刻的见解。这有助于在思政引领中,让人们明白不同经济制度的本质区别,认识到社会主义经济制度的优越性。也就是说,思政引领力通过传播科学社会主义理念,使人们了解社会主义制度的本质特征和优越性,从而激励人们为建设社会主义社会而努力奋斗。

第二,思政引领力以服务政治为根本目的。思政引领力是教育强国建设"六力"中的政治属性体现,其政治性极强,这便决定了它为政治服务这一基本特征。从宏观层面看,思政引领力能够凝聚社会共识。它通过各种渠道,如新闻媒体、社区宣传等,将党和国家的政治理念、方针政策传达给广大人民群众。这有助于在全社会形成一种主流的政治价值观念,减少因思想混乱而导致的政治不稳定现象。从微观层面来看,思想政治工作能够为社会成员提供正确的政治方向指引。在我国,思政引领力通过宣传马克思主义理论、中国特色社会主义共同理想等内容,确保人们在思想上认同社会主义制度。良好的思政引领力能够促进政治稳定,当社会成员在思想上高度认同国家的政治理念和制度时,他们会积极参与政治活动,并且自觉维护政治秩序。

第三,思政引领力以铸魂育人为主要方法。"我们要站在新时代的历史方位上守正创新,筑牢育人阵地,着力构建内化于心、外化为行、实化显效、固化成制的实现路径。"① 教育的根本任务是立德树人,而思政引领力能够确保教育始终朝着培养德智体美劳全面发展的社会主义建设者和接班人的目标前进。习近平总书记指出:"高校思想政治工作关系高校培养什么样的人、如何培养人以及为谁培养人这个根本问题。要坚持把立德树人作为中心环节,把思想政治工作贯穿教育教学全过程,实现全程育人、全方位育人,努力开创我国高等教育事业发展新局面。"② 在学校教育中,教师通过思想政治教育引导学生树立正确的世界观、人生观和价值观,让他们明白自己的责任和使命,为将来成为对社会有用的人奠定基

---

① 李涛:《新时代高校提升意识形态凝聚力和引领力的意涵与路径》,载《云南农业大学学报(社会科学)》2024年第2期,第177页。

② 习近平:《把思想政治工作贯穿教育教学全过程 开创我国高等教育事业发展新局面》,载《人民日报》2016年12月9日第01版。

础。因此，思想政治理论课是实现思政引领力的主要渠道和关键阵地。借助系统的思想政治理论课程教学，向学生传授马克思主义基本原理、中国特色社会主义理论体系等重要思想内容，培养学生的政治素养、道德品质以及法律意识。思想政治理论课的教学质量直接关乎国家思政引领力的强弱。思政引领力有利于学生坚定对马克思主义的信仰、对社会主义和共产主义的信念以及对中国特色社会主义的信心，这一方面为学生的个人成长赋予了强大的精神动力，另一方面也为国家的长治久安和民族的伟大复兴培育了拥有坚定信仰的人才。

第四，思政引领力把现实问题作为主要内容。不断涌现的现实问题是对思政引领的实践检验。比如，随着互联网的发展，各种思想文化激荡，给人们的思想观念带来巨大冲击，这就需要思政引领力帮助人们分辨正确思想，抵御错误思想。这也要求思政引领力跟上时代发展的潮流，不断根据现实问题更新内容和表现形式，与时俱进地不断创新。不同的现实问题需要不同的思政引领方式，比如关于青少年的心理健康问题，传统教育方式效果不佳，可以结合现代技术，创新疏导方式。除此之外，思政引领力在面对现实问题时还发挥着统一引导的作用。在一个现实问题中往往存在着矛盾与冲突，不同的社会群体对此有着不同的理解和评价，而思政引领力能够对不同群体的意见进行整合并加以引导。以环境问题为例，当发展与环境发生冲突时，企业家关心环保措施是否会增加企业支出，人民群众关心环保设施是否会影响自身便利，思政引领使双方意识到生态环境关乎人类生存的共同利益，从而协助解决现实问题和矛盾。

第五，思政引领力以人民性为基本特性。从目的角度来看，思政引领力彰显出人民性。思政引领力以提升人民的幸福感、保障集体利益为目标，始终将人民的根本利益置于首位。思政引领力致力于解决人民群众最关心最紧急的问题，同时，思政引领力以培养德智体美劳全面发展的社会主义建设者和接班人为核心目标，并通过思想引导和价值塑造，推动全民综合素质的全面提升。在内容层面，思政引领力彰显了人民性。思政引领的内容与人民的日常生活紧密相连，这些内容贴近群众，易于理解和接受。思政引领的内容能够及时反映人民群众的诉求与意愿，随着社会生活的不断发展，人民群众在吃穿住用行等方面的需求与意见越来越多，思政引领可以让人们正确看待问题，并以此促进积极行动。而在表现方式上，思政引领积极使用人民群众喜闻乐见的形式，推动思政教育大众化，做到社会各阶层各年龄段都可以深度理解思政内涵。在原理层面，思政引领力强调人民是历史的创造者,在思政引领过程中注重宣传人民群众在改革建设中的主体性作用,尊重人民群众的创造,理解人民群众的意愿,大力宣扬人民群众的首创精神,引导人民群众增强主人翁意识,积极参与国家建设。

思政引领力以马克思主义作为坚实底色、以服务政治为根本目的、以铸魂育人为主要方法、以现实问题为主要内容、以人民性为基本特性,这五个特征涵盖了思政引领力的基本方面,以此为根本,有助于我们深刻认识思政引领力的本质特性。

三、教育强国思政引领力的价值功能

思政引领力的理论内涵十分丰富,涉及社会建设的各个领域和各个层面,所起到的作用也各不相同,相应的价值功能也有所变化。具体表现在如下五个方面。

第一,政治导向功能。"思政引领把思想政治素质作为人才培养的核心素质,着力引导教育战线筑牢理想根基、厚植家国情怀、增强创新创造意识和能力。"① 政治导向包含两个层面,第一个层面是凝聚共识层面。在众多意识形态并存的情况下,思政引领力起着宣扬传递主流意识形态、指导社会成员树立正确政治观的作用。同时,面对西方思想的入侵和消极思想的侵蚀,思政引领力能够帮助社会成员抵御错误思想,正确认识和分析各种外来思想,取其精华去其糟粕,坚守根本,立足本心,坚定主流意识形态不动摇,坚定维护国家安全、社会稳定。第二个层面是维护国家安全层面。思政引领力为政府政策方针路线的制定提供正确的方向指引,坚持底线原则,保证根基不动摇,始终朝着共产主义远大理想不断前进,始终以人民幸福为根本宗旨,确保政府初心不改、一以贯之。习近平总书记指出:"我国高等教育肩负着培养德智体美全面发展的社会主义事业建设者和接班人的重大任务,必须坚持正确政治方向。"② 对于社会成员来说,

---

① 杨晓慧:《建设具有强大思政引领力的教育强国》,载《教育研究》2024年第9期,第15页。

② 习近平:《把思想政治工作贯穿教育教学全过程 开创我国高等教育事业发展新局面》,载《人民日报》2016年12月9日第01版。

思政引领力在增强国家意识和国家责任意识方面起到非常重要的作用。它可以激发社会成员的爱国热情，使之从内心把国家安全和利益放在首位，在面对外界冲击和威胁时，树立起强大的思想防线。

第二，思想塑造功能。思政引领力在个人成长过程中起到不可忽视的作用，个人成长中人生观、价值观、世界观的形成需要思政引领力的引导。思政引领力能够帮助个人认识社会一般规律和自然规律。在人生观方面，思政引领可以启发人们思考人生的目的、意义和价值。它鼓励人们追求积极向上的人生目标，培养人们的责任感和使命感。对于价值观的塑造，思政引领能够引导人们区分善恶、美丑、真假。因此，思政引领力在个人思想塑造中起到基础性作用。同时，思政引领力不仅关注人的精神世界，还注重个人综合素质的培养。思政引领力鼓励人民坚持创造，积极培养创造精神和创造力；鼓励人们突破传统思维的束缚，培养独立思考和批判精神。

第三，教育引导功能。思政引领力在教育引导过程中，首要的作用是为受教育者奠定正确的价值观基础。从基础教育阶段开始，思政课程就向学生传授诸如爱国、敬业、诚信、友善等社会主义核心价值观；在后续的教育过程中，思政引领能够激发受教育者的道德情感。在中学阶段，通过学习先进人物事迹，如感动中国人物的故事，学生们会被他们无私奉献、舍己为人的精神所打动，从而产生敬佩、赞美等道德情感。这种情感会促使学生主动向榜样学习，提升自己的道德境界。而随着教育阶段的提升，思政引领力不断强化个体对价值观的认同。到高等教育阶段，学生通过对马克思主义理论等更深入、系统的学习，能够从理论高度理解社会主义核心价值观的内涵。与此同时，思政引领力注重理论与实践相结合，引导受教育者实现价值观的行为外化。思政引领力还在思维构造层面起到启蒙作用，它有助于受教育者辩证思维能力的培养、批判性思维的塑造和系统思维的构建，思政引领力还承担着启蒙民主法治意识的责任。

第四，社会整合功能。社会整合包含两个层面，其一是在价值共识层面，通过弘扬社会主义核心价值观，引导社会成员形成积极向上的文化认同与社会风气，营造良好的社会风尚。在全球多元文化交融的环境下，不同的国家和民族之间交流交融，思想潮流激荡，思政引领力在继承发展本国优秀传统文化的基础上，积极吸收众多外来思想文化中的先进因子，构建兼容并蓄的和谐社会文化氛围。其二是在实践运行层面，通过制度规范协调社会成员之间的利益关系与互动模式，从而构建稳定有序的社会结构。思政引领力可以缓和社会矛盾，在社会转型时期，不同利益群体之间可能会产生各种矛盾和冲突，通过思想政治工作，宣传公平、正义等理念，引导人们正确看待利益分配问题，同时它还能够促进社会阶层之间的良性互动，鼓励不同阶层之间相互理解、相互支持。

第五，文化传承功能。文化自信在于对内在价值观的深刻认同与坚守，以及文化底蕴的传承、创新和发展。① 文化传承包含三个层面。首先，在传承层面上，思政引领力以中华优秀文化为根本，积极宣扬传统文化中的优秀元素，唤醒人民的民族基因，培养爱国情怀。通过开展教育宣讲活动，让社会成员深入领会古代人民的智慧结晶，并将其中仍然适用的部分依据时代需求加以改造，使其继续发挥应有的价值。其次，在创新层面，思政引领力倡导与时俱进，不断向前发展。在全球化大背景下，思政引领要求我们根据现实和时代需要，吸收世界各民族文化中的先进部分，并与中国传统优秀文化交融结合，寻找结合最优解，创造人民群众喜闻乐见的文化表达形式。最后，在文化交融层面，思政引领要求我们树立正确的文化观，在全球文化交流过程中，既充分尊重理解学习各国优秀文化，又要加强对本国文化的信心与认同。习近平总书记强调："要始终坚持文化建设着眼于人、落脚于人。着眼满足人民群众多样化、多层次、多方面的精神文化需求，提升文化服务和文化产品供给能力，增强人民群众文化获得感、幸福感。重视发挥文化养心志、育情操的作用，涵养全民族昂扬奋发的精神气质。"② 在各民族文化交流过程中，尊重少数民族风俗习惯，秉持民族大团结、民族一家亲理念，共同推动中华优秀传统文化在新时代开出绚丽之花，促进世界文化繁荣发展。

在新时代，思政引领力的诸多价值功能仍未完全体现，除了发挥政治导向功能、思想塑造功能、教育引导功能、社会整合功能、文化传承功能以外，还需进一步"增强思想引领力、信念引领力、行动引领力"③，使整体价值功能实现"引导、教化、整合"三者相统一。这一过程仍有待于在理论与实践探索中持续深化和完善。

---

① 参见李宝燕《文化自信视域下高校图书馆对文化传承与创新发展的研究》，载《兰台内外》2024年第35期，第68页。

② 习近平：《锚定建成文化强国战略目标 不断发展新时代中国特色社会主义文化》，载《人民日报》2024年10月29日第01版。

③ 杨晓慧：《建设具有强大思政引领力的教育强国》，载《教育研究》2024年第9期，第17-18页。

四、教育强国思政引领力的创新发展

在新时代，随着热点问题的出现和时代发展潮流的变化，思政引领力的内容也要与时俱进，关注如科技创新、人工智能伦理、生态环境等新的时代议题，还要注意表现形式的同步推进，探索与数据时代接轨的呈现形式，并从中融入中国梦的伟大愿景，使受教育者明白个人奋斗与国家发展的紧密联系，从个人道德修养到国家意识形态建设，都有必要进行有序引导。从现实思想政治理论课堂及思想政治教育内容来看，在新时代信息传播便利的环境下，受众不再是被动接受思想政治教育，而是积极主动地参与思政学习。许多人会主动在网上搜索思政相关的优质内容，如红色文化讲座视频、经典马克思主义著作解读等，还会主动参与思政讨论和实践活动。思政引领注重引导人们将思政理念转化为实际行动，鼓励受教育者积极参与社会治理和公共事务，凝聚社会各界力量，整合资源，团结全国各族人民的力量，为实现中华民族伟大复兴而共同奋斗。思政引领面向全社会各个阶层、各个年龄段的人群。不同行业的从业者，如制造业工人、服务业人员、科技工作者等，都需要接受思政引领，以统一思想、凝聚共识，为行业发展和社会进步共同努力。

然而，思政引领过程中还存在教育人员专业素养参差不齐的问题，思政教育工作者队伍的专业背景以及知识结构存在较大的差异，有一部分思政工作者甚至未曾接受过系统的马克思主义理论学习与培训，致使其在阐释思政内容时，难以做到精准与深入。在教育内容方面，存在跨学科知识储备不足的问题。当面临复杂多样的社会现象与诸多问题时，思政工作者必须构建跨学科知识体系，涵盖心理学、社会学、传播学等领域知识。教师素质现代化即教师自我意识的觉醒包括教师的自我认知、自我提升和自我改善。[①] 然而，部分思政工作者在这些方面的觉悟不够，影响了思政引领的效果。在教育体系方面，思政工作者的培训体系不够完善，培训内容和方式不能满足实际需求；同时，缺乏职业晋升通道和激励机制，导致部

---

① 参见李宇环、王鹏《教师自我意识的内涵与生成》，载《教学与管理》2024年第24期，第8页。

分优秀的思政人才流失。再者，思政引领评估指标单一。目前，很多思政引领的评估标准主要集中在知识的掌握程度上，如通过考试、问卷等方式考察受众对思政理论知识的记忆情况。然而，这种评估方式忽略了思政引领更重要的目标，即价值观的内化和行为的改变，缺乏对长期效果的跟踪评估。思政引领是一个长期的过程，其效果可能在一段时间后才会显现。但目前的评估大多是短期的、即时的，没有对受众的思想和行为变化进行长期的跟踪，难以准确判断思政引领的真正效果。此外，评估方法也不够科学，部分评估方法主观性较强，缺乏客观性和公正性。评估过程中缺乏反馈机制，不能及时根据评估结果调整思政引领的策略和方法。在思政培训后，如果评估发现思政工作者对某些内容理解和接受程度较低，却没有将这个反馈信息及时传递给培训部门，培训部门就无法对培训内容和方式进行改进。因此，在思政引领的方法上必须进行创新。

  一是现阶段的方法创新。首先，融合新媒体技术。新媒体是在新兴技术支撑之下诞生的媒体呈现形式。它借助数字技术手段，凭借网络、卫星等传播途径，依靠电脑、手机、数字电视机等接收终端，为用户传输信息并提供相关服务。习近平总书记指出："要着力激发全民族文化创新创造活力。"①教师可以制作生动有趣、简短精炼的思政教育短视频。这些视频可以围绕时事热点、历史故事、先进人物事迹等展开，通过动画、情景短剧等多种形式呈现，在轻松的氛围中开展教育，提高思政引领的传播效率和传播覆盖面。此外，还可以创建沉浸式的思政教育体验场景，充分利用VR（虚拟现实）技术，打造立体生动的思政引领课堂。其次，制订个性化教育计划。充分利用大数据助力，通过收集和分析学生在学习、生活中的数据，如在线学习行为、社交言论、参与活动情况等，了解每个学生的思想动态、兴趣爱好和困惑，然后根据这些数据为学生量身定制思政教育内容和方式。同时进行学生年龄分层教育，根据学生的年龄、认知水平、思想发展阶段等因素进行分层。针对不同层次的学生设计不同深度和形式的思政教育课程和活动。再次，增强实践教育。在社区思政教育方面，思政引领人员组织学生参与社区服务和建设活动，将思政教育融入实践中，以提升学生的沟通能力和组织能力。于学生实习环节而言，思政引领注重与企业的深度融合，倡导企业为学生设置专门的思政教育板块。企业能够

---

① 习近平：《锚定建成文化强国战略目标 不断发展新时代中国特色社会主义文化》，载《人民日报》2024年10月29日第01版。

借助介绍自身企业文化所蕴含的价值理念、职业道德规范等内容，使学生在实际的工作场景中体悟到思政教育与职业成长之间的紧密关联，从而引领学生塑造正确的职业观念与良好的职业道德素养。最后，打造协同配合的多元主体教育体系。家庭、学校和社会共同形成教育合力。学校可以通过家长学校、线上家长会等形式，指导家长在日常生活中对孩子进行思政教育，培养良好的家风。同时，学校积极与社区、社会组织合作，开展丰富多样的校外思政教育活动，形成全方位、多层次的思政教育网络。在多学科融合方面，打破学科界限，让思政教师与其他学科教师共同备课、教学。在语文、历史等学科的教学进程里融入思政元素时，思政教师能够辅助其他学科教师挖掘课程里潜藏的思政教育要点，并帮助其规划与之匹配的教学策略。与此同时，就理工科课程而言，同样能够从科技创新所肩负的社会责任等视角切入，融入思政教育内容，以此达成思政教育在整个教育教学流程中的全面贯穿。

  二是思政创新方法的优势。首先，思政创新方法适应了时代发展潮流和现实需求。"围绕提高文化原创能力，改进文艺创作生产服务、引导、组织工作机制，孕育催生一批深入人心的时代经典，构筑中华文化的新高峰。"[①]在当今互联网时代，信息传播速度极快、信息量大且复杂多样。思想政治教育如果依然采用传统方法，很容易被海量信息淹没。创新方法使思想政治教育与时俱进，借助新媒体平台、虚拟现实等新技术手段，通过制作短视频、线上互动课程等方式，能够使思政教育在信息洪流中脱颖而出，吸引受教育者的关注，及时有效地传播正确的思想观念。其次，顺应了社会多元化趋势。当今社会于文化领域与价值观层面呈现出愈发显著的多元化态势，民众的思想观念持续受到多种思潮的猛烈冲击，从前传统且单一的思想政治教育路径已难以契合当下需求。创新教育方法能够更为有效地面向不同群体以及具备各异文化背景和价值观的个体开展教育工作，诸如运用分层教育、个性化教育等手段，依照受教育者的年龄层级、职业类别、文化水平等要素，输送更具指向性的教育素材，从而强化思想政治教育的适配性与有效性。最后，增强教育的实效性，促进知行合一。具有创新性的思想政治教育方法通常具备更为生动鲜活、形象具体且紧密贴近生活实际的特质。相较于传统以课堂讲授为主的方式，新的方法能够更为

---

① 习近平：《锚定建成文化强国战略目标 不断发展新时代中国特色社会主义文化》，载《人民日报》2024年10月29日第01版。

有效地激发受教育者的感知体验与情感共鸣,进而显著提升他们对于思想政治教育内容的接纳和理解程度。同时,实践育人等创新方法,强调在实际行动中开展思想政治教育,这种方式能够让受教育者将所学的理论知识与实际行动相结合,真正实现知行合一,而不仅仅是停留在理论知识的记忆上,使思想政治教育的效果更加深入和持久。

三是方法创新的未来发展趋势。第一,技术的融合更加深入。伴随着人工智能技术的持续演进与拓展,其于思想政治教育领域将会彰显出更为强劲且关键的效能与价值。智能辅导系统可以根据学生的学习进度、思想状态等,提供个性化的学习计划和教育内容。"依托智能化技术手段,为学生提供丰富的定制化学习材料,满足其自主式、探究式学习需求,促进课程改革取得更为显著的成效。"① 通过自然语言处理技术,智能聊天机器人能够实时回答学生关于思想政治方面的疑问,并且可以模拟真实的对话场景,引导学生进行深入思考。大数据可以与精准教育无缝对接,在未来,大数据将更加精确地分析受教育者的思想动态、行为习惯和兴趣爱好,利用这些数据,思政引领人员可以实现精准推送教育内容。第二,跨学科整合日益紧密。思政引领策略会更多地汲取心理学的理论成果与实践方法,明晰受教育者的心理特质以及认知模式,有助于教育者更为妥善地规划教育内容与形式。思政引领工作者可借助心理激励原理来充分调动学生研习思想政治理论的热情与主动性,抑或是依照学生的认知发展进程来灵活调适教育的层次与难易程度。与此同时,凭借心理咨询与心理疏导等举措,助力学生化解在思想成熟进程中遭遇的迷茫与心理困境。思政引领还可以与社会学协同共进,社会学的研究成果将为思想政治教育提供更广阔的社会视野。在信息传播高度发达的时代,思想政治教育需要与传播学紧密结合,利用传播学的理论和技巧,优化教育信息的传播渠道和方式。第三,全球视野与本国特色并重。随着全球化进程的加快,思想政治教育将更加注重国际交流与合作。一方面,我们需要借鉴国外先进的教育理念和方法。另一方面,积极向世界展示中国思想政治教育的成果和特色,通过国际学术交流、文化交流活动等,传播中国的主流价值观和文化理念。在参考借鉴国外相关经验时,思政引领方法的创新应更为着重于对本土文化及价值观的探寻与弘扬。习近平总书记指出:"只有充满自信的文明才

---

① 任磊:《新媒体视域下大学生思想政治教育传播路径探究》,载《数字通信世界》2024年第10期,第232页。

能在保持自己特色的同时包容、借鉴、吸收各种文明的优秀成果。"① 中国有着悠久的历史文化和独特的价值观体系，思政引领人员通过将这些本土文化元素融入思政引领方法中，如采用传统故事、文化经典解读等方式，使思政引领更具中国特色，增强受教育者的文化自信和民族自豪感。

五、思政引领力服务教育强国的基本方略

思政引领力作为教育强国建设"六力"之首，始终要牢牢抓住教育强国建设的主线任务，要确保教育活动始终围绕国家发展战略和社会需求展开。"深入理解教育强国建设何以要具有强大的思政引领力，也需要将这一问题放置在马克思主义中国化时代化和中国共产党百年思想政治工作的理论逻辑和历史逻辑，紧扣教育强国建设的本质要求，通过历史与现实、理论与实践的多维透视，深刻把握思政引领力之于教育强国建设的内在必然性和深远意义。"② 这能够确保教育强国建设落到实处。

（一）思政引领力服务教育强国的指导原则

第一，思政引领要坚持党性原则。思政引领务必始终坚守中国共产党的核心领导地位。思政引领力必须彰显党的意志，这是最为根本的准则所在。思想政治工作需要紧密贴合党的路线、方针、政策而开展，以切实保障教育的内容、方式以及目标均与党的要求相互契合。习近平总书记强调："旗帜鲜明讲政治、保证党的团结和集中统一是党的生命，也是我们党能成为百年大党、创造世纪伟业的关键所在。"③ 在学校思政教育领域以及社会宣传工作当中，应当及时且精准地传播党的最新理论成果。思政

---

① 人民日报评论部：《深入学习贯彻习近平总书记在文化传承发展座谈会上的重要讲话精神》，人民出版社 2023 年版，第 27 页。
② 杨晓慧：《建设具有强大思政引领力的教育强国》，载《教育研究》2024 年第 9 期，第 13-14 页。
③ 习近平：《学党史悟思想办实事开新局 以优异成绩迎接建党一百周年》，载《人民日报》2021 年 2 月 21 日第 01 版。

引领要借助课堂讲解、主题活动等多样化的形式,促使学生以及社会成员深入领悟党的理念与政策方针,着力培育人民对党的忠诚之心与拥护之情。在思政引领过程中,务必确保方向正确无误,以强大的引领力为所有教育活动保驾护航,使其始终沿着正确的政治方向稳步推进。无论是企业内部的思政建设、社区开展的思想教育工作,还是其他各类社会组织的思想政治工作,都应时刻保持高度警惕,坚决有力地抵制形形色色的错误思潮,要毫不动摇地坚守并广泛传播社会主义核心价值观,切实维护国家意识形态领域安全,为社会稳定和谐发展奠定坚实基础。

第二,思政引领要坚持以人为本原则。习近平总书记指出,"要坚持以人民为中心发展教育"①。我们党始终坚持人民群众是历史的创造者理论,坚决维护人民群众的根本利益,发挥人民群众的首创精神,思政引领应充分考虑不同群体和个体的特点和需求,因为不同年龄、职业、文化背景的人,其思想状况和接受能力是不同的。对于青少年,思政引领要采用生动形象、通俗易懂的方式进行思政教育,如通过动漫、故事等形式;而对于其他社会成员,则要结合他们的工作实际和职业发展需求,开展职业道德、企业价值观等方面的教育。在思政引领过程中,还要尊重受教育者的主体地位,不能进行单向的灌输式教育,而是要鼓励受教育者积极参与、主动思考。

第三,思政引领要坚持理论联系实际原则。"实践是检验真理的唯一标准",这一论断深刻地揭示了真理的本质属性。思政引领力的构建与发挥,应当高度重视与人们日常生活的深度交融,其教育内容必须深深扎根于生活的土壤之中,从生活中汲取养分,进而达成引领思想、塑造灵魂、凝聚力量的目标,使思政教育在生活实践的检验和磨砺中焕发出强大的生命力与感召力;将抽象的理论转化为具体可感的生活实例,让民众切实感受到思政教育对改善生活的实际作用。思政引领又要紧密结合社会经济、文化、科技等方面的发展实际。随着社会的快速变化,新的问题和挑战不断涌现,思政教育也要与时俱进,及时开展相关的伦理道德和社会价值观教育,让人们在享受科技成果的同时,树立正确的科技观和价值观。同时,要让社会成员将思政引领转化为现实效力,将理论付诸实践。不断扩大思政引领范围,把整个社会作为一个大课堂,鼓励社会成员积极参与社会调研、社会治理等活动,使他们在真实的社会环境中接受思想政治教

---

① 习近平:《论教育》,中央文献出版社2024年版,第4页。

育，让他们了解社会现实，思考解决问题的方法，在这个过程中提高他们的思想政治素质和解决实际问题的能力。

第四，思政引领要坚持系统性原则。就思政内容的范畴而言，思政引领所涵盖的内容理应构建起一套完备且系统的体系架构，其中既包含着深邃且具有根本性指导意义的马克思主义理论，又囊括了彰显中国独特发展路径与伟大成就的中国特色社会主义理论；既以社会主义核心价值观作为思想引领与价值导向的核心要素，又将道德教育融入其中，致力于塑造良好的品德素养与行为规范，同时辅以法治教育，令受教者明晰法律的边界与权威，从而在多维度、多层次的全面整合下，形成一个有机统一、相辅相成的整体，为思政引领作用的有效发挥奠定坚实且丰富的内容基础。该体系内各个内容之间应相互联系、相互补充，杜绝碎片化。

第五，思政引领要坚持循序递进原则。在学校思政课程体系中，从小学的道德与法治课程，到中学的思想政治课程，再到大学的马克思主义理论课程等，要形成一个循序渐进、由浅入深的系统，确保学生能够全面、系统地接受思政教育。在思政引领体系方面，思政引领需要多种教育方法相互配合。不能仅仅依靠单一的课堂讲授，还需要结合社会实践、网络宣传、文化活动等多种方式，充分利用培训、榜样示范、网络平台等进行宣传教育，形成一个全方位、多层次的教育方法体系。

第六，思政引领要坚持创新性原则。习近平总书记指出："我们党的历史，就是一部不断推进马克思主义中国化的历史，就是一部不断推进理论创新、进行理论创造的历史。"[①]在观念创新层面，思政引领者需时刻保持与时俱进的意识，持续对自身观念进行更新迭代，勇于突破传统思维所设置的定式局限；要敏锐地感知时代发展的脉搏，紧跟时代变迁的步伐，高度关注社会思潮呈现出的动态变化，以及受教育者思想观念方面悄然出现的新动向、新转变。鉴于年轻一代对网络文化有着高度依赖这一现实情况，思政引领者应当积极树立借助网络开展思政教育工作的全新理念，以积极主动的姿态去探索网络时代思政教育的新模式。"提高教育互动性与增强教育体验感是新媒体视域下学生思想政治教育的关键。"[②] 而在技术手段方面，思政引领者同样要以开拓创新的精神，积极探寻全新的思政教

---

① 习近平：《学党史悟思想办实事开新局 以优异成绩迎接建党一百周年》，载《人民日报》2021年2月21日第01版。

② 任磊：《新媒体视域下大学生思想政治教育传播路径探究》，载《数字通信世界》2024年第10期，第233页。

育方法与手段。例如，可以巧妙运用虚拟现实（VR）、增强现实（AR）等前沿新技术，让受教育者获得更为真切、深刻的体验，从而增强思政教育的体验感；也可以借助大数据分析的强大功能，精准地洞察受教育者的思想动态，进而实现贴合个体差异的个性化教育。与此同时，思政引领还需在教育载体方面不断推陈出新，如打造独具特色的思政教育主题公园、充满文化韵味的文化街区等等，通过这样的方式，进一步拓宽思政教育所涉及的空间范围，丰富其开展的渠道途径，全方位提升思政教育的效果与影响力。

（二）发挥思政引领力的基本遵循

第一，毫不动摇地坚守马克思主义的指导地位。马克思主义作为科学的世界观与方法论，宛如一座巍峨的理论大厦基石，为思政引领工作筑牢了根基。它引领人们以辩证唯物主义与历史唯物主义的独特视角去认知世界、剖析问题。马克思主义基于生产力与生产关系、经济基础与上层建筑的辩证关系原理，构建了社会发展规律的解析框架，这一方法论不仅为审视社会变革机制提供了科学范式，更能揭示历史演进的内在逻辑与本质，引领人们以客观且深刻的眼光看待社会变革历程与历史演进，进而坚定社会主义与共产主义的崇高理想信念。马克思主义中国化进程中所孕育的一系列璀璨理论成果，诸如毛泽东思想、邓小平理论、"三个代表"重要思想、科学发展观以及习近平新时代中国特色社会主义思想，已然成为当代中国思政引领工作的核心精髓所在，它们如同一盏盏明灯，照亮着思政引领的前行道路，为培养具有正确价值观和坚定信仰的时代新人提供着源源不断的思想动力与智慧源泉。这些理论成果紧密结合中国的实际情况，回答了不同时期中国社会发展面临的各种问题，指导人们在实践中不断前进。在思政引领过程中要保证理论根基不动摇，充分利用马克思主义智慧结晶解决思政引领中遇到的现实问题。马克思主义在意识形态领域的主导地位确保着思政引领方向的正确性。在当今多元文化和价值观相互碰撞的时代背景下，只有坚持马克思主义的指导，才能抵御各种错误思潮的干扰。

第二，坚持党的领导地位不动摇。习近平总书记指出："加强党的领导是做好教育工作的根本保证。"① 一方面是于组织保障维度而言，党的各级组织于思政引领进程中承担着极为关键的组织保障职能。在校园之中，党组织主导学校思政工作团队的构建事宜，精心谋划思政工作规划蓝图，力保思政工作有条不紊地推进实施。置身企业环境，党组织借由开展思想政治工作，有效凝聚起职工群体的力量，为企业的蓬勃发展注入强劲的精神动力；通过筹划职工培训、举办主题党日等多样化的活动，将党的路线、方针、政策精准无误地传递给每一位职工，引领职工树立正确的工作理念与价值取向，促使其在职业道路上坚守正道，为企业乃至整个社会的发展贡献积极且正向的力量，从而在宏观层面为思政引领的全面落实奠定坚实的组织架构基础，保障思政工作在各领域的深入渗透与有效施行。另一方面是在方向引领方面，党为思政引领工作把握方向。党的教育方针明确了教育的性质、目标等，为学校思政工作指明了方向。党的方针政策也是思政引领的重要内容，通过宣传党的最新政策，如乡村振兴战略、科技创新政策等，引导人们关注国家发展大局，积极投身到社会主义建设事业中。

第三，遵循思想政治工作运行规律。思政引领务必高度尊重教育对象的层次性与差异性规律，周全考量不同年龄段以及不同社会群体各自的独特之处。就青少年学生而言，需紧密贴合其身心发展特质与认知规律，运用充满活力、易于理解的方式开展思政教育工作，巧妙地把思政教育渗透进他们的学习与生活之中，使其在潜移默化中接受思政教育的熏陶，实现思政教育效果的最大化。而对于其他社会成员，就要结合其生活工作实际，以职业道德、工匠精神等为重点开展思政工作，提高社会成员的思想道德素质和职业素养。此外，亦需重视不同个体于思想层面的独特性。鉴于每一个体均有其相异的成长轨迹与文化底蕴，在价值取向等范畴亦展现出差别。思政引领应秉持因材施教之理念，凭借极具针对性的交流互动与悉心引导，助力每一个体构建起契合时代要求的正确的世界观、人生观与价值观体系，从而为其自身的长远发展筑牢坚实的思想根基，使其能以更为笃定且积极的姿态面对多元复杂的社会环境与人生挑战。思政引领亦需尊崇教育进程所蕴含的系统性与连贯性准则。思政引领是一项长期性、系统性的宏伟工程。自小学起直至大学，各个教育层级的思政课程均需做好衔接。小学时期，思政引领应着重于优良行为习性与基础性道德理念的培

---

① 习近平：《论教育》，中央文献出版社2024年版，第3页。

育,诸如诚信、和善等品质的塑造;中学阶段则需进一步开展爱国主义情怀、集体主义精神等价值观念的深度教育;大学阶段的思政引领要着力深化马克思主义理论体系的研习,全方位塑造学生的政治敏锐性与强烈的社会担当意识。与此同时,思政引领务必与其他学科教学彼此协同。于语文、历史等学科之中巧妙融入思政内涵,合力营造多学科联动、协同育人的优质教育生态,全方位促进学生在知识习得和思想塑造上的双重成长与深度融合。

第四,遵循学生个人成长规律。2016年12月,习近平总书记在全国高校思想政治工作会议上指出:"做好高校思想政治工作,要因事而化、因时而进、因势而新。要遵循思想政治工作规律,遵循教书育人规律,遵循学生成长规律,不断提高工作能力和水平。"[1] 个人成长规律涵盖两大关键要素,其一是身心发展所呈现出的阶段性特征,其二则是认知发展的内在规律。就身心发展阶段性规律而言,学生于不同的年龄区间展现出各异的身心发展特质。处于幼儿阶段时,学生主要借助简易的行为准则以及情感经历,逐步构建起初始的道德认知架构,从而为其后续更为深入、全面的个人品德与价值观塑造奠定基础。到了青春期,学生的自我意识增强,开始对社会现象和人生价值等问题进行思考。在这一时期,思政引领工作应着重于引导他们精准地认识自我,妥善地平衡个人与社会之间的关联。可借助开展丰富多元的社会实践活动、组织充满思辨性的主题辩论等途径,使学生在亲身实践与深度思考的双重作用下实现成长和蜕变。从认知发展规律的视角来看,学生的认知发展遵循着从直观形象逐步迈向抽象逻辑的演进轨迹。在小学低年级段,思政教育适宜更多地运用色彩斑斓的图片、引人入胜的故事等直观性极强的呈现形式,以便更好地契合该阶段学生的认知特性,进而有效助力他们在思政学习之路上稳步前行。随着学生年龄的增长,在他们的中学和大学阶段,可以引导学生学习理论知识,进行理性思考。

---

[1] 习近平:《把思想政治工作贯穿教育教学全过程 开创我国高等教育事业发展新局面》,载《人民日报》2016年12月9日第01版。

（三）提升思政引领力的基本方法

1. 在理论教育中提高思政引领力

习近平总书记指出："好学才能上进。中国共产党人依靠学习走到今天，也必然要依靠学习走向未来。"① "首先要认真学习马克思主义理论，这是我们做好一切工作的看家本领，也是领导干部必须普遍掌握的工作制胜的看家本领。"②理论教育法包括两种方法。第一种方法是理论讲授。这是最传统也是最基础的方式。中共中央办公厅、国务院办公厅《关于深化新时代学校思想政治理论课改革创新的若干意见》中指出："思政课是落实立德树人根本任务的关键课程，发挥着不可替代的作用。"教师在理论讲授中，需系统地对马克思主义基本原理、毛泽东思想、邓小平理论、"三个代表"重要思想、科学发展观以及中国特色社会主义理论体系等重要内容进行深入阐释。习近平总书记指出："理论学习有收获，重点是教育引导广大党员干部在原有学习的基础上取得新进步，加深对新时代中国特色社会主义思想和党中央大政方针的理解，学深悟透、融会贯通，增强贯彻落实的自觉性和坚定性，提高运用党的创新理论指导实践、推动工作的能力。"③在理论讲授中，目前常用且有效方法有二，第一种方法是搭建知识架构体系。教师有必要精心构建起一个条理分明的知识架构体系。就中国特色社会主义理论体系的讲授而言，能够依据理论诞生的时代背景、演进的历史脉络、涵盖的核心要点、取得的实践成效等维度来精心编排教学素材。在讲授过程中巧妙运用逻辑严谨的框架结构，助力学生更为高效地领会与铭记所学知识要点，使学生在理论讲授中逐步构建起坚实且系统的知识大厦，从而为其思想塑造与价值观确立奠定扎实根基。同时，教师要避免使用晦涩难懂的学术语言，尽量将思政内容用通俗易懂的话语

---

① 习近平：《在全党大兴学习之风 依靠学习和实践走向未来》，载《人民日报》2013年3月2日第01版。

② 习近平：《在中央党校建校80周年庆祝大会暨2013年春季学期开学典礼上的讲话》，载《人民日报》2013年3月3日第02版。

③ 习近平：《守初心担使命找差距抓落实 确保主题教育取得扎扎实实的成效》，载《人民日报》2019年6月1日第01版。

表述出来，比如适当运用幽默、故事性等元素，在讲解思政历史事件时，穿插一些有趣的历史小故事或进行案例分析，还可以借助多样化的教学辅助手段，如运用多媒体技术播放视频、展示图片等。第二种方法是专题理论讲座。思政引领者针对特定的思政主题开展理论讲座。在制定讲座方案时，根据不同受众的需求，紧扣社会热点和政策重点，确定讲座主题，邀请具备深厚专业知识和丰富实践经验的领域专家开办讲座。讲座采用多元化形式（如圆桌讨论、案例分析与互动问答），并通过线上线下融合模式强化参与者的实时互动。在开展活动时，不应局限于传统的专家在台上侃侃而谈、听众在台下默默聆听的单一模式，而应积极探索多元形式，例如增设现场生动演示、小组热烈讨论等环节。在整个讲座推进期间，需高度重视互动交流环节的设置，专门规划出提问答疑时段，以便听众能够针对讲座中的存疑之处，以及在实践过程中遭遇的相关棘手问题，畅所欲言地向专家咨询求解，从而打破单向输出的局限，构建起双向互动的良好沟通桥梁，最大程度提升知识传递与问题解决的效率和效果。专题讲座的效果评估与后续跟进也不可忽视，通过问卷调查收集听众对讲座内容、形式等方面的评价，了解听众对讲座知识点的掌握程度，观察讲座对听众行为的影响。在讲座结束后，根据讲座内容开展相关的实践活动。对于一些系列讲座，组织者可以根据该次讲座的评估结果相应地调整后续讲座的安排。

2. 在实践教育中强化思政引领力

习近平总书记指出："要坚持把立德树人作为中心环节，把思想政治工作贯穿教育教学全过程，实现全程育人，全方位育人。"[①] 因此，"实践教育能够构建师生群体知识的应用桥梁，在坚定思政教师教育主导地位基础上，最大化促进学生学习文化知识"[②]。实践教育法分为两种，第一种是社会调研，第二种是志愿服务。通过社会调研，学生能够深入了解国情、民情和社会实际问题，增强对中国特色社会主义道路、理论、制度和文化的认同感。而志愿服务则为学生提供了直接服务社会、回馈社会的机会，在实际行动中践行社会主义核心价值观，强化社会责任感和奉献精神。因此，社会调研和志愿服务不仅是提升思政教育实效性的重要途径，也是提升思政引领力的关键环节。

---

① 《习近平谈治国理政》（第二卷），外文出版社 2017 年版，第 376 页。
② 张冬霞、姬静怡：《高校思政实践教育的创新与突破》，载《中学政治教学参考》2023 年第 21 期，第 97 页。

(1) 社会调研。

社会调研即组织学生或相关群体深入社会进行调查研究。例如，开展关于乡村振兴战略实施情况的调研活动，让参与者深入农村，了解农村经济、文化、生态等方面的变化，在实践中体会国家政策的落地过程，增强对国家发展战略的认同感。

在社会调研的筹备阶段，所选定的调研主题务必兼具切实的现实价值与精准的针对性。与此同时，主题的确定还需充分考量其可行性，诸如研究范畴的广度、所需时长以及可调配资源的限度等多方面因素均需被纳入综合评估体系。在调研方法的选用上，问卷调查法、观察法以及文献研究法等均可作为有效方法纳入考量范围。对于调研样本的规划工作，则需讲究策略性与区分性。就大规模社会调研而言，精准敲定适宜的样本量并确定恰当的抽样方法堪称关键环节。倘若全面调查所需成本过高而难以施行，那么便可采用分层抽样策略，即从各个层级之中随机抽取特定数量的个体以组建样本，以此确保样本能够充分彰显其代表性。此外，还需对调研时间进行合理规划，并对参与人员进行明确分工，清晰界定各个关键阶段的时间节点，比如问卷设计环节、数据采集环节以及数据分析环节各自所需的时间规划。在人员分工层面，安排专人专职负责问卷设计工作，另有人员专项投身实地调查作业，还有专人专注于数据的深度分析工作，通过以上多方面的精心筹备与周密部署，切实保障调研工作得以有条不紊地推进开展。在实施阶段，调研员应严格按照调研方案进行数据收集。如果是问卷调查，要确保问卷的发放范围广泛且具有针对性。对于访谈，则要提前与被访谈者沟通好，保证访谈环境安静、无干扰。调研完成后，调研员对收集的数据进行初步筛选，检查问卷是否完整，有无逻辑矛盾。针对访谈内容，要确保记录的准确性，避免误解被访谈者的意思。调研员要及时解决调研过程中出现的问题，如果在调研过程中发现问卷设计不合理，如问题过于模糊或有引导性，要及时修改问卷，并对已经收集的数据进行评估，必要时重新收集部分数据。

在调研总结环节，调研员应选取适配的数据分析手段。针对定量数据，可借助统计分析方式予以剖析；而对于定性数据，则可运用编码、归类等途径展开深入探究。报告的涵盖范畴应囊括调研的背景信息、预期目的、运用方法、最终结果以及得出的结论等关键要素。报告的行文表述需简洁易懂、条理分明，极力规避运用繁杂晦涩的专业名词，力求让不同知识层次的读者均可顺利领会报告主旨要义。同时，报告内容的编排需遵循特定的逻辑次序，例如率先阐述调研的基础概况，继而深入解析调研所获结果，最终提出具有建设性的建议与前瞻性的展望，从而使报告具备完整的结构与清晰的脉络，有效发挥其在调研工作中的总结与呈现作用，为后续相关决策与研究提供有力支撑与参考依据。

（2）志愿服务。

志愿服务是群众普遍参与的社会活动。① 通过参与志愿服务活动，如社区服务、环保公益活动等，在帮助他人和服务社会的过程中，践行社会主义核心价值观。比如，参加关爱孤寡老人的志愿服务活动，不仅能培养关爱他人的品质，还能深刻理解社会责任感的内涵。在志愿服务的组织与策划时期，组织者务必开展需求评估工作，因为深刻洞悉社会需求是志愿服务得以顺利推行的根基所在。2019年1月17日，习近平总书记视察全国首个社区志愿者组织发祥地——天津市和平区新兴街朝阳里社区时强调："志愿服务是社会文明进步的重要标志，是广大志愿者奉献爱心的重要渠道。要为志愿服务搭建更多平台，更好发挥志愿服务在社会治理中的积极作用。"② 志愿组织能够在教育资源分布失衡的区域，深入基层开展全面调研与实地走访，准确掌握当地教育现状、师资力量、学生需求及存在的问题，进而精准明确志愿服务的具体指向与目标定位，为后续志愿服务活动的有序开展、高效实施奠定坚实且明确的基础，使志愿服务能够切实贴合社会需求，发挥其应有的积极的社会效能与价值。特殊群体方面，关注特殊群体的需求，对于残障人士，掌握他们在出行便利、康复训练、学业成长、就业支持等方面的特殊需求，为志愿服务内容的设计提供依据。

在完成需求评估之后，依据所得结果精准界定服务目标，并精心规划服务内容。就社区志愿服务而言，其服务内容可涵盖义务家教活动，助力社区内学子学业提升，务必保证服务内容紧密契合既定服务目标，且具备在实际操作中切实可行的特性。为此，需要开展以提升志愿者的综合素质为目标的知识培训和专业技能培训，进一步增强志愿服务质量与效率。

---

① 参见姚德霞《根植于马克思主义理论的志愿服务工作研究》，载《世纪桥》2024年第8期，第25页。

② 习近平：《稳扎稳打勇于担当敢于创新善作善成 推动京津冀协同发展取得新的更大进展》，载《人民日报》2019年1月19日第01版。

3. 在榜样示范中增强思政引领力

榜样分为两大类，一个是树立典型人物。从不同领域、不同层面、不同群体中去寻找潜在的典型人物，挖掘和宣传先进榜样事迹。另一个是发挥领导干部应示范作用，领导干部应以身作则，在工作作风、廉洁自律等方面做好表率。

毛泽东同志指出："在阶级社会中，每一个人都在一定的阶级地位中生活，各种思想无不打上阶级的烙印。"[1] 因此，在选定人物时，典型人物要依据组织或群体的价值观和目标设定标准，通过基层推荐、群众反馈、日常观察等多种途径寻找。对选出的初步典型人物进行深入了解，包括其成长背景、思想历程、行为动机等，从调研资料中提炼出最能体现其典型性的亮点，这可能是一种独特的工作方法、一种坚韧不拔的精神品质或者是对社会产生广泛积极影响的事迹。同时，根据典型人物的受众和影响力范围，选择合适的宣传渠道，采用多种形式进行宣传，包括撰写人物专访、制作纪录片、举办事迹报告会等。对于社会层面的典型，可以通过大众媒体如电视、报纸、新闻网站，以及社交媒体平台等进行宣传。在宣传结束后，关注典型人物后续的发展，并且随着时代发展和价值观变化，适时调整典型人物的宣传重点，使典型人物始终具有引领作用。

领导干部务必始终坚定不移地秉持对马克思主义的崇高信仰，以及对中国特色社会主义和共产主义的执着信念。这就迫切需要干部深入研习党的先进理论，尤其是习近平新时代中国特色社会主义思想，确保在思想上、政治上、行动上同党中央保持高度一致。同时在面对各种思潮冲击和复杂政治环境时，保持政治定力不被干扰，为同事和群众树立政治标杆。在任期间，干部应当严格遵守党的政治纪律，自觉维护党中央权威，做到令行禁止。不搞"两面派"、不做"两面人"，对党忠诚老实。在工作和生活中，对组织襟怀坦白，如实报告个人有关事项，遵循组织程序，不越权办事，确保政治生态风清气正；积极承担责任，面对困难和挑战不推诿、不逃避。领导干部要勇于挑最重的担子、啃最硬的骨头，对于复杂的改革任务、民生问题等，主动谋划、积极推进。干部需要树立正确的政绩观，真抓实干，深入基层、深入实际，了解真实情况，制定符合实际的政策和工作计划。反对形式主义和官僚主义，不搞"花架子"工程。领导干

---

[1] 《毛泽东选集》（第一卷），人民出版社1991年版，第14页。

部需严守廉洁自律的相关规定，主动抵制形形色色的诱惑。坚决拒收礼品、礼金以及一切不正当利益，避免利用手中职权为个人谋取私利的行为，明晰公私界限，确保公私分明。与此同时，要切实做好对身边工作人员与亲属的教育及管理工作，杜绝他们凭借自身影响力从事违规活动。始终大力倡导并践行艰苦奋斗、勤俭节约的卓越作风，在单位经费运用、资源分配等事务中坚守节约理念，坚决抵制铺张浪费现象。不管是办公场地的构建，抑或是公务接待之类的活动开展，均需严格遵循规定流程操作，严防奢靡风气滋生，在全社会范围内树立起节俭的模范形象，引领良好风尚。领导干部在与同事、群众交往中，必须做到诚实守信。对群众的承诺要积极兑现，对工作中的安排和约定要严格遵守。领导干部的诚信能够增强团队凝聚力和群众的信任，是建立良好工作关系和社会关系的基础。同时注重与其他领导成员之间的团结协作，发扬团队精神，听取不同意见，在工作执行中相互支持、配合，在单位内部营造团结向上的氛围，促进员工之间的和谐共处，提高整体工作效率。

4. 在自我教育中提升思政引领力

习近平总书记指出："我们党只有在领导改革开放和社会主义现代化建设伟大社会革命的同时，坚定不移推进党的伟大自我革命，敢于清除一切侵蚀党的健康肌体的病毒，使党不断自我净化、自我完善、自我革新、自我提高，不断增强党的政治领导力、思想引领力、群众组织力、社会号召力，才能确保党始终保持同人民群众的血肉联系。"[①] 2019 年 6 月 24 日，习近平总书记在十九届中央政治局第十五次集体学习时的讲话指出："要在自我提高上下功夫，自觉向书本学习、向实践学习、向人民群众学习，加强党性锻炼和政治历练，不断提升政治境界、思想境界、道德境界，全面增强执政本领，建设一支忠诚干净担当的高素质专业化干部队伍。"[②] 自我教育强调个体自身的主动性和自觉性。它是个体通过自我反省、自我激励、自我调控等内部心理活动以及自我学习、实践等外在行为来提高自身思想认识、道德品质和能力素质等的过程。在这个过程中，个

---

① 习近平：《在庆祝改革开放 40 周年大会上的讲话》（2018 年 12 月 18 日），载《人民日报》2018 年 12 月 19 日第 02 版。

② 习近平：《全党必须始终不忘初心牢记使命 在新时代把党的自我革命推向深入》，载《人民日报》2019 年 6 月 26 日第 01 版。

体既是教育者又是被教育者，能充分发挥主观能动性，依据自身的发展需求和价值观来塑造自己。

自我教育首先要自我认识，其构成自我教育的根基。个体需借助自我审视、与他人相互参照、社会评价反馈等诸多途径，全方位洞察自身的优势与劣势，涵盖思想观念、道德操行、知识储备、能力层级等各个范畴。其次是自我激励。个体基于自行确立的目标，深入探寻驱动自身奋进的动力根基，其既可以是内心深处的理想抱负、对成就的热切向往等内在驱动因素，也可以是诸如奖励等外部诱因。再次为自我监督与调控机制。在日常的学业、生活以及工作进程中，个体务必时刻留意自身行为是否契合既定目标与道德规范。一旦察觉自身有所偏离或者滋生不良行为倾向，便应即刻予以修正与调适。最后是自我学习与实践阶段。个体凭借自主研习全新知识、掌握新兴技能、投身社会实践活动等方式实现自我提升。要充分运用书籍资料、网络教学课程、线下培训辅导等丰富资源开展学习，同时积极主动地参与社会公益项目、实习实训、兼职工作等实践活动，于实践中持续检验并完备自身的知识与能力架构体系。

5. 在情境感染中领悟思政引领力

思政引领力是新时代教育强国建设的重要支撑力量，它不仅体现在理论灌输和知识传授中，更应融入真实、生动、富有感染力的情境之中。通过情境感染，学生能够在潜移默化中接受思想引导、价值塑造和情感熏陶，从而深刻理解和内化思政教育的核心内容。增强在情境感染中领悟思政引领力，可从以下五个方面入手。

（1）创设真实可感的情境，增强思政教育的代入感。

情境教学强调"以情动人、以景感人"，通过还原历史场景、模拟现实事件或创设生活情境，让学生"身临其境"，激发情感共鸣。例如，在讲授中国共产党百年奋斗历程时，可以借助红色影视作品、革命遗址参观、英模人物访谈等形式，使学生在具体情境中感受党的初心使命与精神伟力。

（2）运用典型榜样力量，激发学生的价值认同。

榜样的力量是无穷的。通过讲述先进人物的事迹，如时代楷模、道德模范、抗疫英雄等，将抽象的价值观具象化、人格化，让学生在情感触动中产生敬仰之心和学习动力。这种情境式教育比单纯的说教更具说服力和感染力，有助于学生树立正确的世界观、人生观和价值观。

（3）强化社会实践体验，推动知行合一。

社会是最大的课堂。组织学生参与志愿服务、乡村振兴实践、企业调研、社区服务等社会实践活动，让他们在真实的国情民情中体悟国家发展成就和社会责任。通过亲身经历与观察思考，学生能够更加深刻地理解中国特色社会主义制度的优势，增强"四个自信"。

（4）借助新媒体技术，营造沉浸式思政氛围。

随着数字技术的发展，VR虚拟现实、AI互动、短视频、微电影、线上展馆等新型媒介为思政教育提供了更多元化的表达方式。通过构建沉浸式、交互式的教育情境，可以增强学生的参与感与体验感，使思政教育更具吸引力和传播力。

（5）注重校园文化浸润，打造全方位育人环境。

校园文化是思政教育的重要载体。通过开展主题班会、红色文化节、演讲比赛、主题展览等活动，营造积极向上的文化氛围，让学生在日常生活中受到潜移默化的影响。同时，教师的言传身教、同学之间的互帮互助、学校的管理制度等也都构成了无形的思政情境，共同助力学生健康成长。

情境感染不是简单的"讲故事"或"看视频"，而是一种深层次的情感唤醒和价值引导。只有将思政教育内容与学生的生活经验和心理需求紧密结合，才能真正实现"润物细无声"的育人效果。在新时代背景下，我们要不断探索情境感染的新路径，让思政引领力在真实、生动、富有温度的情境中落地生根，滋养青年一代的精神世界与价值追求。

六、思政引领力支撑教育强国建设的实践进路

思政引领力通过引导人们的思想观念、价值取向和道德准则，为民族复兴凝聚共识。在思想观念上，它帮助人们树立正确的世界观、人生观和历史观，使人们深刻认识到民族复兴的历史必然性和伟大意义。在价值取向方面，思政引领力将社会主义核心价值观深深植入人们心中。爱国、敬业、诚信、友善等价值观成为人们行为的基本准则，促使人们在民族复兴的道路上各尽所能、团结协作。无论是科研工作者为国家科技进步奉献智慧，还是普通劳动者在各自岗位上辛勤耕耘，都将以这些价值观念为指

引，追求卓越，为民族复兴添砖加瓦。① 思政引领在建设教育强国过程中发挥着重要作用。

（一）发挥思政引领力的顶层设计

一个国家的政治制度架构与政治理念内涵对思想政治引领的走向起着根本性的塑造作用。对社会主义国家而言，思想政治引领的指向必定是服务于社会主义制度的巩固与发展，契合人民当家作主理念的践行推进，助力教育强国战略的建设实施。政治层面的需求驱动着思想政治引领内容的持续革新，当国家政治格局形势发生变动，思想政治引领的内涵要素也需作出适配性的调适与更新。故而，思想政治引领力的顶层规划设计必然应当是一项彰显系统性、蕴含前瞻性、具备战略性的整体谋划布局。

首先，明晰引领的目标方向与指导思想准则。国家能够从宏观的视角出发，精准确定思想政治引领所需达成的目标任务，诸如着力培育具备正确的世界观、人生观、价值观，坚决拥护党的领导核心地位，踊跃投身于社会主义建设伟大事业的高素质人才等诸项目标。此类目标应当与国家整体发展战略布局、教育领域战略规划等相互适配融合，全面覆盖不同的层级范畴与多元领域。与此同时，思想政治引领工作务必以马克思主义理论体系作为根本指引，深入且全面地贯彻落实习近平新时代中国特色社会主义思想。这一核心指导思想将会为思想政治引领力的顶层规划架构提供坚实的理论支撑与明晰的方向引领，切实保障思想政治工作沿着正确的轨道稳步前行，充分彰显中国特色社会主义的内在本质要求与独特优势特性。

其次，构建协同育人体系与完善评价反馈机制同步推进。一方面，对顶层设计而言，需大力强化学校作为思政教育主阵地的关键作用。学校应以课程体系为抓手，着力完善思政课程与课程思政的建设工作。思政课程当彰显理论深度，并具备切实的实践指导价值；课程思政则要深入挖掘各专业课程蕴含的思政元素，达成全员参与、全程贯穿、全方位覆盖的育人格局。同时，加强教师队伍的思政能力建设，提高教师的育德意识和育德能力。家庭是思政教育的起点，学校要通过宣传、培训等方式，引导家长

---

① 参见包天强《新时代深化"社会大课堂"建设的价值意蕴和实践路径》，载《学校党建与思想教育》2024年第20期，第59页。

树立正确的教育观念,注重在日常生活中对孩子进行品德教育和爱国爱党情感培养。在社会层面,政府部门则要加强对文化市场、舆论环境等的治理,营造良好的思政教育氛围,鼓励企业、社会组织等参与思政教育,从而形成成熟的学校、家庭、社会协同育人的体系。另一方面,在顶层设计中,要建立多元化的思政引领力评价指标,思政课的评价体系是否完善从根本上影响着教学评价功能的发挥。[①] 对于教育主体,可评价其教学内容、教学方法、育人效果等;对于受教育者,可从知识掌握情况、行为表现、价值观念等维度衡量。同时及时地反馈调整,搭建有效的反馈渠道,收集来自教育实践一线、受教育者、社会等各方面的反馈信息。根据反馈,及时调整思政引领的策略、内容和方法。如发现某种思政教育方式在特定群体中效果不佳,应及时改进或创新教育形式,以确保思政引领力的持续提升。

最后,保障资源投入与技术支持。在资源保障方面,政府和相关部门要保障思政教育的经费投入,用于师资培训、教材建设、教学研究等。同时,思政引领部门要重视思政教育资源的开发与整合,如建设高质量的思政教育网络平台,开发丰富的线上线下教育资源,如优秀的思政教材、案例集、多媒体资料等。在技术支持方面,政府应积极利用现代信息技术提升思政引领力,运用大数据分析了解受教育者的思想动态和需求,为个性化思政教育提供依据,还可以利用虚拟现实、增强现实等技术创新思政教育场景,增强教育的吸引力和感染力,提高思政引领的实效性。

(二) 思政引领力为民族发展提供精神力量

思政引领力正如取之不尽的力量源泉,在教育强国的伟大进程中,始终发挥着中流砥柱的作用,清晰而坚定地指引着方向。它通过弘扬中华民族传统美德和革命道德,培养人们的高尚情操。民族精神在思政引领力的浸润与催化之下,焕发出光辉,其生动鲜活的具象呈现,为民族复兴的伟业夯筑了坚不可摧的强大精神根基,源源不断地输送着支持砥砺前行的磅礴力量。

---

① 参见陈猛《新时代高校思政课亲和力提升路径研究》,载《林区教学》2024年第5期,第11-14页。

在民族复兴初期，思政引领力主要作用是唤醒民族意识。近代中国，由于列强侵略，民族危机深重，先进的知识分子通过宣传新思想、新文化，唤起民众的民族意识和爱国精神。例如，严复翻译《天演论》，用"物竞天择，适者生存"的思想激发人们救亡图存的意识；"五四运动"时期，青年学生们通过示威游行、宣传演讲等方式，传播爱国思想，反对帝国主义和封建主义，为民族复兴点燃了星星之火，使民族意识在广大民众心中逐渐觉醒。

在民族复兴发展期，思政引领力主要作用是凝聚发展合力。中国随着民族复兴进程的推进，思政引领力重点在于发展合力的形成。社会主义建设时期，全国人民在党的领导下，以思想政治教育为保障，团结一心进行经济建设。"铁人"王进喜、"两弹一星"元勋钱学森、邓稼先等先进人物成为时代楷模，他们的事迹通过思政教育广泛传播，激励着无数劳动者投身国家建设。无论是工业建设、农业发展还是科技进步，思政引领力将各行各业的人们凝聚在一起，形成强大的发展合力，推动国家向着民族复兴的目标不断前进。

于民族复兴的紧要关头，思政引领力宛如一座明亮的灯塔，其核心效用在于稳固信念之基，以直面纷繁复杂的诸多挑战。当今之世，国际格局波谲云诡，国内推进改革发展的使命亦艰巨非凡。思政引领力恰似"定海神针"，赋予民众对中国特色社会主义的道路自信、理论自信、制度自信以及文化自信，使其信念如磐，坚不可摧。当遭遇贸易摩擦、科技封锁等外来重压之际，民众在思政教育的熏陶启迪下，得以秉持战略定力，在狂风骤雨中坚守根基，大力弘扬自力更生、艰苦奋斗的优良传统，在民族复兴的伟大征程中披荆斩棘，奋勇突围。与此同时，在国内发展进程中所面临的社会矛盾、环境问题等重重艰难险阻面前，思政引领力又似精准罗盘，引领民众确立正确的发展观并探索问题化解之道，确保民族复兴的宏伟巨轮沿着既定的正确航道破浪前行。

（三）新时代思政引领力在教育强国建设中的作用

意识形态是为国家立心、为民族立魂的工作，只有马克思主义牢牢占据党内以及思想界、文艺界等各领域的统治地位，才能更好地构筑中国精神、中国价值和中国力量,为实现中华民族伟大复兴的中国梦增强精神支撑。① 因此,思政引领力在新时代教育强国建设的多方面具有极为重要的作用。

在凝聚价值共识方面,一方面,思政引领力起到统一思想认识的作用。在一个国家中,人们来自不同的地域,属于不同的阶层,具有多样的文化背景,思想观念必然存在着差异。思政引领力能够将马克思主义的基本原理、中国特色社会主义理论等核心思想广泛地传播,使全体国民在思想上达成共识。而在面对重大社会变革和政策调整时,思政引领力可以帮助人们理解这些变革的必要性和意义。以供给侧结构性改革为例,通过宣传解释相关政策的理论依据和目标,使民众认识到这是推动经济高质量发展的重要举措,进而凝聚起支持改革的共识。另一方面,思政引领力发挥着增强民族认同感与归属感的关键作用。思政引领力恰似一把神奇的钥匙,能够开启挖掘和弘扬本国历史文化传统的大门。历史故事也好,文化遗产也罢,皆可成为思政教育的优质素材。思政引领者们深入中华优秀传统文化、革命文化以及社会主义先进文化的宝库之中,对其进行深度挖掘并大力弘扬。他们借助宣传英雄们可歌可泣的事迹、讲述国家波澜壮阔的发展历程等多种行之有效的方式,点燃人们内心深处的爱国热情,进而激发他们强烈的民族自豪感。与此同时,思政引领在各民族文化的宣传与交流方面也起着不可小觑的作用,它如同一条坚韧的纽带,将各个民族紧紧相连,巩固着民族团结。它让各族人民清晰且深刻地认识到中华民族本就是一个休戚与共的命运共同体,由此不断强化民族凝聚力,有力地维护国家的统一与稳定,为国家的长治久安筑牢坚实根基。

在高素质人才的培育进程之中,思政引领力肩负着构建正确世界观、人生观与价值观的重大使命。在学校教育的漫漫征途中,思政课程无疑占据着举足轻重的地位。自小学的思想品德启蒙课程起,一路延伸至大学的思想政治理论深度研习,如同一串精心串连的教育明珠,有条不紊且循序渐进地引领着学生构建正确的价值认知体系。思政引领力的关键效能亦在社会实践舞台之上大放异彩。通过组织学生投身志愿服务活动、深入开展社会调研等多元形式,能够使其于真实的社会情境之中亲身体验正确价值观的内涵,将之内化为自身的行为准则,并付诸实际行动,实现知行合一

---

① 参见李涛《新时代高校提升意识形态凝聚力和引领力的意涵与路径》,载《云南农业大学学报(社会科学)》2024年第2期,第173-178页。

的深度融合与升华。

思政引领力起着提升国民的思想道德素质和科学文化素质的重要作用。在思想道德方面，思政引领力通过弘扬社会主义道德风尚，引导人们遵守社会公德、职业道德和家庭美德。在社会上开展道德模范评选、文明城市创建等活动，激励人们向榜样学习，以此来提升整个社会的道德水平。在科学文化素质提升上，思政引领力可以引导国民树立正确的学习观念和创新意识。思政引领通过宣传科技兴国等理念，鼓励人们不断学习新知识、新技术。思政引领力起着培养高素质劳动者的重要作用。[①] 思政教育能够提升劳动者的思想道德素质和职业精神。在职业院校和高校中，通过思政课程与专业课程的融合，培养学生的工匠精神、创新精神等。在工科专业教育中融入思政元素，培养学生严谨的科学态度和敢于创新的精神，使他们在未来的工作岗位上能够更好地发挥专业技能，为国家高质量发展提供人才支撑。

在维护社会稳定与和谐、推动社会进步方面，思政引领力起到了引导社会舆论和树立正确的民主观念、法治意识的重要作用。思政引领力能够在复杂多变的信息环境中发挥舆论引导作用。在网络时代，信息传播迅速且复杂，一些不实信息和有害思想可能会扰乱社会秩序。思政引领通过官方媒体、主流舆论阵地等，传播正确的思想观点，对热点事件进行客观公正的解读，能够避免社会舆论的混乱。思政引领还让国民明白民主是在法律框架内的有序参与，通过宣传法律法规知识，促进人们依法行使权利和履行义务，维护社会的公平正义和法治秩序。

思政引领力亦肩负着消解社会矛盾冲突、为经济战略顺利施行筑牢思想根基的核心重任。思政引领力能够从思想源头上化解社会矛盾。在社会发展过程中，不同群体之间可能会出现利益冲突等矛盾。通过开展思想教育工作，引导人们从大局出发，理解国家的政策安排和利益分配机制，增进不同群体之间的相互理解。在国家推行重大经济战略，如乡村振兴战略、创新驱动发展战略等的过程中，思政引领力可以动员各方力量积极参与，通过宣传战略的重要意义，调动广大农民、科研人员等群体的积极性，推动经济战略的有效实施。

在保障社会建设方面，思政引领力起到了促进社会公平正义、保障和

---

① 参见本刊编辑部《建设高素质劳动者队伍 推进新质生产力发展》，载《工会博览》2024 年第 16 期，第 8-11 页。

改善民生的重要作用。思政引领有助于树立公平正义的社会观念。在社会各个领域开展思想政治工作，宣传社会公平的重要性，引导人们正确看待社会差距。思政引领可以引导社会资源向民生领域倾斜，通过宣传以人民为中心的发展思想，动员政府、企业和社会各界关注民生问题，及时解决人民最关心、最迫切、最重视的问题。①

思政引领力还起到巩固党的执政地位和增强公民政治素养的重要作用。思政工作对于党员干部党性修养的强化有着不可替代的重要意义。借由党内思想政治教育活动的深入开展，诸如意义深远的"不忘初心、牢记使命"主题教育以及厚重深刻的党史学习教育等活动的有序推进，能够促使党员干部在思想深处始终牢固树立对马克思主义的赤诚信仰，对新时代中国特色社会主义以及共产主义的坚定信念，使其在行动实践中持续增强政治意识、大局意识、核心意识、看齐意识，稳固树立道路自信、理论自信、制度自信、文化自信，切实做到坚决维护习近平总书记党中央的核心、全党的核心地位，坚决维护党中央权威和集中统一领导。这样，才能使党的先进性与纯洁性得以长久维系，使党的执政能力与领导水平持续提升，进而稳固党的执政根基与领导地位。

（四）思政引领力的关键支点

思政引领力支撑教育强国建设的实践进路探析离不开对关键支点的研究，牢牢把握关键支点，精准聚焦思政引领，全面提升思政引领成效。思政引领内容建设，有力地夯实了我国主流价值观的根基；强化队伍建设，助力思政工作者引领受众明辨多元文化优劣。不同受众群体认知水平、兴趣爱好与生活经历各异，通过创新方式方法，思政引领可有效适配差异，切实增强思政引领力于强国建设中的效能与作用。

一是在内容建设上加强理论武装。以教育强国为主线，增强思政引领力的根本是内容、对象、方法路径问题。② 思政引领力的构筑，离不开深

---

① 参见雅阁《促进社会公平正义 增进民生福祉》，载《昆明日报》2024年9月13日第05版。

② 参见杨晓慧《建设具有强大思政引领力的教育强国》，载《教育研究》2024年第9期，第13-19页。

厚的马克思主义根基以及对中国特色社会主义理论体系的深入践行与运用。马克思主义作为思政引领力的关键核心与理论源泉,为洞察社会发展趋向、解析社会矛盾冲突给予了严谨科学的方法论指引。借助对《资本论》《共产党宣言》等马克思主义经典著述的精研细读,思政工作者得以从深邃的理论维度拆解剖析社会万象,进而为引领社会思想潮流、凝聚价值共识筑牢坚实的理论根基,有力推动思政引领力的稳步提升与持续强化。而中国特色社会主义理论体系的这些理论成果紧密结合中国的实际发展情况,是指导国家建设各个阶段的行动指南。思政引领工作以此为指导,能够针对不同行业、不同群体开展有针对性的教育,使人们明确国家发展的方向和个人在其中的责任。

思政引领力内容建设包括研究方法的改革、研究观念的改革、研究成果应用的改革三个方面,这三个方面环环相扣,协同推进,是一个有机的统一体。首先,研究方法的改革。近些年跨学科研究方法逐渐兴起,学术研究越来越注重跨学科研究方法的运用,这是一种重要的改革。以前,学科之间界限分明,例如,在研究社会问题时,社会学往往独立于心理学、经济学等学科之外进行研究。然而,现在跨学科的研究方法打破了这种局限,支持鼓励多学科交融研究。这种跨越学科界限的研究模式,能够以更为多元、透彻的视角解析复杂多变的现实问题,为思政引领力发展变革输送更具科学性与权威性的支撑论据。与此同时,大数据时代浪潮汹涌而至,亦强力推动学术研究模式的转型升级。在曾经的传统学术研究路径下,数据采集多聚焦于小范围样本调研,局限性颇为显著。而当下借助大数据技术的强劲赋能,研究人员得以轻松获取规模庞大的数据资源,进而构建出更为精确、完备且符合科学规范的研究样本体系,为学术探索与思政引领力的创新发展开辟全新路径。其次,研究观念的改革。学术研究观念逐渐从单纯的理论导向转变为问题导向。内容的时代特征在于其科学性和准确性。[①] 以往的学术研究可能更注重理论体系的构建,在象牙塔中进行理论的演绎和归纳。但现在,面对社会的各种实际问题,如教育公平问题、医疗资源分配问题等,学术研究更加关注如何解决这些问题。同时学术研究的观念也在向开放合作转变。从前,学术研究领域曾在某种程度上陷入自我封闭、孤立研究的困境,与外界缺乏充分交流互动。而如今,伴

---

① 参见陈猛《新时代高校思政课亲和力提升路径研究》,载《林区教学》2024年第5期,第11—14页。

随时代发展潮流，全球范围内不同国家、各个机构的学者们积极打破壁垒，大力增进彼此间的协作交流。这种秉持开放包容、携手合作的理念与态度，极为有效地汇聚起了世界各地的智慧结晶，为相关领域的深度变革与创新发展注入了源源不断的强大动力，有力推动了学术研究不断迈向新的高度与境界。最后，研究成果应用的改革。学术研究成果的应用方式也在改革。过去，学术成果从研究到应用可能需要很长的时间，中间存在诸多障碍。现在，许多高校和科研机构建立了专门的成果转化中心，加速成果从实验室到市场的转化，提高了成果转化的速度。同时在现阶段，学术研究成果的社会参与度有所提高，学术研究成果的应用越来越注重社会参与。以前，学术成果的应用主要局限于专业领域。现在，通过科普活动、公众参与式的研究项目等方式，让社会大众更多地了解和参与到学术研究成果的应用中。

学术研究与思政引领相辅相成、互为支撑。一方面，学术研究为思政引领提供理论基础与实践依据，使思想政治教育更具科学性、系统性和说服力；另一方面，思政引领为学术研究指明方向，确保研究立场坚定，价值导向正确，特别是涉及国家意识形态、社会发展和人才培养等重大问题上发挥着根本性的引导作用。在新时代背景下，推动学术研究与思政引领深度融合，不仅有助于提升高校思想政治工作的实效性，也有助于构建具有中国特色、中国风格、中国气派的哲学社会科学体系，为培养德才兼备、全面发展的社会主义建设者和接班人提供坚实支撑。

二是在队伍建设上提升专业性。思政引领力的队伍建设包含多个主体，最关键的是专家人才、思政教师、党政干部这三类群体。以这三类群体为建设重点，打造坚实、可靠、专业的思政引领队伍。

首先，在专家人才方面，提升队伍的专业性。第一，要建立完善的培训与教育体系。针对专业知识的培训，内容要注重深度和系统性，可以邀请行业内顶尖的专家开展讲座，也可以组织内部的学术交流活动，让成员们能够深入学习专业知识，跟上学科发展的前沿动态。同时进行跨学科知识拓展培训，除了本专业知识，跨学科知识的拓展也至关重要，要推动各领域专家人才交流探讨，互相学习。第二，为了确保队伍的专业性，建立科学合理的专业资质认证体系是必要的。专家学者需历经一系列严谨规范的考试，考试范畴全面覆盖专业核心知识要点以及实际操作技能要领，以保障获取资质认证之人员拥有较为高超的专业素养水准。与此同时，在专业资质认证体系之外，构建内部标准化考核机制亦不可或缺，以此形成对队伍专业性的双重保障与全面评估。根据团队的目标和任务，制定具体的考核指标，通过定期考核，能够及时发现专家团队专业能力上的不足，有针对性地进行培训和提升。同时，考核结果也可以作为奖励和晋升的重要依据，激励团队成员不断提升自己的专业能力。第三，建立起完善的学术不端预防抵制机制。[①] 构建学术道德教育制度，是防范学术不端行径的根基所在。在教育机构中，理当把学术道德教育融入常规课程框架之内。就高等院校与科研院所而言，需设置专门的学术道德必修或选修课程，其课程涵盖学术规范的根本准则，诸如文献引用的精准范式、数据处置的恰当方式等等。借助对实际案例的深度剖析，使专家及研究人员明晰学术不端行为的多元表现样式。专家队伍建设是提升思政引领的重要支撑，思政引领则是专家队伍建设的根本方向和价值遵循。高水平的专家队伍不仅具备深厚的学术功底和专业素养，更应具有坚定的政治立场和正确的价值导向，能够在理论研究与实践探索中自觉践行和传播社会主义核心价值观。加强专家队伍建设，要坚持以思政引领为核心，强化政治引领和思想引导，确保专家学者在服务国家战略、推动社会发展始终站稳人民立场、坚持正确方向。同时，思政引领也需要依托高素质专家队伍提供智力支持和人才保障，二者协同推进，才能不断提升思政工作的时代性、针对性和实效性。

其次，在思政教师方面，加强教师队伍的思政建设。教师是教育的实施者，他们的思政素养直接影响着思政引领力的发挥。因此，加强教师队伍的思政建设至关重要。其一，队伍建设的关键在于强化思政教师队伍的专业素养。在学校教育体系内，思政教师作为思政引领力的一线传播主体，肩负着极为重要的使命。他们不但要拥有深厚且扎实的专业知识储备，具备哲学、政治学、伦理学等多学科领域的理论知识和素养，而且要持续深入地研习并精准掌握党的先进理论与方针政策，不断提升自身的政治敏锐性与理论高度，以自身的言行举止为学生们树立榜样，真正做到言传身教、以身作则。此外，思政教师还需与时俱进，不断创新教学方法，积极引入案例教学、实践教学等多元化教学模式，全力提升思政课程的吸引力与实际教学成效，使思政教育能够深入学生内心，激发学生的思想共

---

① 参见李立国、李均、徐岚等《教育强国战略下高等教育高质量发展研究（笔谈）——学习全国教育大会精神》，载《西北工业大学学报（社会科学版）》2024年第4期，第42-43页。

鸣与行动自觉。其二,队伍建设的重点在于加强思政教师的选拔、培训。思政教师肩负着传播主流意识形态的重大使命,故而政治素养成为其选拔的核心与首要考量要素。他们务必对马克思主义抱有坚定信仰,始终坚决拥护党的领导权威,对国家政治制度以及发展道路持有深刻透彻的理解和高度认同。思政教师亦应具备相应的专业知识架构与背景。通常而言,思政教师需持有思想政治教育、马克思主义理论、哲学、政治学、历史学等关联学科的学历资质,这些专业知识储备能够为教师在阐释思政课程内容时筑牢稳固的理论根基。与此同时,优良的道德品质也是思政教师不可或缺的关键条件,唯有德才兼备者方能在思政教育的舞台上发挥出积极正面的引领示范作用,培育出具有良好道德风尚与正确价值观的新时代人才。他们应以身作则,践行诚实守信、敬业奉献等美德,这是因为思政教师是学生思想道德的榜样,其言行举止对学生有着潜移默化的影响。培训机制方面,学校定期组织思政教师参加理论培训,以加深他们对思政理论的理解和掌握,培训内容包括党的最新的理论成果、国内外政治形势分析等,使他们能够将新的理论融入教学内容,为学生传递与时俱进的思想观念。而为了提高思政教师的教学效果,则要对其开展教学方法的培训,这包括传统教学方法的改进和现代教育技术的应用。安排思政教师参加社会实践锻炼和调研活动。教师可以深入企业、社区、农村等地,了解社会实际情况,参与社区的思想政治工作实践,积累解决实际问题的经验,以此来提高思政教育的针对性。其三,队伍建设要完善思政教师的评价激励机制。建立科学的教学质量评价体系,从学生评价、同行评价、教学成果评价等多方面衡量思政教师的教学水平。学生评价可以通过问卷调查、课堂反馈等方式收集意见,了解教师教学内容的吸引力、教学方法的有效性等。同行评价则侧重于教学内容的专业性、教学活动的创新性等方面。根据评价结果,为教师提供改进建议。思政教师的科研成果也是评价的重要内容。政治信仰需先扎根在教师心中才能更好地扎根于学生心中。[①] 鼓励教师开展与思政教育相关的理论研究和实践探索,如研究思政教育在新时代的新特点、新路径等。通过多种激励手段提高思政教师的工作积极性,除了物质奖励,如奖金、科研经费等,还要注重精神激励。

最后,在党政干部方面,建立成熟的选拔培训制度和严密的监督管理

---

① 参见邓鹏《提升高校思政课亲和力的"新配方"》,载《人民论坛》2020年第15期,第206-207页。

制度。党政干部在政策制定、社会治理等工作中发挥关键作用，他们的思政素养直接影响政策导向和社会风气。同时党政干部是党和国家政策的直接执行者，一支高素质的队伍能够准确、高效地将党和国家关于思想政治等相关领域的政策贯彻到基层，确保政策不走样。党政干部还是党和政府与人民群众之间的重要桥梁，通过深入群众开展思政工作，了解群众思想动态和诉求，及时反馈并调整工作策略，能够有效地促进社会和谐发展。第一，形成成熟的选拔培训制度。党员干部的遴选需确立明晰的准则并开拓多样的途径，以选拔出政治素质过硬、信仰坚定、文化自信坚定的干部。要大力拓宽选拔的通道，一方面从高校、党校等教育阵地吸纳理论功底深厚的贤才；另一方面到基层一线挖掘拥有丰富实践心得、熟知民众思想动态的骨干，以此保障队伍的架构科学合理，达成优势互补、协同共进之效，为各项事业的稳健推进提供坚实且富有活力的干部力量支撑。加强对党政干部的培训，在培训过程中树立科学的评价指标和激励机制，建立完善的考核体系，从思想政治工作成效、群众满意度、应对突发思想问题的能力等多维度评价干部，将考核结果与干部晋升、奖励等挂钩，对表现优秀的干部给予表彰和晋升机会，对不合格的干部进行调整，以激发干部的工作积极性。第二，形成严密的监督管理制度。党员干部的监督管理工作涵盖纪律监督以及作风监督两大关键层面。针对思政党政干部，着重强化纪律监督力度，务必保证其严格遵循党的政治纪律、组织纪律等各项规定要求，坚决杜绝在思政工作进程中出现传播与党和国家方针政策背道而驰言论的现象，从而维护思政工作的政治严肃性与思想正确性，保障党和国家的意识形态工作沿着正确的方向稳健推进，塑造风清气正、纪律严明的思政工作环境。同时关注干部工作作风，反对形式主义和官僚主义，确保思政工作真正深入群众、落到实处。

三是在场地建设上扩大范围。思政教育场地建设至关重要。良好的教育场地能够营造出浓厚的教育氛围，对受教育者的思想和行为产生积极的影响。建设多样化的教育场地可以拓展教育的物理空间，也能为不同类型的教育活动提供合适的场所。教育场地的建设能够增强受教育者的体验，合适的教育场地有助于整合各种教育资源和人力资源，提高教育的效率和质量。第一，打造校园思政文化广场。学校可以在校园内规划出专门的广场空间，在广场中设置大型的思政主题雕塑，比如展现革命先辈的奋斗场景、体现社会主义核心价值观等内容的雕塑，让学生在经过广场时能直观感受到思政教育的氛围。同时，在广场周边设置宣传长廊，展示党的发展历程、国家重大成就、优秀传统文化等不同版块的内容，定期更新，为思政教育提供丰富素材。第二，建设思政主题教室。除了常规的教室，学校可以专门打造思政主题教室。在教室的装饰上，墙壁可以张贴著名思想家、革命家的名言警句，以及具有思政教育意义的艺术作品。教室内配备多媒体设备，方便播放思政教育专题片、红色电影等资料，并且可以将教室布置成不同的思政主题区域，如中国近现代史区域、马克思主义理论区域等，通过场景化让学生更好地理解思政内容。第三，优化图书馆思政教育功能区。在图书馆内开辟思政教育专区，增加思政类书籍的馆藏数量和种类，应尽量涵盖从经典马克思主义著作到当代思政研究成果等各个方面。同时，设置舒适的阅读区域，营造安静、有文化气息的环境，方便学生深入学习思政知识。还可以在专区举办思政类读书分享会、讲座等活动，增强其教育活力。第四，开发校外思政实践基地。教育局与当地的革命纪念馆、历史博物馆、爱国主义教育基地等建立长期合作关系。对这些基地进行针对性的开发，如设计适合学生的参观路线、讲解内容和实践活动，让学生走出校园，在真实的历史场景和丰富的文物资料中接受思政教育，拓宽思政教育的场域，形成有利于国家建设的思维模式。

四是在方式方法上增强实践导向性。列宁曾说，"教会了工人阶级自我认识和自我意识，用科学代替了幻想"①。思政引领的最终目的是通过合适、合理的方法促进人的自我意识觉醒，用科学的理论取代错误的思想。

第一，学校要铸牢思政课堂的主阵地。学校要完善其思想政治工作体系，推动"思政课程的主渠道"与"课程思政的主阵地"相结合。同时加强师资队伍建设，强化教师的专业素养、教学能力、师德师风等基本条件，优化课程内容的设置，确保内容的科学性和系统性，增强内容的针对性和贴近性。在思政课堂上创新教学方法与手段，提倡多样化的教学方法，充分地利用现代教育技术。②

第二，学校应充分挖掘各学科的思政因子。除了思政课，其他学科课程也应与思政教育相融合，形成协同育人效应。各个学科都包含丰富的思

---

① 中共中央马克思恩格斯列宁斯大林著作编译局编译：《列宁专题文集·论马克思主义》，人民出版社2009年版，第53页。

② 参见杨晓慧《建设具有强大思政引领力的教育强国》，载《教育研究》2024年第9期，第18—19页。

政教育素材，如语文课程中的爱国主义情感、历史课程中的民族精神、科学课程中的科学精神等，将这些素材挖掘并融入教学中，可以使学生在学习专业知识的同时，潜移默化地接受思政教育，增强思政引领力，从而激发各专业学生践行思政引领的内生动力。

第三，学校应创建模拟思政情景体验。创设模拟的思政情景，如模拟联合国会议，让学生扮演不同国家的代表，围绕国际热点问题展开辩论和协商，从中理解国际政治格局和国家利益关系；组织模拟法庭审判，通过案例分析和角色扮演，让学生了解法律知识和公平正义等思政内涵。

第四，学校思政教育要深度融入社会实践活动环节。思政引领绝不能桎梏于理论教学的课堂范畴，而应与社会实践构建起紧密且有机的联结。积极组织学生群体以及广大群众参与诸如志愿服务行动、社会调研探索、生产劳动实践等多元化活动，令其在丰富多样的实践经历中真切感悟与体验思政教育所蕴含的深刻内涵。与此同时，学校当着力构建以问题为导向的思政工作全新模式。思政引领务必以化解社会现实问题作为根本出发点与落脚点，当直面诸如环境污染、就业困难等一系列社会热点难点问题之际，学校所开展的思政工作理应发挥正确引导之功效，助力学生群体树立正确的认知视角与态度，充分激发其探寻问题解决方案的主观能动性与积极性，进而切实提升思政教育于社会实际应用场景中的实效性与影响力，培育出兼具社会责任感与问题解决能力的新时代人才。

学校积极组织并推动开展志愿服务活动。志愿服务具备文化教育方面的功能，并且作为实践育人的一种行之有效的载体，已得到了越来越多人的认可与肯定。倘若把思政教育同志愿服务有机融合起来，便能组织学生投身到各类社区服务当中去，比如关爱孤寡老人、为贫困家庭的儿童辅导功课等等；抑或是引导学生参与环保公益活动，比如参与植树造林活动、投身河流保护工作等。借助这些实实在在的实践活动，让学生在帮助他人、服务社会的具体过程中，切实地践行社会主义核心价值观，深刻体会奉献所蕴含的深远意义，从而实现思政教育从理论到实践的有效落地，助力学生更好地成长为有担当、有社会责任感的新时代青年。①

学校组织主题调研活动。针对近期的社会热点问题或思政相关课题，组织学生开展调研。例如，围绕乡村振兴战略，让学生深入农村调研发展

---

① 参见廖恳《论志愿服务的社会功能及其形成》，载《中国青年研究》2012年第3期，第42页。

现状、政策落实情况等。调研过程中的设计问卷、访谈村民、分析数据、梳理总结等一系列实践操作,可使学生深刻地理解国家政策在基层的实践意义,切实锻炼学生的实践能力,培养其社会责任感。

总体而言,内容建设系思政引领力构建之核心根基所在。内容建设具有明确的教育导向功能,其所具备之要求与特性径直作用于队伍构建以及方式方法的创新进程。队伍建设则为关键支撑要素。思政教育队伍作为内容传输之媒介与驱动方式方法创新之主体力量,其素养与能力水准亦决定着内容建设及方式方法创新所能达到之高度和深度。而方式方法创新无疑是动力之源。方式方法创新扮演内容建设之助推力量以及队伍建设成效之驱动因子角色,可有效增进内容建设成效之提升幅度;与此同时,方式方法创新亦能逆向回馈于队伍建设。一旦新型教学方式得以广泛推行运用,必将对教育工作者提出更为严苛之要求,倒逼其持续不懈地研习并提升自身专业技能水准。此三者彼此依赖、相互增益,共同构筑起思政引领力建设的有机统一整体架构,于思政教育的长效、稳健发展进程中发挥着不可替代的关键作用,成为推动思政教育事业迈向新高度的核心动力与坚实保障。

第三章　教育强国的人才竞争力

人才是教育强国发展的战略性资源、决定性因素。我们必须统筹推进人才队伍建设，敢于投入，勇于创新，争创教育强国战略资源新优势，形成汇聚全球英才共建教育强国的生动局面。因此，提高人才资源竞争力至关重要。

一、教育强国人才竞争力的科学内涵

研究教育强国的人才竞争力，首先要厘清人才竞争力的科学内涵。针对人才竞争力概念，不同学者从不同视角出发提出了自己的观点。李向光认为："人才竞争力，是指一个国家、地区或城市吸引、培养和保留有助于提高该地生产力的人力资本的政策和实践的集合。"[①] 李辉从思想政治教育视角出发，认为："思想政治教育专业人才培养的竞争力，是社会对该专业人才质量的评价与肯定，是相对于其他专业人才比较而言的竞争性评价。"[②] 石伟平、陈如平、胡娟三位学者依据不同的教育阶段，将人才竞争力划分为基础教育人才竞争力、高等教育人才竞争力、职业教育人才竞争力三个方面加以研究，认为基础教育人才竞争力"通常指一个国家或地区基础教育体系培养的人才在基本学术能力、创新能力以及适应未来社会发展需求方面的效能"；高等教育人才竞争力"既包括所培养人才的竞争力，也包括教师队伍的竞争力，既包括高校拥有和培养的人才的数量、结构和质量，也包括人才培养、人力开发的科学过程和人尽其才、人尽其

---

① 李向光：《我国人才竞争力状况分析》，载《中国人才》2020年第10期，第27页。

② 李辉：《关于提升思想政治教育专业人才竞争力的思考》，载《思想教育研究》2019年第3期，第33页。

用的制度环境";职业教育人才竞争力"主要指技能型人才的竞争力。作为与经济社会发展联系最密切的教育类型,职业教育人才培养要时刻回应劳动力市场之变"。① 因此,在教育强国战略框架中,人才竞争力特指系统化育人机制形成的以下核心能力和品质:具有坚定理想信念、扎实专业能力、灵活创新能力、先进国际视野和完备综合素质。具体而言,可以从三个维度深入了解教育强国视域下的人才竞争力。

其一,坚定的理想信念与为国为民服务的远大志向是教育强国人才竞争力的前提。习近平总书记指出:"我国是中国共产党领导的社会主义国家,这就决定了我们的教育必须把培养社会主义建设者和接班人作为根本任务,培养一代又一代拥护中国共产党领导和我国社会主义制度、立志为中国特色社会主义奋斗终身的有用人才。"② 建设教育强国,首先要搞清楚培养什么人。是否具备坚定的理想信念、站在正确的政治立场上,是衡量教育强国视域下人才的首要指标。"理想指引人生方向,信念决定事业成败。没有理想信念,就会导致精神上'缺钙'。"③ 如果人才理想信念缺失、政治立场不坚定,则会对中国特色社会主义道路造成实质性危害,严重阻碍我国社会主义现代化进程。教育强国视域下的人才必须拥护中国共产党的领导,坚定中国特色社会主义道路,将个人命运与中华民族的命运结合起来,将个人理想融入中华民族伟大复兴的共同理想,将青春之花投入社会主义现代化建设的火热实践之中,立志将所学应用于中国特色社会主义事业,勇于担负起民族复兴大任。

其二,扎实的专业能力与灵活的创新能力是教育强国人才竞争力的关键要素。扎实的专业知识、专业技能以及创新能力是人才的重要标志性要素。习近平总书记指出:"广大青年要坚持面向现代化、面向世界、面向未来,增强知识更新的紧迫感,如饥似渴学习,既扎实打牢基础知识又及时更新知识,既刻苦钻研理论又积极掌握技能,不断提高与时代发展和事业要求相适应的素质和能力。"④ 专业能力不仅指学术能力,也指技术实践能力。我国的发展不能仅依靠科学理论,更要仰仗具有专业技能的人才。专业技能人才对于将科学理论变为现实、构筑社会主义现代化强国的

---

① 转引自晋浩天《提升人才竞争力要找准抓手》,载《光明日报》2024年10月15日第013版。

② 习近平:《论教育》,中央文献出版社2024年版,第6页。

③ 习近平:《论教育》,中央文献出版社2024年版,第27页。

④ 习近平:《论教育》,中央文献出版社2024年版,第28页。

大厦具有重大意义。在深入推进社会主义现代化建设的进程中，技能型人才发挥了不可磨灭的作用，如核动力事业产研用"三线金牌"领跑者王广金、传承豆瓣古法制作技艺的张安秋、"金属糖人"艺术家李信……这些大国工匠以一丝不苟、精益求精的精神理念脚踏实地做好本领域工作，将个人本领熔铸于社会主义现代化建设的方方面面。因此，我们培养、吸纳学术界一流人才，同时也关注、扶植技能型人才发展。职业技术教育为国家的创新驱动发展战略提供技术支持和人才储备，助力教育强国、科技强国、人才强国的高效联动，是推进教育强国的核心环节。① 习近平总书记指出："坚持创新在我国现代化建设全局中的核心地位。"② 创新是带动社会发展的"发动机"，加快社会主义现代化建设、助力中华民族伟大复兴，要依托人才创新精神。我们倡导的创新精神，不是某一方面的创新，而是在政治、经济、文化、科技、教育等各个领域的创新，以创新开展谋篇布局，续写好中国特色社会主义道路新篇章。培养、吸纳创新人才，鼓励其在科技、艺术、文化等领域开展深入研究，打破西方国家技术壁垒，深耕本国自主创新能力的提升；创造更丰富、更高质量的优秀文化艺术作品，丰富人民群众精神世界，满足人民群众日益增长的精神文化需要。

其三，先进的国际视野与完备的综合素质是教育强国人才竞争力的必要条件。"新时代社会主义建设者和接班人，不仅要有中国情怀，而且要有世界眼光和国际视野。"③ 随着社会生产力的飞速发展以及科学技术的更新迭代，各个国家、民族逐步摆脱孤立的状态，竞相加入全球合作的大潮之中。在此背景下，人类命运愈发成为一个整体，无论哪个国家都不能脱离全球化大潮独善其身。在新时代条件下成长起来的人才更需掌握世界眼光与国际视野，洞察世界发展大势及其发展变化规律，不仅要将自身置于中国发展大局中思考国家与自身的命运，肩负起中华民族伟大复兴的历史使命，更要站在天下大同的高度上，思虑全人类未来发展的走向，承担起为世界、为人类做贡献的责任。习近平总书记指出："社会主义建设者和接班人必须全面发展。"④ 马克思认为："人的全面发展，是指每个社会

---

① 参见于志晶、孟凯《建设强国，职教何为——在构建新发展格局中谋划职业教育高质量发展》，载《职业技术教育》2022年第33期，第10-12页。

② 本书编写组编著：《党的二十大报告学习辅导百问》，学习出版社、党建读物出版社2022年版，第26页。

③ 习近平：《论教育》，中央文献出版社2024年版，第10页。

④ 习近平：《论教育》，中央文献出版社2024年版，第11页。

成员的体力和智力尽可能多方面的、充分的、自由地发展。"① 我国教育部门则直接点明:"培养德、智、体、美、劳全面发展的社会主义建设者和接班人。"② 德智体美劳全面发展作为新时代教育目标,旨在通过"五育并举"的有机融合,系统培育具备完备综合素质的人才。这一要求与新时代"培养社会主义建设者和接班人"的根本任务高度契合,体现了教育促进人的全面发展和社会全面进步的深层逻辑。"人的竞争力是在社会生产和生活中展现的全面人格、智识和能力等,是非纯粹功用性的,是不同于物的竞争力的。"③ 康德提出要把人当作行为的目的,而不是手段的观点。马克思强调共产主义社会的人是"自由而全面发展的人"。当今时代,我们距离共产主义社会尚有差距,但是我们仍然要以全面发展的人作为教育理想目标,在教育培养中,应努力培养人的完整性,促使其在各个方面都能得到良好发展。对于人才,我们不应只强调其专业能力,而应关注其综合素质的发展。只有具备完备综合素质的人才,才能在激烈的社会竞争中脱颖而出,为强国建设、民族复兴增加一剂"强心剂"。

二、教育强国人才竞争力的主要特征

我国教育强国人才竞争力呈现出多样性、区域性、动态性、可持续性、可衡量性、可转移性等特征。

教育强国人才竞争力的多样性。一是社会发展需要人才掌握多种技能、素质。中国特色社会主义国家的人才首先应具备马克思主义理论素养、坚定的理想信念、深厚的爱国主义情怀,明确自身政治定位,承担自身所肩负的历史使命;时代的飞速变化要求人才在熟练掌握一项过硬专业本领的基础上,了解甚至是学会其他专业技能,以全面赋能自身所从事的工作;随着教育普及化程度提高,我国整体国民素质明显提高,人才整体综合素质也有大幅度提高。二是人才类型更加多元。"整体人才竞争力不

---

① 本书编写组:《教育学原理》,高等教育出版社2020年版,第132页。
② 本书编写组:《教育学原理》,高等教育出版社2020年版,第121页。
③ 晋浩天:《提升人才竞争力要找准抓手》,载《光明日报》2024年10月15日第13版。

是个体的简单叠加,而是多元人才类型的相辅相成、相得益彰。"① 在当代社会生产力持续发展与科学技术日新月异的驱动下,劳动分工呈现出精细化、专业化发展趋势,催生出财务顾问、科技专家、企业高级管理人员、风险投资专家等新兴职业类型。

教育强国人才竞争力的区域性。就人才分布上看,呈现出明显的区域差异性,具体表征为东西差异。"中国区域人才竞争力总体来看东西差异大,呈现内陆地区向沿海地区逐渐增强的特点。"② 从东西部地区人才分布上看,东部地区"大专及以上学历人口数量、教学与科研人员数量以及研究与发展人员总数优势突出,潜力也相对较大"③。平均学历水平较高的优势为东部地区进一步发展、培养、吸纳人才提供了可能。从科技贡献与经济贡献上看,东部地区"三种专利申请和合计量相对较多、战略性新兴产业发明授权量增速相对较快"④,大型工业企业以及高科技产业创收能力强。从人才的保障条件看,东部地区提供了优厚的人才保障政策,其在住房、医疗、教育、生活补贴、职业发展前景等方面的保障要优于西部人才保障条件的差异,促进人才源源不断地流向东部,加剧了东西部地区人才分布不均衡的现状。

教育强国人才竞争力的动态性。人才竞争力的动态性体现在人才在不同时代呈现出不同样态。新民主主义革命时期,我国处于内忧外患的危难时期,此时挽救民族危亡的重任是重大时代课题。毛泽东同志指出:"要造就一大批人,这些人是革命的先锋队。"⑤ 在此历史期间,我党主要采用"一面学习,一面生产"的方式教育人民,要求人才具有坚定政治立场、一定理论储备、明确组织纪律性、艰苦奋斗、深入基层实干,以服务于谋求中华民族独立的历史重任。社会主义革命与建设时期,各行各业百废待兴,我国渴求恢复经济、快速发展,就必须依托知识分子的力量。

---

① 晋浩天:《提升人才竞争力要找准抓手》,载《光明日报》2024 年 10 月 15 日第 13 版。
② 人民论坛课题组:《中国区域人才竞争力指数调查报告》,载《人民论坛》2017 年第 15 期,第 34 页。
③ 人民论坛课题组:《中国区域人才竞争力指数调查报告》,载《人民论坛》2017 年第 15 期,第 35 页。
④ 人民论坛课题组:《中国区域人才竞争力指数调查报告》,载《人民论坛》2017 年第 15 期,第 35 页。
⑤ 中共中央文献研究室编:《毛泽东思想年编:1921—1975》,中央文献出版社 2011 年版,第 172 页。

"为着扫除民族压迫和封建压迫，为着建立新民主主义的国家，需要大批的人民的教育家和教师，人民的科学家、工程师、技师、医生、新闻工作者、著作家、文学家、艺术家和普通文化工作者。"① 此时着重需要培养德智体全面发展的社会主义建设青年。"我们的教育方针，应该使受教育者在德育、智育、体育几方面都得到发展，成为有社会主义觉悟的有文化的劳动者。"② 改革开放和社会主义现代化新时期，经历"文化大革命"的惨痛教训后，恢复生产、谋求进一步发展成为摆在我国人民面前的重大历史课题。邓小平同志深刻认识到了人才的重要性，认为"我们国家，国力的强弱，经济发展后劲的大小，越来越取决于劳动者的素质，取决于知识分子的数量和质量。"③ 此时全社会对于人才的需求是遵守革命纪律，具有社会主义觉悟，德智体全面发展的人才。进入社会主义新时代，百年未有之大变局以及中华民族伟大复兴的历史大任对人才提出了更高的要求。习近平总书记指出："我们的教育方针要培养德智体美劳全面发展的社会主义建设者和接班人。"④ 此时我国对于人才的素质与能力提出了更高的要求，以适应新时代社会发展需求，在国际竞争中赢得主动权。

教育强国人才竞争力的可持续性。人才竞争力可持续性体现为人才在某一专业的竞争力一旦形成，就能够保持长期的竞争优势，呈现出可持续性的发展特质。培养一个人才需要国家、家庭、学校、社会的多方联动，需要相应的教育投入、教育者悉心培养、教学体系规范、教育方式灵活、家长关怀、社会重视等要素合力托举。受教育者在受教育过程中掌握好所学知识、锻造好娴熟技能、提升多维度综合素质，就能够形成强大竞争力。这种竞争力一旦形成，会给人才自身所在的岗位和社会带来巨大效益，而这种工作价值背后的强大竞争力是难以被取代的，能够长期保障人才在职业发展过程中的优势地位，形成可持续性优势。

教育强国人才竞争力的可衡量性。人才竞争力并不是由主观臆断所决定的，客观标准对人才的衡量起着主要作用。诚然，人才竞争力的评定会

---

① 中华人民共和国教育部、中共中央文献研究室编：《毛泽东 邓小平 江泽民论教育》，中央文献出版社2002年版，第45页。

② 中华人民共和国教育部、中共中央文献研究室编：《毛泽东 邓小平 江泽民论教育》，中央文献出版社2002年版，第65-66页。

③ 中华人民共和国教育部、中共中央文献研究室编：《毛泽东 邓小平 江泽民论教育》，中央文献出版社2002年版，第170页。

④ 习近平：《论教育》，中央文献出版社2024年版，第6页。

受一定主观因素影响,但这不是主要因素,更不是决定因素,人才竞争力的衡量归根结底要靠客观标准去衡量。某一国家或地区的人才竞争力可以通过科学的约定俗成的指标体系加以衡量。李晓园等学者对如何架构地区性人才指标体系进行了研究。"从国际人才竞争的高度及江西具体情况出发,借鉴国内外已有的研究成果和成功的经验,架构起中国人才竞争力指标体系。这个指标体系的建立,对各地区人才资源开发及管理起着先导作用。"① 作者依循科学性、系统优化、可表征性,以及可比性、可操作性、目标导向、灵敏与时效性原则进行人才竞争力指标体系的构建,也规定了影响中国人才竞争力的因素以及中国人才竞争力的评价方法,填补了我国区域人才竞争力衡量标准的空白,为科学衡量一个地区的人才竞争力奠定了基础。不仅某一国家、地区或民族的人才竞争力可以用客观标准加以衡量,个人的竞争力也可以置于客观的评价体系之中加以衡量。对于在校大学生而言,学习成绩、学生工作经历、科研成果、所获荣誉及实习经历等共同构成个人核心竞争力的基础要素体系,可作为用人单位招聘的参考要素;对于在职员工来说,个人核心竞争力可以通过学历晋升、工作经验、技能证书、绩效评估、所服务群体满意度调查的方式衡量,为个人可持续发展提供有力支撑。

教育强国人才竞争力的可转移性。一是人才竞争力受人才政策、工作调动、政策导向等因素作用,会出现人才竞争力在不同区域间转移的情况。如1999年为促进区域发展平衡而提出的西部大开发战略,培养、鼓励一大批人才建设西部,增强了西部人才竞争力,为协调经济发展格局、缩小东西差距、促进西部地区高质量发展作出了不可磨灭的贡献。二是人才竞争力可以在多个岗位之间转移。现今人才竞争力内涵丰富,不仅要求人才拥有熟练的专业技术技能,更要求人才具备多方面综合素质。这种全面的人才竞争力一旦形成,不仅能够在主修专业上发光发热,更能将知识技术迁移应用于其他相似行业。

---

① 李晓园、吉宏、舒晓村等:《中国人才竞争力指标体系构建》,载《中国人力资源开发》2004年第7期,第83页

三、教育强国人才竞争力的价值功能

"人才是第一资源",是习近平总书记对建设社会主义国家所做出的科学论断。深刻领悟教育强国视域下人才竞争力,需把握其在推动民族复兴、强国建设、促进新质生产力发展、带动全体人民共同富裕等多维度上至关重要的价值功能。

第一,教育强国人才竞争力是推动民族复兴、强国建设的必由之路。习近平总书记十分重视人才对民族复兴、强国建设所具有的重大意义,在洞察时代发展大势的基础上,将教育、科技、人才作为全面建设社会主义现代化国家的有机整体和基础性、战略性支撑,强调三者协同推进对民族复兴和强国建设的关键作用。

在长远发展的大计方面,始终坚持培养人才是国家和民族的长远发展大计;在对青年的寄语上,习近平同志亲切地说道:"广大青年要肩负历史使命,坚定前进信心,立大志、明大德、成大才、担大任,努力成为堪当民族复兴大任的时代新人。"① 这指出了广大青年与民族复兴之间不可割裂的联系。马克思主义人才观认为人民群众创造了社会历史,决定社会变革方向;而杰出人才在一定的社会历史条件下产生,作为人民群众的突出代表,能够起到加速或者延缓历史进程的作用。时代不仅塑造人才,也呼唤人才。民族复兴、强国建设是习近平新时代中国特色社会主义思想的核心目标,是我国在迈进社会主义现代化过程中需要始终坚守的历史使命与中心任务,凝结着全党全军各族人民的深切夙愿。过去的几年是勇毅前行、沧桑巨变的岁月,以习近平同志为核心的党中央带领人民完成从站起来、富起来到强起来的飞跃,团结带领人民完成脱贫攻坚、实现全面建设小康社会的目标,切实提高了人民生活水平,为全球减贫脱贫事业作出了巨大贡献;健全全面从严治党体系,巩固党的全面领导制度,坚定党的领导核心地位,坚决维护习近平总书记党中央的核心、全党的的核心地位,增进党的凝聚力与团结力,力求保持党的先进性与纯洁性;提出并坚持新发展理念,鼓励数字经济、智能制造、绿色能源等多领域发展,引导新技

---

① 习近平:《论教育》,中央文献出版社2024年版,第209页。

术、新模式、新业态蓬勃生长,加快供给侧结构性改革,助力高质量发展,提升发展效益;积极参与全球治理,站在全人类发展的立场上提出并推动构建人类命运共同体理念,打造受世界人民欢迎的"一带一路"国际公共产品服务平台,为解决世界问题提供中国智慧与中国方案……而今站在时代新征程上,强国建设、民族复兴仍需要更多人才投身于社会主义现代化建设。习近平总书记指出:"中国是一个大国,对人才数量、质量、结构的需求是多方位的。"① 新起点对于人才的要求更高,更需要我们引进多领域、高层次人才赋能民族复兴和强国建设,汇聚起民族复兴、强国建设的磅礴伟力,书写新时代更加辉煌的篇章。

第二,教育强国人才竞争力是促进新质生产力发展的必然要求。"劳动生产力是由多种情况决定的,其中包括:工人的平均熟练程度,科学的发展水平和它在工艺上应用的程度,生产过程的社会结合,生产资料的规模和效能,以及自然条件。"② 生产力三要素在生产力系统中协作配合、有机融合,产生超越三个要素独立作用叠加的强大功能。在这其中,"劳动者作为主体,不仅具备技能和知识,更处于形形色色的社会关系网络中,其对劳动资料的制造与选择不仅决定着生产效率,还为技术革新奠定了前提条件"③。劳动者是生产力系统中最活跃、最能动、最具革命性的因素,选择、处理劳动对象,设计与使用劳动资料,决定整个生产力发展的进程。生产力作为一个系统并不是固定不变的,而是随社会发展水平的变化而始终处于动态演进之中。"从农业革命的刀耕火种到工业革命的蒸汽机轰鸣,再到信息时代的数据洪流,每一次生产力的跃迁都深刻地改变了人类社会的面貌。"④ 生产力内部要素的更新迭代与优化升级促使生产力发生了质的改变,推动了新质生产力的诞生。习近平总书记在生产力发展大势基础上,提出"新质生产力"这一崭新范畴,明确我国生产力发展总体方位,为我国进一步推动经济发展、开展科技攻关指明了方向。习近平总书记指出,"新质生产力是创新起主导作用,摆脱传统经济增长方式、生产力发展路径,具有高科技、高效能、高质量特征,符合新发展理念的

---

① 习近平:《论教育》,中央文献出版社2024年版,第214页。
② 马克思:《资本论》(第一卷),人民出版社2004年版,第53页。
③ 胡志坚、张云龙、张可欣等:《关于新质生产力的笔谈(一)》,载《哲学分析》2024年第5期,第157页。
④ 胡志坚、张云龙、张可欣等:《关于新质生产力的笔谈(一)》,载《哲学分析》2024年第5期,第156页。

先进生产力质态"①。习近平总书记所提出的新质生产力的科学论断，立足当前中国经济发展的现实需要，是培植新业态、新产业、新技术的重要战略选择，是中华民族伟大复兴战略布局的重要组成部分。新质生产力实质是劳动者、劳动资料、劳动对象三个要素的优化升级与有机组合，对劳动者提出了更高要求，深切呼唤素质更高、能力更强的劳动者投入到发展新质生产力的事业中。人才所具备的丰厚知识与技能、开拓创新意识，能够促使劳动资料的优化更新与劳动对象的有效利用，超越以往粗放式经济发展方式，开拓创新发展新格局，在可持续性发展基础之上提高生产效率；随着学习强度的增加以及专业培训的普及，人才逐渐掌握了多种技能与高新技术工具，能够承接更高要求的生产任务，生产更多高质量、高效能、高科技产品，满足人民多样化需求。"在以人口高质量发展支撑中国式现代化的背景下，塑造现代化人力资源并提高其利用效率是形成和驾驭新质生产力的重要前提。"② 现今科学技术日新月异，深刻改变着人们的生产、生活、学习以及思维方式。然而，人在生产力中的主体作用仍然没有改变。在新的时代条件下，仍需重视人才的培养、吸引与保留，为新质生产力的持续发展创造动力。

第三，教育强国人才竞争力是带动全体人民共同富裕的应有之义。实现全体人民共同富裕源自中华文化"天下大同"的美好夙愿，是社会主义的本质要求，凝结着全体中华儿女的殷殷期盼。习近平总书记指出："我们说的共同富裕是全体人民共同富裕，是人民群众物质生活和精神生活都富裕，不是少数人的富裕，也不是整齐划一的平均主义。"③ 这一论述廓清了共同富裕的深刻意涵，为全面实现共同富裕提供了科学指南。实现共同富裕不是一蹴而就的，需要全党全国人民艰苦奋斗，需要将人才竞争力内蕴的强大潜力释放出来，以服务于全体人民共同富裕的目标。在推进共同富裕的过程中，坚持以强大人才竞争力为依托，以人才发展支撑驱动各项事业现代化、高质量发展，协调区域、行业、城乡发展格局，促进实体经济和数字经济深度融合，健全现代化基础设施建设，以满足人民对美好生活的向往。共同富裕内涵丰富，不仅要求全民富裕，而且要求全面富

---

① 习近平：《加快发展新质生产力 扎实推进高质量发展》，载《人民日报》2024年2月2日第01版。

② 张辉、唐琦：《新质生产力形成的条件、方向及着力点》，载《学习与探索》2024年第1期，第88页。

③ 《习近平谈治国理政》（第四卷），外文出版社2022年版，第142页。

裕；不仅要求物质富裕，而且要求精神富裕。在全民富裕方面，挖掘人才创造能力、奋斗精神，施行按劳分配与按要素分配相结合的分配方式，提高高层次人才待遇，使具备更高能力和更全面素质的人先富起来，再以政策引导、完善分配方式等方式，分阶段实现全体人民共同富裕。在全面富裕方面，为人才发展创设良好环境，鼓励其在自身研究领域推陈出新，引领政治、经济、科教、文卫、社会等各领域形成蓬勃发展态势，满足人民群众日益增长的美好生活向往。在物质层面，为人才创新提供更为有力的支持环境，鼓励其科研成果更多更好地转化为受人民喜爱的产品。在精神层面，全面落实意识形态工作责任制，坚持党的意识形态领导权，坚持马克思主义在意识形态领域的主导地位，坚持用马克思主义武装全党全国各族人民，保证中国特色社会主义事业的正确方向，鼓励新兴文化事业、文化产业发展，培植新型文化业态与文化消费模式，以更多高质量文化产品的供给丰富人民的精神文化生活。

四、教育强国人才竞争力的创新发展

人才竞争力主要依托于本国教育体系的培养，变革不合时宜的教育体系能够推动我国人才竞争力进一步跃升。教育体系作为涵育人、教化人的开放教育大系统，具有开放性与复杂性的特征，需要随着时代的变化而优化升级。我国教育"总体上符合我国国情、适应经济社会发展需要，但也存在一些突出问题和短板"[1]。一是以应试选拔为主要手段的传统教育体系固化学生思维，压制学生的创新精神，与新时代对创新人才的要求不符，同我国倡导发展素质教育的教育理念相异。"应试教育繁重的学习任务、僵化的教学模式、呆读死记、重复训练、机械作业、标准化考试，这些不仅无助于学生创新，反而压制了学生的创新精神与创新能力。"[2] 以往旧式教育的"基本功能之一就是重复，重复地把上一代从祖先那里继承下来的知识传给每一代。因此，和过去一样，教育体系负有传递传统价

---

[1] 习近平：《论教育》，中央文献出版社2024年版，第17页。
[2] 本书编写组：《教育学原理》，高等教育出版社2020年版，第156页。

的职责，这是正常的事情"①。二是传统教育职普分离的惯常做法，割裂了职业教育与普通教育的一贯性，阻碍专业人才的系统培养，难以满足国家建设对专业技术人才的需求。三是在传统应试教育模式下，师生之间表现出鲜明的等级关系。由于年龄、学识、地位等因素影响，在教学过程中，教师会比学生拥有更高的权威、享有更高的地位，难以实现师生真正平等。这种做法制约了学生构建健康人际关系能力的发展，不利于学生健全人格的培养。"在教师与学生之间也有一种十分死板的等级关系。当这种关系变得过于死板时，它就使学生感觉不到他应有的责任，并使他不能作出他可能作出的积极反应。"② 四是由于经济发展不均衡，教育资源在城乡、区域、校际、群体之间分配不均衡，进一步加剧区域发展失衡现象，阻碍社会公平。在我国推进教育强国进程中，应以人才竞争力为依托，以变革传统教育体系为抓手，培养更多适应社会发展的人才，推动我国综合国力进一步抬升，以更为昂扬自信的精神面貌屹立于世界民族之林。建设更高层次教育体系是一项系统工作，以高质量开放发展为导向，整合多方资源、凝聚教育合力，革除旧有体制弊端、全面发展素质教育，从教育过程多主体入手探求教育高质量发展、可持续发展之策；坚定我国教育改革站位，以培养全面发展的人为中心进行教育变革，使教育与社会发展紧密相连，促使教育体系与社会发展相联动、教育体系培养的人才为社会所需要。

同时，创设良好的人才培养环境。人才环境是指造就人才、吸纳人才、充分发挥人才作用的各种条件的总和。增强吸纳人才的能力是提高人才竞争力的内在要求。现今，各国为了加快发展，在全球掀起了激烈的高层次人才"狩猎"大战，尽可能为人才发展提供便利。"2017年6月法国启动'高科技签证'，进一步扩展和延伸了杰出人才的护照和快速签证申请程序；2019年3月该签证的申请条件进一步放宽。2020年2月，英国政府启动'高科技人才签证'，申请程序从快从简、数量不设上限。"③"悉尼大学从2016年开始实施一项总金额为17亿澳元的校园改造计划，

---

① 联合国教科文组织国际教育发展委员会编著：《学会生存——教育世界的今天和明天》，华东师范大学比较教育研究所译，教育科学出版社1996年版，第85页。
② 联合国教科文组织国际教育发展委员会编著：《学会生存——教育世界的今天和明天》，华东师范大学比较教育研究所译，教育科学出版社1996年版，第86-87页。
③ 李北伟、路天浩、李麟白：《中美科技竞争环境下海外高层次人才引进对策》，载《科技管理研究》2021年第18期，第29页。

用于自然和物理科学、生命科学、创意艺术科学、人文和社会科学的研究设施改造,为这些学科引进的研究人员从事高尖端研究工作提供保障。"① 各国依托优厚政策直指全球精英人才,更加注重高层次人才的争夺。中国政府在人才引进方面受到一些西方敌对国家的打压,存在人才市场机制与国家脱轨、难以发挥企业主动性等困境。就国内地区间人才引进政策看,也存在人才引进结构失衡、信息不畅、待遇不够优厚等问题。从发挥人才作用维度看,我国已意识到提供有利环境助推人才发挥作用的重要性,习近平总书记在中央人才工作会议上明确提出:"必须积极营造尊重人才、求贤若渴的社会环境,公正平等、竞争择优的制度环境,待遇适当、保障有力的生活环境,为人才心无旁骛钻研业务创造良好条件等具体工作。"② 四川省"'百人计划'中对引进人才一律给予 100 万元的资助金"③。宁夏市设立"六盘山友谊奖""塞上英才"称号作为引进海外人才的常设激励政策。但在实际工作中,尚存在资助金发放不到位、科研环境差、政府包办人才培育与服务工作、忽视对人才全方位保障等问题,难以充分发挥人才潜力、保障人才心无旁骛工作。政府在人才引进工作中,应坚持精准引才,保证引进人才结构的合理性;畅通信息渠道,为高校、企业、科研机构提供及时、全面的人才来源信息;赋权于企,鼓励支持企业参与人才的引进、筛选、培养工作,搭建企业与人才沟通的桥梁。在留才方面,完善人才保障体制机制,解决人才在衣食住行等多方面的难题,为人才心无旁骛开展工作创设良好条件;完善科研设施,提供有利的科研平台,奠定人才产出成果的良好基础;构建人才合作机制,打破地域限制,引导不同地域、不同高校的人才相互协作、资源共享;拓展人才视野,形成集成式、规模化的科研方式,开展大科研、大合作。

改革人才评价体系。党的二十届三中全会提出:"建立以创新能力、质量、实效、贡献为导向的人才评价体系"④,为深化人才评价改革提供科学指南,对完善人才评价体系、充分发挥人才创造潜能具有重大意义。

---

① 刘路:《澳大利亚一流大学国际人才引进的经验与启示》,载《黑龙江高教研究》2023 年第 4 期,第 70 页。

② 《习近平谈治国理政》(第四卷),外文出版社 2022 年版,第 540 页。

③ 刘晓光、黄悭:《我国东西部高层次人才引进政策文本比较——以四川省和江苏省为例》,载《科技管理研究》2018 年第 24 期,第 53 页。

④ 本书编写组编著:《党的二十届三中全会〈决定〉学习辅导百问》,学习出版社、党建读物出版社 2024 年版,第 24 页。

人才评价深度影响人才发展的基本方向，是人才发展的指挥棒。习近平总书记指出："要坚决克服唯分数、唯升学、唯论文、唯帽子的顽瘴痼疾，从根本上解决教育评价指挥棒问题。"① 党的十八大以来，党中央坚持党管人才原则，破除人才评价的体制机制弊端，调整现有人才体系中不合时宜的方面，在创新人才评价体系、激发人才创造活力等方面取得显著成效。但是推动高质量发展、进一步推进中国式现代化的现实需要要求我们进一步针对人才评价体系的痛点作出改进，以进一步提升人才评价体系的科学性、合理性、公平性，充分发挥人才创造潜能。我国现有人才体系的弊端主要体现在评价内容、评价标准、评价方法等方面，这些弊端阻滞人才潜能的充分发挥，妨碍我国进一步推进现代化、实现中华民族伟大复兴的宏伟目标。从评价内容上看，现今我国的评价内容较为单一，主要侧重于对专业人才的专业知识与技能的考核和评价，缺乏对人才的综合素质与职业道德等多维度的考量。尚未形成全面化、人性化、科学化、具体化的评价内容。从评价标准上看，以"唯论文、唯职称、唯学历、唯专项"作为客观标准评判人才的方法导致人才评价体系趋于僵化，阻碍人才创新能力的跃升，埋没了在某一领域有贡献、有实效的人才。从评价方法上看，"评价方法不完善，过分倚重定量方法，难以全面、科学评价科技人才的贡献"②。同行评价法作为评价科研人才常用的方法，虽具有专业优势，但该种方法因主观性太强而被诟病，"该种方法缺乏一定的客观性与全面性，在评价过程中受相关专业专家的个人情感、思想与社会环境等因素影响较大，不利于高校科研人才创新能力的激发，难以在现代科技高速发展的过程中发挥评价体系的指导作用"③；而评议的同行受相同的学科背景以及研究范式束缚，易欠缺对创新思想与观点的包容度。构建科学化人才评价体系是建设创新型国家的战略支撑。通过多维评估指标引导人才发展路径，有效激发人才创新潜能并释放人才活力，为人才强国战略提供制度保障。在全球化竞争格局下，人才资源已成为核心战略资产，建立遵循人才成长周期与创新规律的动态评价机制尤为重要。通过完善成果转化激励机制，可加速科技研发到产业应用的转化效率，从而强化国家核心竞争

---

① 习近平：《论教育》，中央文献出版社2024年版，第18页。
② 张立、余赵：《基于创新链的科技人才评价体系研究》，载《科学管理研究》2020年第1期，第140页。
③ 沙宇芳、曲高峰：《构建以人为本的科研人才评价体系》，载《中国高校科技》2016年第4期，第64页。

力，最终实现创新成果惠及社会民生与推动高质量发展目标的有机统一。

构建科学合理、公平正义的人才评价体系要建立以创新能力、质量、实效、贡献为导向的人才评价体系，坚持"破""立"结合，破除旧的"四唯"评价标准，树立新的评价范式，推动人才评价范式转换。依据人才专业、岗位，构建分层分类人才评价标准；考核维度多元化，建立全面考核指标体系；倡导评价主体多方参与，规避评价单一、抽象的问题。

五、人才竞争力服务教育强国的基本方略

教育强国建设需要大量的人才，而人才竞争力的提升是关键所在。提升人才竞争力需要坚持服务发展、以用为本、高端引领、分类开发，培养造就一大批高层次专业人才，不断满足教育强国建设需要。

1. 人才竞争力服务教育强国的指导思想

中华人民共和国成立以来，为发挥教育服务社会发展的作用，各领导人结合所处时代的具体情况、重要任务，从不同角度提出了人才服务教育的思想。社会主义革命与建设时期，我国刚刚取得人民解放战争的胜利，奠定了新中国的制度、政治基础，但面对举国上下一片凋敝，国民经济萧条，文化教育尚不普及，文盲率高的境况，毛泽东同志清醒地认识到国家发展必须依托人才与教育，"为着扫除民族压迫和封建压迫，为着建立新民主主义的国家，需要大批的人民的教育家和教师，人民的科学家、工程师、技师、医生、新闻工作者、著作家、文学家、艺术家和普通文化工作者"[1]，并且已经蕴含争取先进知识分子为国家服务的思想，"端正方向，争取一切可能争取的教授、讲师、助教、研究人员为无产阶级的教育事业和文化科学事业服务"[2]。改革开放和社会主义现代化建设时期，我国文化建设成果虽在此前经历了一定程度的曲折破坏，但也逐渐恢复并迎来繁荣发展，涌现出大量优秀的文艺作品和文化成果。相较于新中国成立初期

---

[1] 中华人民共和国教育部、中共中央文献研究室编：《毛泽东 邓小平 江泽民论教育》，中央文献出版社2002年版，第45页。

[2] 中华人民共和国教育部、中共中央文献研究室编：《毛泽东 邓小平 江泽民论教育》，中央文献出版社2002年版，第75页。

的落后阶段，我国文盲率显著降低，义务教育覆盖率大幅提高，高等教育事业也取得了一定成就。这一时期摆在国家面前的重要任务是抓紧发展教育事业，大力培养人才，提升教育师资力量。邓小平同志在稳定大局时指出："教育战线任务愈来愈重，各级教育部门不能不努力提高现有教师队伍的教学能力与教学质量。"① 强调通过电视、广播以及举办各种训练班的方式提高广大教师的政治能力、业务水平。江泽民同志认为建设高质量教育必须以高素质的教师队伍作为基本条件，为此应"大力加强教师队伍的建设，不断优化队伍结构和提高队伍素质"②，要求教育者通过学习专业知识、政治知识以及实践探索等丰富自身知识结构，以不断提高教书育人的水平。

  进入新时代，我国综合国力大幅提升、社会主要矛盾发生转变、离中华民族伟大复兴的中国梦更近，我们深刻认识到提升综合国力、掌握国际竞争主动权必须加快推进教育现代化、建设中国特色社会主义教育强国，坚持教育事业优先谋划，统揽推进教育、科技、人才事业一体化发展，"不断使教育同党和国家事业发展要求相适应、同人民群众期待相契合、同我国综合国力和国际地位相匹配"③。党中央秉持我国教育目标的基本精神，培养既怀有高尚爱国情怀，又具备高超技艺的人才，确保人才的政治性、专业性；加强教师队伍建设，打造一支忠诚热爱教育事业、熟悉马克思主义基本原理与立场方法、为学生真诚奉献、掌握扎实专业知识的高素质教师队伍是贯彻教育强国战略、以人才育人才的必然要求。破除制约教育事业发展的体制机制障碍，力抓学前教育、基础教育以及高等教育中的不合理、不完善之处，消除旧体制机制中违背学生成长规律的弊端，树立顺应时代发展需求、符合学生成长规律的教育标准。"总的要求是，遵循教育规律、人才成长规律，着力形成充满活力、富有效率、更加开放、有利于教育发展的教育体制机制。"④

---

  ① 中华人民共和国教育部、中共中央文献研究室编：《毛泽东 邓小平 江泽民论教育》，中央文献出版社 2002 年版，第 145 页。
  ② 中华人民共和国教育部、中共中央文献研究室编：《毛泽东 邓小平 江泽民论教育》，中央文献出版社 2002 年版，第 282 页。
  ③ 习近平：《论教育》，中央文献出版社 2024 年版，第 5 页。
  ④ 习近平：《论教育》，中央文献出版社 2024 年版，第 17 页。

2. 人才竞争力服务教育强国的基本遵循

人才竞争力服务教育强国需以坚持中国共产党的领导为根本保证，构建高质量教育体系为基本要求，教育、科技、人才一体化发展为策略导向。

第一，坚持中国共产党的领导是人才竞争力服务教育强国的根本保证。中国共产党是中国人民和中华民族的主心骨，始终紧紧依靠人民，团结带领全国各族人民，为实现中华民族伟大复兴而不懈奋斗。我们所讲的人才竞争力服务教育强国是指具有良好马克思主义理论素养以及扎实专业技能的人才在坚持社会主义办学方向、扎根中国大地、立足中国基本国情的基础上所建设的中国特色社会主义教育强国，必须牢牢坚持党对教育事业的全面领导。

中国共产党是人才竞争力服务教育强国的倡导者。中国共产党人历来重视人才之于教育的作用，社会主义革命和建设时期提出团结一切可能的知识分子发展教育的思想，改革开放和社会主义现代化建设新时期提出提高教师队伍质量的理念。进入新时代，我们倡导建设高质量教育体系，对教师提出高标准、严要求，鼓励更多更优秀的人才加入教师队伍之中。习近平总书记指出："我们要建成的教育强国，是中国特色社会主义教育强国，应当具有强大的思政引领力、人才竞争力、科技支撑力、民生保障力、社会协同力、国际影响力，为以中国式现代化全面推进强国建设、民族复兴伟业提供有力支撑。"① 明确将人才竞争力作为教育强国重要支撑之一，确立人才竞争力服务教育强国的合法地位。

中国共产党是人才竞争力服务教育强国的实施者。历史与实践向我们证明，中国共产党通过提高教师待遇、提升教师地位、利用政策导向、营造良好社会风气等多种途径鼓励海内外优秀人才投身于教育事业，为教育强国建设输送了强有力的师资队伍；消除一系列制约教师教学的体制机制障碍，关照教师物质与精神的平衡，关注教师心理健康状况，破除开大会的形式主义、官僚主义风气，为教师心无旁骛地教学、研究创设良好环境。

中国共产党是人才竞争力服务教育强国的保障者。由于中国各区域发展不均衡，各地区人才分布也不均衡，造成教育资源分配不公的问题。中

---

① 习近平：《紧紧围绕立德树人根本任务 朝着建成教育强国战略目标扎实迈进》，载《人民日报》2024年9月11日第01版。

国共产党立足国情世情，依据我国社会发展不同阶段特点，提出具有鲜明时代特征的教育公平策略。"从中华人民共和国成立初期致力于教育权利的普及，到改革开放时期服务于教育效率的提升，再到 21 世纪初将教育公平作为国家基本教育政策，国家对教育公平的制度安排不断升级深化，这是我国教育公平创造跨越式发展历史奇迹的关键所在。"① 在教育身份公平、教育效率提升、教育资源合理配置的渐进式增长过程中，充分体现了中国共产党逐步提升教育公平程度的合理规划。

第二，构建高质量教育体系是人才竞争力服务教育强国的基本要求。改革开放至今，教育现代化大步向前迈进，教育事业取得了显著成就。在新时代社会主要矛盾变化、中国式现代化深入推进、改革开放进入深水区的时代背景下，习近平总书记从教育发展、民族复兴、现代化建设的大局出发，提出构建高质量的教育体系，强调"要坚持把高质量发展作为各级各类教育的生命线，加快建设高质量教育体系"②。构建高质量教育体系，不仅是经济新发展阶段的内在要求，也是推进教育强国建设的重要支撑，是引导人才竞争力投入教育强国建设的有力抓手。

加强师资队伍建设是构建高质量教育体系的关键环节。进入 21 世纪，教育的专业化、精细化对师资队伍建设提出了更高要求。建设教育强国必须把教师培养置于教育工作的优先发展地位，以高素质教师引领教育强国建设。培养高素质教师队伍，对教师思想品德、师德师风、政治立场、专业技能、教学水平等多维度提出高标准、严要求，完善教师培养培训机制，依循规范化与个性化相结合、多学科交叉融合、综合性与研究性结合、数字能力与创新能力相结合的原则，探索一条职前、职中、职后的全链条、终身型教师培养之路，引导教师素养紧扣时代发展需求、与时俱进。

完善教师招录机制是构建高质量教育体系的必要条件。良好的生源条件和师资水平是提高教育质量的直接因素。一是完善师范生招生录取机制。提高"公费师范生""农村硕师计划""中西部欠发达地区优秀教师定向培养计划（优师计划）"录取门槛，加大优惠补助力度，完善毕业考核机制，确保公费师范生队伍质量。二是优化教师招聘录取机制。提高教师准入门槛，规范各科教师招聘专业，细化各科教师招聘要求，诚招乐

---

① 程天君：《高质量教育公平——新时代教育公平国家战略引论》，载《教育研究》2024 年第 4 期，第 5 页。

② 习近平：《论教育》，中央文献出版社 2024 年版，第 230 页。

教善教、真诚奉献、业务过硬、创新发展的人才加入教师队伍、参与教育事业。

健全教师激励保障机制是构建高质量教育体系的重要条件。高素质教师功能的发挥依托尊师重教的社会氛围、全面有力的保障机制和宽松和谐的教育环境。一是在全社会营造尊师重教的良好氛围，将教师看作重要人才资源；设立多样化的教师荣誉与奖励称号，扩大教师荣誉与奖励评选数量，提高荣誉与奖励层级。二是建立与教师贡献度相匹配的工资制度，以贡献程度、实干成绩作为工资多寡标准。三是减轻教师负担，优化学校行政体系，简化教师工作流程，减少开会次数，为专职教师施教创设和谐安宁的环境，保证教师专心备课、潜心育人。

第三，教育、科技、人才一体化发展是人才竞争力服务教育强国的策略导向。习近平总书记高度重视教育、科技、人才一体化发展的战略功能，强调："人才是第一资源，科技是第一生产力，创新是第一动力，建设教育强国、科技强国、人才强国具有内在一致性和相互支撑性，要把三者有机结合起来、一体统筹推进，形成推动高质量发展的倍增效应。"[①] 教育、科技、人才三者是一个协调有序的有机整体，共同服务于我国社会主义现代化进程，致力于人才竞争力服务教育强国的伟大工程。教育在"三位一体"中承担基础性、先导性作用，推动科技进步和人才涌现。教育的价值使命是培养人才，为解决核心技术难题提供源源不断的科技人才。加快建设高质量教育体系，加强拔尖创新人才自主培养，走好人才自主培养之路；全面考察我国各方面人才发展趋势及缺口状况，针对社会发展以及科技进步需要，裁撤于社会无益的高等教育学科，进一步扶植迎合时代发展势头的高等教育专业，增设社会与时代紧缺的新兴高等教育专业，提高教育服务强国建设效能；优化各级各类学校人才培养模式，依照教育规律、人才成长规律推动大中小学教育内容、培养方案有机衔接。

科技是第一生产力，是解放和发展生产力的第一动力。通过利用科技手段开辟线上教学平台、创建智慧课堂、开拓科技教学基地等方式颠覆以往传统教育教学模式，增强教育多样性与实效性，提升学生学习效果与个人体验，培养学生创新精神；科技不仅通过助力教育发展间接促进人才培养，而且每个时代的科技难题都能够吸引人才，并成为检验人才能力的试金石。聚焦国家发展重大战略需求，优化国家科研机构、高水平研究型大

[①] 习近平：《论教育》，中央文献出版社2024年版，第231页。

学、科技领军企业的定位和布局，增强优势产业集聚效应；加快实施一批立于科技前沿的国家重大科技项目，扩大优秀科学家项目自主权、经费使用权，为科学家进行深度科技攻关打好基础，推进科技成果转化。

人才是第一资源，能够为教育与科技发展提供源源不断的智力支持，是国家和民族发展的重要依靠。教育培养人才，人才也应反哺教育。切实提高教师待遇，完善住房、医疗、社会保障、子女教育等政策，以高福利政策牵引优质人才加入教师队伍；吸纳、培养大批德才兼备的高素质人才，鼓励更多科技人才解决我国关键技术"卡脖子"难题，完善人才培养体制机制，加强国际科研交流，倡导年轻人才积极承接国家重大项目，相信人才、爱才惜才。

3. 人才竞争力服务教育强国的具体方法

人才竞争力服务教育强国应以人才竞争力巩固教育的意识形态性、以人才竞争力助力教育强国教师队伍建设、以人才竞争力为教育强国提质增效。

（1）以人才竞争力巩固教育的意识形态性。

"中国特色社会主义最本质的特征是中国共产党的领导，中国特色社会主义制度的最大优势是中国共产党的领导，中国共产党是最高政治领导力量。"[①] 党是领导一切的，教育强国是由中国共产党领导的中国特色社会主义教育强国，任何时候都不能放弃我国教育强国的根本性质。只有在中国共产党的领导下，才能保证人才竞争力服务教育强国建设的正确政治方向，确保教育强国建设不变质、不变味，始终坚定人民立场，做好人民满意的教育。一是要加强教育机构领导人员的选拔，以"政治过硬、理论扎实、经验丰富、思维开拓"作为选拔标准，对教育机构领导人员进行全方位考核，严抓考核过程，建设高素质、高质量的专业化教育管理队伍，确保党的教育方针政策、各级各类学校管理组织突出党性，充分发挥人才多元特质，聚合天下人才之力筑牢党的教育防线。二是要组织、协调好不同部门的职能。各级各类教育机构领导应立足国情、校情及学生的实际需要，设立政治立场坚定、积极服务学生的学校组织，裁撤冗余机构，精简教育机构；教育机构领导应从全局出发，明确各领导机构部门职能范围，

---

① 本书编写组编著：《党的二十大报告学习辅导百问》，学习出版社、党建读物出版社2022年版，第5页。

加强各部门之间人才沟通、联动，共同致力于教育强国日常事务管理，提高行政效率，防止推诿、扯皮现象，扎实推进教育强国建设。三是要将党的领导贯穿于教育工作全链条之中。各级教育领导应加强统筹规划与组织领导，选用任用政治立场坚定的优秀人才担任教师，保证课堂教育中的党性渗透；紧跟时事，及时学习党的新文件、新政策，促进党的方针、政策全面贯穿教育强国建设之中；主动接受上级理论宣讲，以党的创新理论武装头脑，锤炼好自身党性，促进党的路线、方针、政策有效落实，确保教育强国建设的正确政治方向。

（2）以人才竞争力推进高质量教师队伍建设。

强国必先强师，教师在教育事业发展中占有基础性地位。以习近平同志为核心的党中央高度重视教师队伍建设，在党的二十大报告中明确指出："加强师德师风建设，培养高素质教师队伍，弘扬尊师重教社会风尚。"① 在中国共产党的坚强领导下，我国教师队伍建设已经取得巨大成就：教师队伍规模迅速扩张、中国特色教师教育体系已然成型、教师水平有了质的跃升、教师地位待遇不断抬高。但与现今中国式现代化的发展背景相比，教师质量、结构仍需进一步提高与优化，教师师范性特征表现不明显，高校教师服务国家重大战略发展能力稍显不足。以人才竞争力驱动教师队伍高质量发展，是奠定教育强国扎实地基、支撑强国建设的内在要求。

人才竞争力优化教师队伍质量、结构。我国现今教师队伍存在结构性问题，小学、中学的音体美等学科教师存在缺口。与经济发展水平高的国家相比，教师整体学历水平偏低，截至 2022 年，"普通高中专任教师 213.32 万人。专任教师学历合格率 99.03%，专任教师中研究生学历比例为 13.08%"②。深化对教育目的，即培养德智体美劳全面发展的社会主义建设者和接班人的认识，重视学生全方位发展，破除教师队伍结构失衡问题，积极引进音乐、体育、美术等学科高水平教师，均衡各学科教师比例；完善公费师范生培养计划，鼓励综合性大学与高水平师范类大学联合培养公费师范生，推进公费师范生本研衔接计划；提高教师招聘考试考核

---

① 本书编写组编著：《党的二十大报告学习辅导百问》，学习出版社、党建读物出版社 2022 年版，第 26 页。

② 《教育部：普通高中专任教师中研究生学历比例为 13.08%》，见教育部政府门户网（http：//www.moe.gov.cn/fbh/live/2023/55167/mtbd/202303/t20230323_1052349.html），引用日期：2023 年 3 月 23 日。

难度，注重对教师能力的全方位考察。

人才竞争力助力凸显教师师范性特征。现今教师队伍中存在非师范生担任教师的现象，非师范生缺乏教师专业能力的训练，在实际教学工作中缺少师范素养。我国已经走过教师队伍规模扩张阶段，进入教师队伍提质阶段，在教师招聘简章中应写明招聘师范生要求与拥有教师资格证要求，在考核过程中应更加注重求职教师的师范生素质如师德师风、课标解读、教学技能、热爱程度等，切实凸显教师师范性特征。人才竞争力提振高校教师队伍服务国家重大发展战略能力。高校教师不仅承担教学任务，更重要的是开展科学研究，是科学研究的主力军。教师参与重大科技研究，对于打破西方国家的科技封锁，加强关键核心技术攻关能力具有重要意义。现今部分高校在编教师有"躺平"心态，对科研和教学持消极态度，有碍教育强国建设进程。进一步优化高校教师队伍，需实行教师编制退出机制，打破过去高校教师"铁饭碗"的思维定式，以聘用制作为雇佣高校教师的方式；深化高校教师考核评价体系改革，建立以创新能力、质量、实效、贡献为导向的人才评价体系，以实效论英雄；给予高校各类青年教师平等参与国家重大项目攻关的机会，加强东中西部、海内外人才交流，营造良好科研风气。

（3）以人才竞争力增强教育强国建设实效性。

习近平总书记指出，"从教育大国到教育强国是一个系统性的跃升和质变"①，教育强国经过"教育大国"向"教育强国"的更新迭代，由注重教育规模扩张到更加重视教育质量效益提升，对提升教育质量、促进教育革新、增强教育国际影响力提出了更高要求。在新时代背景下，以人才竞争力驱动教育强国新质发展，是推进教育强国建设的本质要求。

人才竞争力带动各级各类教育优质均衡发展。一是完善人才地域分布格局，加大对东中西部、农村地区教育经费投入，完善东中西部、农村地区教育基础设施建设，保障人才在欠发达地区生活条件，落实各类补贴政策，吸引人才到西部、基层、祖国和人民最需要的地方去推进教育事业，促进教育事业的公平发展，使教育强国成果更多更公平地惠及广大人民群众。二是以人才竞争力牵引职业教育发展。建立和完善以实践能力为主的"双师型"教师标准，突出职业教育培养技能人才的导向；建立职业教师

---

① 《习近平在中共中央政治局第五次集体学习时强调 加快建设教育强国 为中华民族伟大复兴提供有力支撑》，载《人民日报》2023年5月30日第01版。

发展机制，完善职业教育教师培训、职称评选体系，转变部分职业教育教师所持有的"得过且过"的消极观念，为职业教育教师搭建广阔的发展平台。

人才竞争力推进数字化战略赋能教育强国建设。党的二十大报告指出："推进教育数字化，建设全民终身学习的学习型社会、学习型大国。"① 教育数字化是我国重大教育战略部署，是革除传统教育弊端、为教育提质增效的重大突破口。在教育数字化推进过程中，需以人才为主导，促进教育数字化与教育强国建设紧密结合、有效联动。一是提升教师数字化素养。利用数字化资源、平台、工具引导和培养教师数字化技能，筑牢教师数字化素养基础。二是发挥教师主动性，利用新兴虚拟现实技术（VR）、"O2O"（线上到线下）教育平台等数字技术，打破时间、空间限制，使抽象的学习内容更加真实可感、具体生动，满足学生多元化教育需求，促进优质教育资源流通，让优质教育"人人可享"。

人才竞争力以对外开放与国际合作增强教育强国影响力。对外开放与国际合作是树立我国良好形象的重要手段，也是增强教育强国影响力的重要一环。一是要积极打造海内外人才教育交流项目，互相交流全球教育发展新进展，为全球教育规划治理贡献中国智慧与中国方案，全面促进中国教育国际影响与文化软实力抬升；二是要积极开展面向所有教育机构的教育帮扶项目，鼓励各级各类教师、高校在校生利用寒暑假时间前往东南亚、非洲等欠发达地区支教，为解决全球教育问题贡献中国力量。

六、人才竞争力支撑教育强国建设的实践进路

习近平总书记指出："培养人才是国家和民族长远发展的大计。"② "中国是一个大国，对人才数量、质量、结构的需求是多方位的。"③ 人才竞争力高低关乎党和国家事业发展、关乎人民福祉。加快提升人才竞争力，是中国式现代化的必然要求，是提升我国国家竞争力的必由之路，是

---

① 本书编写组编著：《党的二十大报告学习辅导百问》，学习出版社、党建读物出版社2022年版，第26页。

② 习近平：《论教育》，中央文献出版社2024年版，第214页。

③ 习近平：《论教育》，中央文献出版社2024年版，第214页。

支撑强国建设、民族复兴的根本推动力。在新的时代背景下,充分发挥人才竞争力在强国建设、民族复兴中的强大力量,需以科学合理的顶层设计为框,以真切可行的作用途径为基,以牢固可靠的关键支点为要,全力打造人才竞争力新高地,为强国建设和民族复兴提供坚实支撑。

1. 人才竞争力支撑强国建设的顶层设计

人才竞争力支撑强国建设、民族复兴的顶层设计,是人才竞争力赋能强国建设、民族复兴的总纲要,需在把握世情、民情、国情的基础上,制定与时俱进、科学有效、富含创新的规划与政策体系,规划好人才竞争力支撑强国建设、民族复兴事业的宏伟蓝图。

第一,坚持人才建设的正确方向。我国是由中国共产党带领人民创立,始终站在人民立场上、代表人民利益、为人民服务,以马克思主义作为立党立国的根本理论,坚持一切为了人民、一切依靠人民,与西方国家剥削人民、压迫人民的价值理念相区别,这决定了我国人才队伍建设始终是为社会主义事业而服务。我国的教育目的即"培养德智体美劳全面发展的社会主义建设者和接班人"[1]。习近平总书记指出:"社会主义建设者和接班人,定语就是'社会主义',这是我们对培养什么人的本质规定。"[2] 我国人才队伍建设以社会主义建设者和接班人为根本导向,是凸显我国社会主义国家性质的根本要求,是推动强国建设、民族复兴的基本原则,是确保我国沿着社会主义道路前进的根本保证。现今年轻人才生活在多元价值观念裹挟的时代之中,西方敌对势力通过互联网等平台散布历史虚无主义、多元文化主义、西方"普世价值"观念、极端民族主义,企图消解社会主义意识形态,动摇我国人才对社会主义建设的坚定信念,妄图达到瓦解、分裂社会主义国家的目的。破解西方敌对势力对我国的意识形态渗透、继续谱写中国特色社会主义建设新篇章,必须以建设坚决拥护社会主义的人才队伍为重中之重。大中小学要以社会主义办学方向为根本宗旨,依据不同学段学生特点,分层分类开展思想政治教育,开展好小学阶段思想政治教育的渗透工作,干好中学阶段思想政治教育的灌输工作,做好大学阶段思想政治教育的内化工作,积极承担起为党育人、为民育人的使命,守护社会主义意识形态主导地位,形塑好符合社会主义建设的人才肖

---

[1] 本书编写组:《教育学原理》,高等教育出版社2020年版,第121页。
[2] 习近平:《论教育》,中央文献出版社2024年版,第7页。

像，确保其意识形态上不出错、理想信念上不动摇，锻造好新时代中国特色社会主义建设的有力支撑。只有坚持爱党、爱国、爱社会主义高度统一，广大人才才能将个人命运置于中华民族伟大复兴的历史大局之中，真正立志投身于强国建设的伟业之中，成长为有理想、有担当、具备为国为民崇高理想的高素质人才，在真诚奉献于国家民族伟大复兴的光辉事业中实现爱国爱民的崇高理想，体现自身的个人价值。

第二，构建高质量人才队伍。习近平总书记指出："全面提高人才自主培养质量，着力造就拔尖创新人才，聚天下英才而用之。"[①] 构建高质量人才队伍，是提高我国国际竞争力的重要举措，是加快人才强国建设的战略布局。构建高素质人才队伍，是我们党在百年奋斗中得出的重要经验。中国共产党坚守为国为民最朴素的初心使命，牢牢把握好人才建设大局，以人才建设助推中国革命、建设、改革以及新时代的伟大事业。无论是新民主主义时期、社会主义革命和建设时期，还是在改革开放和社会主义现代化建设新时期，尤其是在中国特色社会主义新时代，我党依据时代需求提出人才培养、人才发展政策，形成一套人才培养、引进、使用的系统性培养体系，在人才自主培养、多方引进、团结发展的理论创新与实践探索上取得了巨大成就，为后世继续进行人才工作提供了宝贵的历史经验。构建高质量人才队伍，对于提升我国国家竞争力具有重要意义。当今世界，人才的竞争也会涉及国家之间综合国力的竞争。一个国家综合国力强不强，关键要看这个国家的人才强不强。如果没有高质量、高素质人才队伍，将会阻碍中华民族伟大复兴的实现。在新时代新征程中，全力构建高素质人才队伍，正是我国充分聚力人才优势，全力向第二个百年奋斗目标进军的战略选择。构建高质量人才队伍，必须制定有效的人才政策，做好人才工作，在人才培养、人才引进、人才使用上下工夫。在人才培养环节，走好人才自主培养之路，完善人才培养体系，切实培养一批理想信念坚定、专业知识丰富、技术技能精湛的高素质、高质量人才，为人才队伍建设打好基础。在人才引进环节，提高人才引进力度，加大人才待遇保障，构建精细化、科学化、合理化的人才引进机制，凝聚人才力量。在人才使用环节，保障人才良好生活环境，为人才心无旁骛进行科学研究奠定基础；完善以创新能力、质量、实效、贡献为导向的人才评价体系，完善

---

① 本书编写组编著：《党的二十大报告学习辅导百问》，学习出版社、党建读物出版社2022年版，第26页。

年轻人才选拔、晋升机制，给予年轻人才更多发展空间。

2. 人才竞争力支撑强国建设、民族复兴的作用途径

站在新的历史方位上，需完善人才布局、健全人才发展体系，以提振人才竞争力支撑强国建设和民族复兴的伟大事业。

第一，完善人才布局，构建协调均衡、强国有力的人才队伍。我国人才结构、分布尚未健全，具体表现为华北、华东、东南地区人才多，东北、西北、西南地区人才缺乏；与发达国家相比，人才整体质量有待提升，人才结构不合理，服务国家核心技术攻关人才紧缺。针对以上困境，应坚持协调区域人才布局、完善人才战略布局。

一是协调区域人才布局。中西部地区囿于地理环境、区域经济、气候条件、文化环境等因素，往往在人才抢夺大战中处于不利地位，难以引进高水平、高质量人才。面对人才缺乏的境况，中西部应坚持自主培养人才与对外引进人才相结合的手段推动人才队伍建设。鼓励高素质、专业化教师队伍到中西部地区投身教育工作，为人才培养打造优质教师队伍；改善本地学校实验器材、实践基地等条件，为自主培养人才创设良好环境；加大人才引进经费投入，采用更加优厚的人才引进政策，协调好人才引进的保障型待遇、奖励型待遇、发展型待遇之间的关系，保障人才生活条件的同时开拓发展空间，吸引外地人才踊跃参与到中西部建设之中；拓宽人才引进模式，中西部地区应以开放、包容的态度对待人才引进，除了采用传统的全职人才引进模式外，还可采用援助、兼职、挂职、合作、外委、返聘等灵活模式，以"不求人才为我所有，但求人才为我所用"的非全职模式柔性引才理念，达到招揽更多优秀人才的目标，为优秀科研人才、企业家、技术顾问、高级政府管理人员投入中西部建设开拓新路；中西部本土人才具有了解中西部区情、民情的先天优势，具备开展工作的优势条件，中西部党委应重点着眼于本地优秀高校毕业生的引进工作，通过召开中西部高校毕业生座谈会、进行助学资助的方式打好"乡土"感情牌，增进人才对于家乡的情感认同，引导本地优秀人才回流就业。

二是完善人才战略布局，以全面覆盖、突出重点的原则进行人才队伍建设，推进人才多元化建设。既要造就高水平科技攻关人才，解决制约我国发展的"卡脖子"难题，推动科学研究创新，提升我国国际竞争力，掌握国际竞争话语权；又要培养大批哲学社会科学家、文学艺术家等各方面人才，培养造就思考和研究中国之路的人才，立足中国百年未有之大变局与中国式现代化的创新实践，勇于发现真问题、做出新回应，推动马克思主义在新时代的中国焕发出新的生机与活力；培养一批传播中华优秀传统文化的人才，鼓励其在深研我国优秀传统文化的基础上讲好中国故事，传播好中国声音，增强中华优秀传统文化的影响力与感召力。要注重战略谋划，做好人才需求分析，聚焦国家重大战略需求，重点培植国家战略人才和急需紧缺人才，重点建设基础学科人才、重大原始创新人才、拔尖创新人才培养体系，为解决关键核心技术难题提供人才支撑，为强国建设和民族复兴提供有力支撑。

第二，健全人才发展体制机制，充分发挥人才创造活力。习近平总书记指出："深化人才发展体制机制改革，真心爱才、悉心育才、倾心引才、精心用才，求贤若渴，不拘一格，把各方面优秀人才集聚到党和人民事业中来。"[①] 人才发展体制机制是我国人才建设中的重要一环，对加快培育高质量人才、推进人才强国建设具有重大意义。

一要完善人才在职培养机制。各级各类单位应为年轻人才提供组织支持，积极选拔、大胆任用年轻优秀杰出人才，逐步推进人才骨干队伍年轻化，促使我国人才队伍焕发出新的生机与活力。积极鼓励青年人才担大梁、挑重任，各级项目申请应注重向年轻人才倾斜，支持年轻人才自主申报重大科技项目，培养年轻人才自主创新能力。依循青年人才成长规律，构建普遍性与特殊性相统一的人才培养体系，既要依据人才成长的一般规律搭建人才培养体系的框架，又要充分重视人才培养的特殊性，根据每个人才的不同特点"因材施教"，有针对性地牵引人才的发展方向，引导人才走出一条符合自身特点、积极奉献社会的成才之路。

二要拓宽青年人才成长空间。青年人才成长空间的宽度影响青年人才努力的程度。拓宽青年人才成长空间能够抬高青年人才发展的天花板，为青年人才的发展提供更多可能性，激励青年人才以更高的标准要求自己、以更严的准则约束自己，进而推动国家的进一步前进与飞跃。首先要完善青年人才激励机制，树立科学的青年人才激励导向，对于缺少头衔、工龄、资历的青年杰出人才，可以适当破除"四唯"、职称等外在条件的束缚，更多关注人才发展潜力、综合素质等维度，全力支持人才发展需要。其次要健全资源配给机制。要以更长远的眼光、更宽广的胸襟接纳青年人才，努力使更多、更优厚的资源或政策向青年人才倾斜，扩大青年人才在

---

① 习近平：《论教育》，中央文献出版社2024年版，第220页。

干部选任、项目申请、资金分配等事宜中的比例,给予青年人才更多发展机会,为其提供更多充分彰显自我能力的舞台,鼓励年轻人才多展现自己的能力,在奉献社会中实现自我价值。最后要积极给予青年人才更多学习、交流的机会。消弭学习教育培训之间的鸿沟,不仅局限于理论培训,也要强调对于青年人才的前沿技能培训,完善教育培训体系中的互联互通机制,顺应时代发展趋势,提升青年人才的全方位素质,切实提升我国人才竞争力;全力支持跨地区、跨国家、跨学科的青年人才学习交流机制,鼓励不同区域、不同国家、不同学科的青年人才进行交流,共同分享学术前沿、科研成果,整合全球、多学科优势资源,倡导其开展面向国家关键领域的科技攻关,构建规模宏大的大科研体系,促进我国科学研究的大步前进。

三要完善职业教育人才发展体系。习近平总书记指出:"职业教育是国民教育体系和人力资源开发的重要组成部分,是广大青年打开通往成功成才大门的重要途径,肩负着培养多样化人才、传承技术技能、促进就业创业的重要职责,必须高度重视、加快发展。"[①] 发展职业教育是我国面对时代发展新形势所作出的重大战略布局。全面建设社会主义现代化国家、实现中华民族伟大复兴,都离不开职业技术人才的参与。必须加大对职业教育扶植的力度,培养更多高素质职业人才,构建起社会主义现代化强国的技术大厦。首先在社会上要树立正确人才观,弘扬劳动最伟大、劳动最光荣的良好社会风气,转变固有轻视职业教育、职业技术人才的思维定式,在人们心中建立起"职业技能人才是国家重要人力资源"的观念,提升职业技能人才的社会地位,鼓励更多优秀人才投入到职业技术工作中来,培养更多具备高水平、高素质的技术劳动者。其次要完善职业技能人才培养体系。切实提高职业院校教师学历,推动"双师型"教师建设,把好职业教师队伍政治立场、师德师风、思想素质关,建设一批立场坚定、道德高尚、技术精湛、知识丰富的高素质专业化教师队伍,为职业技能人才培养打好基础。完善职业院校人才培养体系,加强对学生的培养与考核,制定顺应时代潮流、符合学生身心发展规律的培养方案,推动课程体系正规化、制度化,确保学生真学、真懂、真用。深化校企合作,职业院校应积极与对口企业开展合作,注重保护学生的合法权益,保障学生在企业、在身心不受侵害的基础上锻造个人能力。完善职普融通体系,打破职

---

① 习近平:《论教育》,中央文献出版社2024年版,第64页。

业教育与普通教育之间的壁垒，改变以往按成绩进行分流的模式，摸索按个人兴趣、发展前景等因素进行职普分流的体制机制；鼓励中职、高职等人才在职业院校学习期间努力进行文化课学习，并为其发放相应证书。最后要提高职业人才的待遇与生活保障。职业人才在我国社会所做贡献不小，但是整体待遇还没有提上来。我们倡导依据职业技能人才的贡献度进行工资发放，使个人所得与个人贡献相匹配；保障职业教育人才的生活条件，按技能水平适当给予其住房、医疗补贴，使其专心致志地开展技术工作。

3. 人才竞争力支撑教育强国建设的关键支点

习近平总书记指出："培养造就大批德才兼备的高素质人才，是国家和民族长远发展大计。功以才成，业由才广。"① 人才竞争力关系国家发展大局。以人才竞争力支撑强国建设、民族复兴，要坚持以营造良好科创氛围、保障人才待遇和科研条件两方面作为关键支点，争取让人才支撑强国建设、民族复兴的潜能充分发挥、能力充分涌流，构筑好强国建设、民族复兴的坚强屏障。要营造良好科学研究、创新氛围。宽松、包容、自由的科学研究环境是人才自在自为进行科技攻关事业的前置条件。"营造'宽容失败，鼓励创新'的科研氛围，有助于充分激发青年骨干的责任感、发展潜力、想象力和创造力。"② 首先，要鼓励科研人才聚焦国家发展关键领域。鼓励科研人才勇于想前人没有想过的问题，勇于走以往少有人走的路，大胆创新科研新项目，勇于实践科学新领域，着力攻关国家"老大难"，创造出既依循科学普遍规律，又体现突破、创新与实践的重大科学研究课题；引导青年人才眼光长远，重视项目实操性、可持续发展，杜绝急躁冒进求取名利的心态，倡导青年人才静心修炼、潜心研究的良好风气，多做贴合现实、利国利民、恒久有效的科学研究，为国家创新驱动和高质量发展谱写新篇章。其次，要摸索科学合理的科研人才考核方式。以往我国的科研考核方式标准明确、次率频繁，虽能一定程度上起到检验科研成果的需要，但是名目繁多、次数频繁的科研考核也会妨碍青年人才的研究进程。对于特殊优秀人才可以施行免考核机制，为人才心无旁骛地开展科学研究、产出高质量成果营造优越、宽松的氛围；对于其他人才也应

---

① 习近平：《论教育》，中央文献出版社2024年版，第219页。
② 王森、杨娟、张瑜等：《新形势下青年科技骨干人才培养路径探析——以江苏省农业科学院为例》，载《江苏农业科学》2024年第5期，第254页。

适当改革科研考核方式，根据不同学科特点以及青年人才成长阶段特点，创新科研考核方式，倡导实干、贡献、应用相结合的分类考核评价体系，减少考核频次，为青年人才创建心无旁骛开展研究工作的良好环境。最后，要建立科研容错机制。在实际科学研究过程中，并不是所有的科学研究都能成功，进而转化为成果，为大家所耳熟能详的优秀科研成果也是耗费巨大精力、经过无数次失败而创造产生的。因此对于青年人才、科研管理系统来说，应当清楚地认识到科学研究的复杂性与艰巨性，要正确看待科学研究的失败现象，认识到失败是科研过程中难以避免之事。我们不应以沮丧的心态、以否定的态度对待失败，而是应容许失败，以积极的态度总结经验，继续开展下一步研究。

同时，切实提高人才的待遇和科研条件。提高人才的待遇和科研条件是人才开展科学研究的必要条件和重要保障。首先要完善绩效工资发放制度。对于可调节、灵活性强的绩效工资，应结合单位具体实际，以创新能力、质量、实效、贡献为导向，确保绩效工资发放合理，真正提高具备真才实学、做出贡献的人才的工资，保证绩效工资发放的公正、合理、科学、公开、透明。其次要加大对科研人才的经费投入力度，完善科研人才项目经费保障以及科研条件保障，给予科研人员更多的经费自主支配权，积极购买先进科研设施，为科研人员开展科学研究扫清障碍，全力保障科研人员的正常研究工作。最后要提高对人才的生活保障水平。帮助解决关乎青年人才切身利益的问题，对于住房、医保、子女教育等关涉青年人才切身利益的问题都应面面俱到，为青年人才解决最关心、最牵挂的问题，扫除青年人才的担忧与牵挂，确保其心无旁骛开展研究工作。时刻关注人才的身心健康，人才在科学研究过程中常常会伴随一系列的焦虑、压抑等负面情绪，构建人才心理健康状况监测机制，及时察觉人才心理变化，邀请心理专家开展心理辅导讲座；各级各类单位努力建立面向人才的心理咨询室，针对个人心理矛盾，对人才开展针对性辅导，确保青年人才心理健康、能够以饱满振奋的精神投入科学研究之中。

第四章 教育强国的科技支撑力

教育强国建设必须具有强大的科技支撑力。教育强国建设必须以科技发展、国家战略需求为牵引，持续深化、综合改革，优化科技创新机制，强化拔尖人才自主培养，加强高水平科研队伍建设，以强大的科技支撑力助力实现中国式现代化。教育强国的科技支撑力，必须把握科技发展方向，聚焦科技优势领域，明确科研工作的目标、方向、定位，大力推动基础研究，强化需求牵引下的应用基础研究，凝练重大科学问题、工程难题、产业需求，为教育强国创新发展提供基础理论支撑和技术源头供给。

一、教育强国科技支撑力的科学内涵

2024年9月，习近平总书记在全国教育大会上明确指出了教育强国的六大特质："我们要建成的教育强国是中国特色社会主义教育强国，应当具有强大的思政引领力、人才竞争力、科技支撑力、民生保障力、社会协同力、国际影响力，为以中国式现代化全面推进强国建设、民族复兴伟业提供有力支撑。"[①] 这六种"力"之间逻辑严密，环环相扣，形成了一个有机整体，系统阐释了教育强国的科学内涵。在六大特质之中，科技支撑力处于基础性和战略性的特殊位置，是建设教育强国的关键。科技作为一种生产力和推动力，是引领创新和发展的关键力量，也是与教育形成双向赋能的实践动力，建成教育强国，要不断发挥强大的科技实力，也要通过优质人才培养推动科技进步。在此，我们要用整体性的思维理解科技支撑力的科学内涵，要用发展性的眼光看待科技支撑力与教育强国建设各方面

---

① 习近平：《紧紧围绕立德树人根本任务 朝着建成教育强国战略目标扎实迈进》，载《人民日报》2024年9月11日第01版。

的关系。

首先,我们要从总体上把握教育强国科技支撑力的内涵。教育强国科技支撑力的主体是"教育"。教育强国科技支撑力的客体是"科技","科技"是科学技术的统称,是人类为了满足自身愿望而通过不断的实践、研究和创新所积累的知识、技能、工具和方法的总和。教育强国科技支撑力的关键在于"支撑","支撑"的方式是人的培养,就是要将教育更好地与科技相融合,通过教育事业的发展,为科技培养大批具备科研能力、实践能力的优秀人才,在根源上为科技进步创造前进的动力,推动科技领域的发展和进步。所以从整体上看,教育强国的科技支撑力体现在教育的质量与功能上,是指我国的教育具备持续不断地为科技发展输送高质量人才的能力,助力我国科学技术自立自强,进而支撑起国家的强盛和安全,保障国家高质量发展和高水平安全。科技支撑力作为教育强国的六大特质之一,具有特殊的战略属性和功能,为科技进步提供坚实的人才保障和技术支持。

其次,正确理解教育强国科技支撑力的内涵,需要我们把握教育与科技和人才的关系。科技的创新需要人才的支持,人才的培养需要教育的保障,为教育强国塑造强大的科技支撑力,需要我们从科技、教育、人才的关系入手,把握三者的联系。其一,教育在三者中始终处于基础性地位,科技和人才的发展都依赖于教育的进步,教育为二者提供重要支撑,科技是人才成长的支撑和动力源泉,而人才则是推动教育和科技进步的核心要素。其二,教育、科技、人才三者相互促进,互相转化。教育的发展能够为科技提供人才资源和智力支撑;科技水平的提高能够带动教育领域的变动和革新;而人才的培育和成长能够推动教育与科技的协同发展。其三,三者发挥着不同的作用。教育的作用是传授知识、培养能力、塑造价值观,是科技发展和人才进步的前提;科技的作用是创新引领,提供技术和资源,促进教育的革新和人才的培养;人才作为教育和科技的共同主体,既是教育作用的成果,也是科技发展的推动者。当教育、科技、人才三个要素形成系统的良性循环时,就能够产生巨大的协同力和推动力,促进经济的发展和社会的繁荣。科技支撑力作为教育强国具备的重要因素和建设教育强国的推动力量,必须在教育、科技、人才相结合的基础上发挥作用。与此同时,教育强国建设作为一项重大国家战略,其战略属性在人才竞争力与科技支撑力方面得以充分彰显,要通过推动发展教育、科技、人才这三方面的各项工作,为国家的长远发展和战略目标的实现提供依托。

最后，正确理解教育强国科技支撑力的内涵，需要我们把握科技支撑力的战略定位。习近平总书记指出："科技是国家强盛之基，创新是民族进步之魂。"① 科技创新的主体是人，需要人通过对现有知识和技术的应用，发现问题，探索研究，更新观念，而人的科研能力和创新能力的培养依赖于教育的开展。改革开放以来，我国教育与科技经历了从恢复重建到深化改革再到创新驱动发展的联动跨越。这一系列变革的发生，离不开对高等教育的科研投入，更与科技和教育领域体制机制的改革息息相关。党的十八大以来，国家把科技创新提升到国家发展战略的核心高度，同时对教育领域加大科技投入，优化资源配置，为教育领域实现高质量发展和革新提供强大科技支撑力。习近平总书记提出了建设科技强国所要具备的五个能力，即"强大的基础研究和原始创新能力；强大的关键核心技术攻关能力；强大的国际影响力和引领力；强大的高水平科技人才培养和聚集能力；强大的科技治理体系和治理能力"②。科技自立自强的根本在于人才和教育的自立与发展，人才和教育发展的根本在于教育强国的建设，在这一过程中，教育的作用至关重要。由此可见，科技支撑力是科技与教育相互作用的实践动力，也是推动教育现代化、促进教育体制改革的关键所在。在社会主义建设的新时代，发挥教育强国的科技支撑力，需要增强系统观念，深化教育、科技、人才体制机制一体改革，坚持问题导向，聚焦科技前沿，面向国家战略需求，完善科教协同育人机制，创新人才模式，切实提高人才培养水平和质量，推动科技发展自强。

二、教育强国科技支撑力的主要特征

以科技创新开辟发展新领域新赛道、塑造发展新动能新优势，是大势所趋，也是高质量发展的迫切要求。教育强国以科技发展、国家战略需求为牵引，提高创新能力的实践探索，为强化科技支撑力提供借鉴。教育强国以科技支撑力来呈现，具有三个方面的特征。

---

① 习近平：《坚定不移创新创新再创新 加快创新型国家建设步伐》，载《人民日报》2014年6月10日第01版。
② 习近平：《在全国科技大会、国家科学技术奖励大会、两院院士大会上的讲话》，载《人民日报》2024年6月25日第02版。

1. 教育强国科技支撑力的导向性和发展性

教育强国的科技支撑力作为教育强国的六大显著特质之一，自身具有明确的导向性和发展性。教育强国的科技支撑力是面向科技发展需要，为科技服务的，通过不断运用教育资源为科技发展培养人才，夯实创新基础，推动科技的高水平发展和自立自强，体现了教育强国科技支撑力的导向性，是教育推动科技进步，向科技领域提供人才和创新动力的特质。习近平总书记指出"教育、科技、人才是全面建设社会主义现代化国家的基础性、战略性支撑"①，这向我们说明，教育强国的建设与科技的创新进步具有内在联系，密不可分。当今世界的发展日新月异，科技的创新对人类的生产生活和世界的发展格局起着越来越大的重塑和调整作用，当今世界综合国力的竞争，越来越体现在科技领域。我国是进入创新型行列的国家之一，对尖端核心技术和高科技人才的需求越来越大，但技术问题作为制约我国科技发展进步的首要问题仍亟待解决。习近平总书记指出："实践反复告诉我们，关键核心技术是要不来、买不来、讨不来的。只有把关键核心技术掌握在自己手中，才能从根本上保障国家经济安全、国防安全和其他安全。"② 所以要牢牢掌握关键核心技术，破解"卡脖子"难题，才能抓住科技发展的主动权。与此同时，目前科技体制机制中存在的一系列资源分配、体制管理、投入保障、政策支持等传统问题也困扰着我国科技的发展。发挥教育的作用，为科技创新输送大批掌握核心技术、拥有高效科研能力、具有敢于探索突破、敢于攻坚克难的科学家精神的人才，是解决这些问题的重中之重。要将教育的培养方向与科技创新的需求联系起来，以科技需求为导向，培养大批具有科学精神和探索能力的科研人才。同时，教育自身也要借助科技的力量，推进教育智能化发展，改革教学模式，创新教学手段，提高教学水平，以科技与教育的高度融合为教育强国建设助力。

教育强国的科技支撑力不是固定不变的，而是聚焦于我国科技发展前沿的热点问题，应对世界科技发展的趋势，不断自我革新，变换教育支撑科技的模式与方法，满足我国科技进步与现代化发展建设的需要，体现了

---

① 习近平：《高举中国特色社会主义伟大旗帜 为全面建设社会主义现代化国家而团结奋斗——在中国共产党第二十次全国代表大会上的报告》，人民出版社2022年版，第33页。

② 《习近平谈治国理政》（第三卷），外文出版社2020年版，第248页。

教育强国科技支撑力面向我国科技进步和现代化发展的需要和面向世界、面向未来的发展性特质。当前世界科技创新越来越广泛深入，科学研究范式由传统领域逐渐向与其他范式相结合的现代领域转变，科技力量格局对比正在发生显著变化。这些新变化、新趋势、新挑战的出现，使得科技和人才成为应对的关键。当今世界的竞争越来越体现在科技方面，没有强大的科技实力，就很难建成科技强国，就很难在国际竞争中赢得话语权和主动权。科技支撑力的提升与科研创新能力的加强是息息相关的，这就需要教育不断发挥动力，顺应发展形势，以科技发展趋势引领人才培养，对接科技发展对人才培养的各方面需求，把培养科研能力和创新能力作为人才培养的重点，才能抢占发展先机，赢得竞争优势，为推动我国创新型国家建设和经济社会高质量发展贡献力量。

2. 教育强国科技支撑力的联系性和全局性

教育强国科技支撑力是教育增强我国综合国力和推动我国科技发展创新的重要能力，在教育强国的建设中具有联系性和全局性。

教育强国的科技支撑力具有联系性。从外部看，科技支撑力作为教育强国的六大特质之一，与教育强国的其他特质是协调联动、共同发展的，为推进教育强国的建设发挥综合作用，从多个层次、多个角度推进教育强国的建设和发展，这是教育强国科技支撑力所具有的外部联系。从内部看，教育强国科技支撑力包含了教育、科技、人才三者的联系，教育为科技提供支撑的关键是培养尖端核心人才，通过人才的科研与创新推动科技水平的提高，科技的进步又反过来为教育的发展提供技术支持和保障，只有保持教育、科技、人才三要素的内部有效循环，处理好教育、科技、人才三者的关系，才能驱使科技支撑力发挥作用，这是教育强国科技支撑力所具有的内部联系。教育强国是一项重大的国家战略，科技支撑力作为教育对科技赋能的动力，是教育强国战略属性的体现，通过对科技支撑力在内的六个特质的共同建设，协调联动，一体推进思政引领、科技创新、人才培养、民生保障等各项工作，彰显了新时代建设高质量教育的要求，为国家的长远发展和战略目标的实现提供依托。教育强国科技支撑力的内在要求是促进教育、科技、人才的良性循环。党的二十大报告中提到"科技是第一生产力、人才是第一资源、创新是第一动力"①，人才是科技和创新的前提保障，教育是人才养成的必要条件，教育、科技、人才三者相互畅通，我们必须凝聚教育、科技、人才一体化的力量和资源，推动创新发展，切实增强创新能力，畅通教育、科技、人才的良性循环，形成科技支撑力，这是教育强国的重要特征。

教育强国提供的科技支撑力具有全局性。教育对科技的支撑是全方位、多元化的，这一点在当今社会愈发凸显。推进科教融汇需要高校、科研机构和社会各界的共同努力，应鼓励高校与企业、科研机构等合作开展产业技术创新，建立健全的科研育人机制，制定完善的科研育人政策和制度，明确科研育人的目标、任务和措施，加强科研育人的宣传和推广，提高广大师生对科研育人的认识和重视程度，建立科研育人的评价体系和激励机制，鼓励更多的科研人员参与育人工作。只有通过加强科研基础建设，推动科技体制创新，同时促进以生产要素和需求为导向的产学研结合与转化，才能真正激发强大的科技支撑力，为建成中国特色社会主义教育强国打造坚实基础。

3. 教育强国科技支撑力的历史性和人民性

教育强国的科技支撑力作为教育强国不可或缺的特质之一，彰显了教育对于科技发展的支撑作用，这一支撑力不是最新萌发的，而是党和国家历来高度重视的结果，符合人民大众的需求，具有历史性和人民性。

教育强国的科技支撑力具有历史性。党和国家对教育的态度始终是高度重视的。新中国成立后，我国确立了"四个现代化"的建设目标，强调教育与生产劳动相结合，为现代化建设奠定了基础。改革开放后，邓小平同志提出"科学技术是第一生产力"的论断，提出"教育要面向现代化、面向世界、面向未来"②的重要命题。1992年党的十四大第一次明确提出要把教育摆在优先发展的战略地位。1995年中共中央、国务院作出《关于加速科学技术进步的决定》，首次正式提出实施科教兴国战略，明确了科技和教育是兴国的推动力量与基础。2001年发布的《中华人民共和国国民经济和社会发展第十个五年计划纲要》将人才战略确立为国家战略，

---

① 本书编写组编著：《党的二十大报告辅导读本》，人民出版社2022年版，第30页。

② 《邓小平文选》（第三卷），人民出版社1993年版，第35页。

2002年人才强国战略首次实施,对新时期中国人才队伍建设进行了总体谋划。党的十八大以来,以习近平同志为核心的党中央高度重视教育、科技、人才工作,全面统筹并深入推进教育事业、科技事业、人才事业,取得了一系列历史性成就。党的二十大报告指出,到2035年我国要"建成教育强国、科技强国、人才强国"①。教育是推进中国式现代化的重要力量,通过加强科技创新和教育发展,可以为中国式现代化提供源源不断的智力支持和创新动力。在新时代,教育强国建设要把握历史和时代发展大势,总结继承历史经验,围绕国家战略需求,瞄准世界科技前沿,加强基础研究和应用研究,推动科技成果转化和应用,为建设社会主义现代化强国提供坚实的人才保障和智力支持。

教育强国科技支撑力具有人民性。教育强国科技支撑力的本意是教育为科技发展服务,但其核心主体是人,通过培养出优秀的人才以服务于科技的发展,催生创新的力量,而科技的发展成果最终也要惠及广大群众,是以群众的需求为导向的。所以教育为科技发展提供支撑力量的本质还是要以人为本,归根到底要为人民服务,办好人民满意的教育,体现了教育强国科技支撑力的人民性。教育强国建设需要回应人民需求,通过提升教育质量、加强科研创新,培养出更多创新型人才和高技能人才。同时教育要与科技相结合,改善教育教学条件,完善基础设施,鼓励创新实践,培养创新型人才,为经济社会发展提供源源不断的创新动力。总之,在教育与科技紧密结合中,只有坚持人民性,才能真正使科技支撑力发挥作用。

三、教育强国科技支撑力的价值功能

科技支撑力是科技与教育相互赋能的生动实践,更是推动教育体系现代化转型、应对数字技术变革挑战的关键所在。改革开放以来,我国教育与科技经历了从恢复重建到深化改革再到创新驱动发展的历史性跨越。这一系列变革,不仅体现在对高等教育科研投入的持续增加上,更深刻反映

---

① 习近平:《高举中国特色社会主义伟大旗帜 为全面建设社会主义现代化国家而团结奋斗——在中国共产党第二十次全国代表大会上的报告》,人民出版社2022年版,第24页。

在对科技、教育体制机制的全面优化之中。特别是党的十八大以来,科技创新被提升至国家发展战略的核心高度,科技自立自强是立足新发展阶段、贯彻新发展理念、构建新发展格局的重中之重。国家层面持续加大科技投入、优化教育资源配置,以科技支撑力推动教育实现内涵式、高质量发展,扩大现代化教育资源优势。"科学技术是第一生产力"被赋予了新的时代内涵,不仅强调了科技支撑力对经济增长的直接贡献,更彰显了其在提升教育质量等方面的作用发挥;"创新是引领发展的第一动力"进一步指明:教育强国建设必须坚持以创新为引领,不断强化教育、科技、人才在推进中国式现代化过程中的基础性、战略性支撑作用。

锻造强大的科技支撑力,必须立足当前、着眼长远。其一,强化科技创新,聚焦大数据、人工智能、云计算等前沿领域,加速教育技术的研发与应用,推动教育手段与工具的智能化、个性化迭代升级。其二,深化教育教学改革,将科技融入课程体系、教学方法及评价体系之中,激发学生学习的自主性和创新性。其三,优化教育资源配置,加大对教育科技项目的投入与支持,促进科技成果向教育实践的高效转化。

教育强国科技支撑力的价值功能主要体现在三个方面。

第一,为科学发展和社会进步培育优秀人才。教育的主要功能是育人,教育强国科技支撑力也同样具备育人功能,即通过培养大量具有科研能力和技术水平的人才,为科技发展提供人才保障,这是教育强国科技支撑力的首要功能。人才是国家发展的核心竞争力,是推动经济社会发展的重要力量,教育之所以被看作影响国家命运的关键事业,就在于其特有的人才培养功能。教育强国的建设离不开人才的培育,只有培养出一批批具有高素质、高水平的科研人才,才能满足经济社会发展和教育强国建设的需要。我国对科研人才培养的重视既是出于对国家科技发展需要的审视,也是对于目前国际形势判断的结果。在当今激烈的全球竞争下,一个国家能否拥有拔尖创新人才,决定了其能否掌握关键核心技术,在激烈的国际竞争中取得领先地位;从国内形势来看,实现中华民族伟大复兴的百年目标,也需要更多人才和智力资源的支撑与推动,这启示我们必须进行人才培养模式的调整,即从过去的标准化、技能型人才培养模式调整为个性化、创新型人才培养模式,以适用于智能化发展阶段。教育是培养创新型人才的关键途径,正确发挥教育强国科技支撑力,有利于培养具有创新思维、实践能力和国际视野的拔尖科技创新人才,筑牢国家发展的人才基石,提升我国综合国力,为国家和社会的持续发展提供智力支持。

第二，为实现高水平科技自立自强提供技术支撑和创新动力。教育强国科技支撑力发挥作用的关键在于创新，这就要求在教学和科研中通过不断地自主创新，革新技术，提高科技水平。科技的发展需要教育提供人才和智力支撑，同时科技的进步也改善了教育的基础设施、引领着教育发展的方向。建设教育强国，就要持续跟进和顺应科技发展最新趋势，对接科技发展新要求，深化教育综合改革，大力支持基础研究和应用研究创新。党的十八大以来，新一轮科技革命和产业变革加速，全球创新版图加快重构，世界经济格局深刻重塑，我国进入发展方式转变、经济结构优化、增长动能转换的攻关期，创新日益成为破解发展难题的关键。面对新机遇、新挑战，在以习近平同志为核心的党中央坚强领导下，全国上下坚决贯彻落实新发展理念，深入实施创新驱动发展战略，着力强化国家战略科技力量，纵深推进大众创业、万众创新，科技新成果加快涌现，新动能快速成长，新经济发展向好，成功跨入创新型国家行列。但与此同时，我国的科技创新能力与全球先进水平相比仍存在差距；面对经济全球化深入发展的历史潮流，西方国家不断对我国进行打压和遏制，在此背景下，实现高水平科技自立自强成为我国应对国内外环境变化的根本之策。这就需要正确发挥教育强国的科技支撑力，顺应当下科技发展趋势，以科技发展引领人才培养，主动对接科技发展需求，完善人才规格、人才结构、人才素养等培养机制，在服务科技创新中努力革新，探索拔尖人才自主培养的中国范式，强化校企科研合作，开展实践研究，攻克难题，产出成果，支撑我国创新型国家建设。

第三，推动教育强国的建设和综合国力的增强。教育强国科技支撑力是教育强国的战略属性，对推动教育强国建设、提升教育质量和水平、增强我国综合国力和国际影响力具有重要作用。中华人民共和国成立70多年以来，我国教育水平逐步迈入世界中上行列，教育发展条件产生历史性改变，以习近平同志为核心的党中央把教育发展放在国家发展的重要位置，提出教育是"国之大计、党之大计"①，经过新时代以来的艰苦奋斗，教育普及程度产生历史性飞跃，距离建成教育强国的目标也越来越近。在新时代，教育也被赋予了新的含义，教育不仅是培育人才的途径，更是推动科技创新和社会进步的动力，还是打开国际交流的窗口。发挥教育强国科技支撑力，推动教育、科技、人才一体化发展，是中国式现代化的必然

---

① 习近平：《论教育》，中央文献出版社2024年版，第2页。

选择。只有推动教育、科技、人才一体化发展，才能切实发挥我国国家制度和国家治理体系的显著优势。国际竞争力是高等教育强国建设的试金石，建设高等教育强国，意味着应在世界一流人才的数量、质量和全球占比上具有显著优势，需要通过创新科研成果和完善人才培养，推动全球教育交流、科技合作和人才互动，推动教育模式改革、科技产品创新和高等人才培养，在中国与世界的充分互动中推进教育强国的建设。

四、教育强国科技支撑力的创新发展

教育强国科技支撑力是教育强国建设发展过程中的关键作用力，在中国特色社会主义建设发展的今天，立足时代发展和世界形势，正确发挥教育强国的科技支撑力，需要我们创新方式方法，更好地服务国家需求，满足人民期盼，助力科技发展，办好有中国特色、世界水平的现代教育，为建设教育强国奠定坚实基础。

第一，深化人才培养模式。科技竞争的背后是人才和教育的竞争，在科技发展日新月异的今天，教育要发挥对科技的支撑作用，必须对人才培养模式进行深化改革，形成顺应科技发展的人才培养体系。高等教育是培育科技人才的主要渠道，如今我国高等教育已实现普及化。在此背景下，人才培育的重点已由过去的数量不足转向如今对质量的更高要求。[1] 人才培养模式和体系的深化与完善，关乎教育的高质量发展。一方面，要完善高等教育学科体系建设。我们要根据科学技术发展态势，针对当前经济社会发展中的急需紧缺领域，及时制定相应的人才培养计划和策略，完善人才培养模式，以学科体系自主化建设激发创新的思维火花。另一方面，要构建高水平数智化教育体系。当前，数字化技术正深刻改变着社会的各个方面，构建高水平数智化教育体系，是高等教育适应数字化时代需求的必然选择。通过数智化手段，优化教学资源配置，精简教学流程，提升教学质量，从而更好地满足学生多样化的学习需求。数智化教育体系的构建，为高等教育提供了丰富的创新空间。首先，通过引入大数据、人工智能等

---

[1] 参见洪军《构建新时代拔尖创新人才自主培养体系的思考与探索》，载《中国高等教育》2024年第7期，第25页。

先进技术，激发教学模式的变革，促进教学内容的更新，提高教学的针对性和实效性。其次，数智化教育体系能够实现教育资源的精准配置和高效利用，减少资源浪费，提升教育质量。最后，高水平数智化教育体系有助于培养具备高度数字化素养和创新能力的新时代人才，能够更好地适应科技发展需求，有利于以技术支持推动社会发展进步。

第二，推进产学研深度融合。教育强国科技支撑力的作用发挥，离不开以高校为主体的主要阵地，更需要集结社会力量，促进产学研深度融合。发挥教育强国科技支撑力，必须把握政府、企业、学校、科研院所等教育相关主体在教育强国建设过程中的角色定位，建立产学研协同育人机制，以科技发展趋势和社会需要引领人才培养，提升人才培养的针对性，以适应国家战略需要。要强化校企科研合作，完善高校科技创新机制，必须加强以企业为主导、高校和科研院所为支撑的产学研深度融合，推动多元创新主体同心协力，攻克难题。首先，要加强顶层设计和政策支持，建立有效的合作机制，鼓励教师参与科研项目，特别是与企业合作的应用型科研项目。其次，要结合企业和市场的需求，共同确定科研项目，充分发挥双方的优势和资源，提高科研项目的质量和效益。要加强技术交流和人才培养，定期组织教师与学生到企业进行现场实习和实践，了解企业的生产和技术需求，同时为企业提供技术支持和人才培养服务，对于合作取得的科研成果，双方应共同努力进行转化和应用。最后，完善科技创新机制，拓展合作领域和范围。要建立以创新为导向的科研管理方式，简化科研项目的申报、审批和结题等环节，为教师提供更多的科研自主权。加强科研团队建设，鼓励教师组建科研团队，充分发挥团队成员的专业优势和协作精神，提高科研项目的竞争力和创新能力。与此同时，除了传统的工科领域外，还可以向文科、理科等领域拓展，开展更广泛的合作，不局限于与大型企业合作，还可以与中小企业、科研机构等建立合作关系，形成更广泛的合作网络。

第三，优化师资队伍培养。习近平总书记指出："教师是立教之本，兴教之源。"[①] 科技的发展离不开教育，发挥教育强国科技支撑力，要注重教师队伍的培养，全方位加强师资队伍建设，培养一批批高素质、专业化的教师队伍。一方面，要提升教师的科研素养和创新能力。教育者要先受教育。只有提高教师的水平，将科技广泛应用于教学活动，创设优良的

---

① 习近平：《论教育》，中央文献出版社2024年版，第5页。

教育环境，才能培养学生的学科素养和科学精神。教师要紧跟时代发展，聚焦科技热点，开展科研活动，实现教学与科研的相互促进。要加强教师教育体系建设，开展多层次科研培训，设立高层次研究项目，利用科技创新助推教师队伍高质量发展，培育教师信息化教学的担当力，帮助教师适应智能时代教育创新发展的主流趋势。要加强对教师的培训，定期组织教师参加与科技相关的培训课程，如数字教学工具的应用、教育信息化建设等，邀请科技专家或行业领袖来校开展讲座，分享最新的科技发展动态和教育应用案例。同时鼓励教师利用业余时间自主学习科技知识，如参加在线课程、阅读科技期刊等；为教师学习提供资源和平台支持，如学校图书馆、教育技术网站等。另一方面，要加强师德师风建设。教师承担着庄严神圣的育人使命，要明确师德师风标准，制定清晰、具体的师德师风规范，明确教师应遵循的行为准则。加强师德师风教育，要将师德师风纳入教师培训体系，定期开展专题培训和讲座，利用典型案例和先进人物的优秀事迹进行正面引导，为师德师风的养成指引方向。健全政策支撑保障体系。建立科学、稳定、高效的政策体系，为培养高质量的科技人才提供全方位、个性化的支持保障。要从内部着手，对理念、体系、制度、评价和治理等方面存在的主要问题进行深入剖析解读，理顺相关政策和工作流程，补短板、强弱项。

为培养高质量的科技人才建立健全政策支持保障体系是一个系统性的工程，涉及多个方面的政策支持和保障措施。一方面，要做到全面协调、统筹兼顾，具体包括五个方面的措施：其一，党政制度在人才培养与引进方面提供政策与制度保障，要通过加大党政投入和支持力度，推动人才培养全面发展；其二，要深化校企合作，推进产教融合，锻造高素质技术技能人才，打造知识型、技能型、创新型劳动者队伍；其三，要建立科学合理的人才评价机制，以创新能力、质量、实效、贡献为导向，优化高层次人才的工作、生活保障体系和奖励制度；其四，要探索和实践新的培养模式，强调高校特色与学科优势；其五，要拓展国际视野，通过国际交流、合作项目和海外实习等方式，提升人才的国际竞争力。另一方面，要将各项政策准确落实，同样包括五个方面的措施：其一，要增强政策的科学性和明确性，确保政策的制定和执行具有科学性和前瞻性，明确人才培养的目标、路径和评估标准；其二，要提高执行机构的执行能力，加强执行机构的建设，提升管理水平和执行效率；其三，要优化政策执行环境，改善政策执行的外部环境，如学业竞争、监督体系、家庭支持等，为人才培养创造良好的条件；其四，建立评估反馈机制，定期对政策执行效果进行评估，及时收集反馈信息，调整和完善政策措施；其五，强化学生对政策的理解和认同，通过多种渠道和方式，加强对学生的政策宣传和教育，提高学生对政策的认同感和参与度。通过上述措施，可以建立一个全面、系统的政策支持保障体系，为培养人才提供有力的支持和保障。

第四，拓展国际教育领域交流合作。习近平总书记指出："扩大教育开放，增强我国教育世界影响力。"① 发挥教育强国科技支撑力的强大功能，不仅要着眼于国内教育形势，更要将眼光放到国外，注重全球化下的国际教育合作，促进文化交流与理解。一方面，国际教育合作通过跨国界的教育交流，使学生能够更好地理解和适应不同文化背景下的社会环境，增强跨文化交流能力，为未来的职业生涯和生活做好准备。与此同时，引入国际先进的教育理念和教学方法，可以促进教育教学内容和方式的创新；与国外教育机构合作，可以共享优质教育资源，从而提升本国教育的整体水平。国际教育合作不仅是知识的交流，更是文化的交流与理解。通过师生间的互动，可以增进其对不同文化背景的理解。这种文化交流有助于减少误解和偏见，促进国家之间的和平与发展。教育资源的国际合作为教育创新提供了广阔的平台。不同国家和地区的教育模式、教学方法和教育技术各具特色，通过合作可以激发教育创新，推动教育变革。另一方面，扩展国际教育领域的交流合作是一个多维度的过程，包括以下三个方面的具体内涵和要求。首先，要推动政策支持和合作框架的建立，制定明确的教育国际化政策和行动方案，与国际教育伙伴建立合作关系，签订合作协议，明确合作目标和内容。其次，要推动教育项目和文化交流活动的实施，如中外合作办学、学生交换项目、教师培训等教育项目和"汉语桥"夏令营、文化节等文化交流活动，增进国际理解和友谊。最后，要利用技术和创新促进交流，创新合作模式，如中外合作大学、联合实验室等，促进教育资源的共享和科研合作。着力强化与国际知名院校、科研机构、领军企业的科技交流合作，用好国际创新要素，支持师生参与国际科研合作项目，拓宽国际视野，提升科研能力。

---

① 习近平：《论教育》，中央文献出版社2024年版，第21页。

五、科技支撑力服务教育强国的基本方略

1. 科技支撑力服务教育强国的指导思想

科技创新靠人才,人才培养靠教育,教育强国科技支撑力正是在教育、科技、人才一体化的循环中协调发力,既为科学发展培养优秀的技术人才,又为教育的进步提供指引,推动教育的数字化、现代化。发挥教育强国科技支撑力的作用,必须以马克思主义为指导,坚持马克思主义在教育、科技、人才方面的基本理论,并与我国发展实际相结合;必须以中国共产党历届领导人对教育、科技、人才工作的重要论述为遵循,借鉴理论经验,夯实思想根基;必须认真践行习近平总书记关于教育、科技、人才的思想主张,紧跟时代要求,把握发展大势,准确落实教育强国的科技支撑力。

第一,坚持马克思主义关于教育、科技、人才的理论指导。以科技支撑力服务教育强国,需要我们坚持马克思主义关于教育、科技、人才的主要理论观点。马克思主义经典作家没有直接对三者关系进行阐述,但马克思主义的著作中关于教育、科技、人才辩证关系的思考,不仅强调了教育、科技、人才在生产力中的主体地位和在生产力发展中的重要作用,还体现了教育、科技、人才对社会主义革命和建设的重要性和关键性。这要求我们在坚持马克思主义思想的过程中,要用整体性的眼光全面地看待,不能对其予以简单的摘编、罗列和剪裁,要以马克思主义基本原理为基础,结合我国国情深入理解和贯彻这些观点。

在教育方面,马克思和恩格斯高度重视教育对于人才培养和社会进步的意义。在1864年起草的《国际工人协会成立宣言》中,马克思指出,"工人的一个成功因素就是他们的人数;但是只有当工人通过组织而联合起来并获得知识的指导时,人数才能起举足轻重的作用"[①]。这说明教育作为一种社会活动,是发挥无产阶级的优势,引领革命胜利的重要条件,所以在社会的发展进步中,教育是不可或缺的。恩格斯通过多种方式强调

---

① 《马克思恩格斯选集》(第三卷),人民出版社2012年版,第10页。

了教育的重要性，特别是在无产阶级革命和社会主义建设中的作用。在教育与经济基础的关系中，恩格斯认为教育的发展归根到底要受到社会生产力的制约。不同的生产力发展水平为教育提供了不同的物质基础，并对教育提出了不同的要求。在教育对人的全面发展的作用中，恩格斯强调，教育对于培养全面发展的人具有不可替代的作用。他认为，只有通过教育，人们才能够获得必要的知识和技能，从而成为对社会有用的人才。此外，教育还有助于培养人们的批判性思维和分析能力，使他们能够更好地理解和应对社会问题。在教育与社会革命的关系中，恩格斯指出，教育在无产阶级革命中具有重要作用，无产阶级必须通过教育来提高自身的阶级意识，认识到自己在社会变革中的历史使命。通过教育，无产阶级可以学会如何推翻资本主义制度，建立社会主义社会。在教育与历史唯物主义的关系中，恩格斯认为教育是历史唯物主义的重要组成部分，教育的发展与社会历史的发展紧密相关，教育的变革是推动社会进步的重要力量。

在科技方面，马克思和恩格斯的观点主要体现在他们对科技在生产力和社会发展中的作用、科技异化问题以及科技与人的关系等方面的深刻论述上。马克思高度肯定了人在生产过程中的主体地位，无论是利用自然进行生产实践活动，还是从事科学等创造性事业，人永远发挥主体作用。在科技生产力观方面，恩格斯指出："科学是一种在历史上起推动作用的、革命的力量。"[①] 科技的发展不仅提高了劳动生产率，还改变了生产方式和社会关系。在科技异化方面，资本主义制度下的科技异化表现为科技成为资本家剥削工人的工具，导致人与人之间的关系异化。马克思和恩格斯认为，科技异化的根源在于资本主义生产方式，只有通过社会主义革命才能克服这一问题。他们强调科技的发展应该服务于人的全面发展，科技应该成为提高人类生活水平、促进人的自由和解放的工具。

在人才方面，马克思主义的人才观是建立在唯物辩证法基础上的人才思想理论，具有人民性、实践性和现实性的根本特征，不仅为理解和评价人才提供了科学的理论框架，而且为培养、选拔和使用人才提供了实践指南。它强调了人才在社会发展中的核心地位，坚持以最广大人民的根本利益为评价标准，坚持走理论与实践相结合的发展道路。马克思在《共产党宣言》中强调了科技作为生产力对生产劳动的促进作用，即生产力发展与人的进步是彼此促进、协同提升的。"资产阶级在它的不到一百年的阶级

---

① 《马克思恩格斯选集》（第三卷），人民出版社2012年版，第1003页。

统治中所创造的生产力,比过去一切世代创造的全部生产力还要多,还要大。"① 马克思进一步指出人才在阶级斗争中有着举足轻重的地位,明确了造就知识分子队伍对无产阶级的重要意义,彰显了人才对社会变革、生产进步的推动作用。马克思主义认为,人是生产力中最活跃的因素,人才的发展直接推动社会生产力的发展。马克思主义人才观强调,人才问题的核心是人民利益,人才的培养、使用和发展都应该以最广大人民的根本利益为出发点和落脚点,指出人才在社会发展中的历史作用是持续的。马克思主义关于教育、科技、人才的观念以其深刻的人民性和实践性,为中国式现代化提供了坚实的理论支撑,对于正确发挥科技支撑力服务教育强国具有重要意义。

第二,坚持中国共产党关于教育、科技、人才工作的指导思想。以科技支撑力服务教育强国,必须坚持中国共产党历届领导人对于教育、科技、人才工作的指导思想。教育、科技、人才是我们党领导建设社会主义一贯高度重视的工作。毛泽东同志在1940年发表的《新民主主义论》,明确提出新民主主义文化"就是无产阶级领导的人民大众的反帝反封建的文化",是"民族的""科学的""大众的"文化。② 1958年9月,中共中央、国务院发布的《关于教育工作的指示》,明确了党的教育方针是"教育为无产阶级政治服务,教育与生产劳动相结合"。社会主义改革开放的新时期,以邓小平同志为核心的中国共产党人更加重视科技在生产力发展中的作用,提出"科学技术是第一生产力"的论断,接着指出教育和人才的作用:"我们要实现现代化,关键是科学技术要能上去。发展科学技术,不抓教育不行。靠空讲不能实现现代化,必须有知识,有人才。"③ 1992年,江泽民同志在中国共产党第十四届全国代表大会上指出:"必须把经济建设转移到依靠科技进步和提高劳动者素质的轨道上来。"④ 党的十六大以后,以胡锦涛同志为代表的中国共产党人,以科学发展观为理论基础对教育作出新的阐释。2007年8月31日,胡锦涛同志在全国优秀教师代表座谈会上的讲话中指出:"把社会主义核心价值体系融入国民教育体系,引导学生树立正确的世界观、人生观、价值观、荣辱观,努力培养德智体

---

① 《马克思恩格斯选集》(第一卷),人民出版社2012年版,第405页。
② 参见《毛泽东选集》(第二卷),人民出版社1991年版,第698页。
③ 《邓小平文选》(第二卷),人民出版社1994年版,第40页。
④ 江泽民:《江泽民在全国教育工作会议上的讲话》,载《人民日报》1994年6月16日第01版。

美全面发展的社会主义建设者和接班人。"① 总之，党的历代领导人以马克思主义教育观、科技观、人才观为出发点，结合中国具体实际，发展具有中国特色的社会主义教育，是马克思主义中国化在教育领域的鲜明体现。在教育强国建设的今天，我们也要充分借鉴吸收党的历代领导人的思想主张，为教育服务科技、人才提供思想支撑。

发挥教育强国科技支撑力，必须始终坚持习近平新时代中国特色社会主义思想，把握其中关于教育、科技、人才方面的思想观点并认真践行。党的十八大以来，以习近平同志为核心的中国共产党人以更加睿智的眼光、长远的认识，将党的教育思想推到了新高度。科技发展和人才培养始终是习近平总书记极为关切之事，总书记多次提出"科技是第一生产力、人才是第一资源、创新是第一动力"②。2017年10月30日，习近平总书记在会见清华大学经济管理学院顾问委员会海外委员和中方企业家委员时对教育、人才、创新的递进支撑关系进行了阐释，指出"人才是创新的根基，是创新的核心要素。培养人才，根本要依靠教育"③。2023年1月31日，习近平总书记在主持二十届中央政治局第二次集体学习时强调"坚持教育发展、科技创新、人才培养一体推进，形成良性循环"④。2023年5月29日在主持二十届中央政治局第五次集体学习时明确"建设教育强国、科技强国、人才强国具有内在一致性和相互支撑性，要把三者有机结合起来、一体统筹推进，形成推动高质量发展的倍增效应"⑤。党的二十届三中全会进一步对教育、科技、人才体制机制一体化改革进行了统筹部署，在2024年7月15日至18日审议通过的《中共中央关于进一步全面深化改革、推进中国式现代化的决定》中，明确了教育、科技、人才发展的价值旨归和时代使命是服务支撑创新国家建设。2024年9月，习近平总书记在全国教育大会上进一步强调"一体推进教育发展、科技创新、人才培

---

① 胡锦涛：《在全国优秀教师代表座谈会上的讲话》，载《人民日报》2007年9月1日第01版。

② 习近平：《论教育》，中央文献出版社2024年版，第217页。

③ 中共中央文献研究室编：《习近平关于科技创新论述摘编》，中央文献出版社2016年版，第119页。

④ 习近平：《加快构建新发展格局 增强发展的安全性主动权》，载《人民日报》2023年2月2日第01版。

⑤ 习近平：《论教育》，中央文献出版社2024年版，第231页。

养"①，强调了教育、科技、人才三者的密切逻辑关系。我们必须将习近平总书记的思想主张一以贯之地践行，坚持实事求是，结合当前国内外教育科技发展形势，把握发展机遇，努力向前，迎接挑战，以教育的发展推动科技的进步。

2. 科技支撑力服务教育强国的基本遵循

基本遵循是指在处理事务、制定政策或决策时，必须遵循的基本原则。发挥教育强国科技支撑力同样有其基本遵循，即我们要始终坚持和加强党对教育的全面领导，坚持教育的社会主义办学方向，立足我国基本国情开展教育，坚持以科技的发展和人民的需求为导向。

第一，坚持和加强党的全面领导。在社会主义建设的新时代，教育不再是单纯培养人的事业，而是关乎国家全方位的发展，影响着社会、政治、经济的各个方面，发挥教育强国科技支撑力，必须以中国共产党的领导这根"定海神针"为根本，才能锚定正确的方向发挥作用，为科技提供人才和智力支持，坚持党的领导，对于推动教育高质量发展、培养社会主义建设者和接班人具有决定性意义。从新民主主义革命时期到中国特色社会主义新时代，中国共产党一贯重视教育工作，形成了党管方向、党管育人等一系列基本经验。在发挥科技支撑力的同时要把党对一切事务的领导放在根本地位，遵循党的指示，听从党的指挥，确保党的领导全面覆盖学校各项工作；加强党员队伍建设，要建立健全党委统一领导、党政齐抓共管、部门各负其责的教育领导体制，将党建工作与教育教学工作紧密结合；要围绕立德树人根本任务，全面贯彻党的教育方针，确保教育事业的正确方向；要充分发挥学校思想政治工作的生命线作用，完善思想政治工作体系，提高思政引领力，要坚持为党育人、为国育才，培养一代又一代拥护中国共产党领导和我国社会主义制度的有用人才。

第二，坚持社会主义的办学方向。发挥教育强国科技支撑力表面上看是加强教育为科技创新服务的能力，实质则是通过教育推动科技的发展，转而为教育的发展提供支持与保障，根本的目的还是发展教育，是培养人的活动，所以办学方向处于第一位。我国的国家性质决定了教育的社会主义办学方向，建设具有中国特色的世界一流大学，这是发挥教育强国科技

---

① 习近平：《在全国科技大会、国家科学技术奖励大会、两院院士大会上的讲话》，人民出版社2024年版，第4页。

支撑力所要坚持的根本政治原则。正确发挥教育强国的科技支撑力，不能与社会主义的办学方向相偏离或背道而驰。习近平总书记强调："我们的教育决不能培养社会主义破坏者和掘墓人。"① 我们的教育如果在办学方向上产生偏差，则不仅会影响到我国科技人才的培养方向，影响教育强国的建设，还会直接关系到国家的生存危亡。所以必须始终坚持社会主义的办学方向，落实意识形态工作责任制，增强服务国家科技自立自强的使命担当，努力办好人民满意的高质量教育。

第三，坚持立足我国具体国情。教育活动的开展必须与我国的实际情况相契合，发挥教育对科技的支撑作用，要坚持立足我国基本国情，从具体实际出发开展教育工作。教育推动科技发展的最终目的是为人民服务，科技支撑力的发挥要根据我国科技和教育的具体形势展开，深入了解我国的国情，才能制定出符合实际需求的教育目标、教育内容和教育方法。习近平总书记指出："办好中国的世界一流大学，必须有中国特色。"② 各级高校要准确把握科技发展方向，紧跟党和国家出台的各项方针政策，围绕国家重大战略需求以及战略性新兴产业需要，以为科技发展培养创新人才和提升科研水平为目标，聚焦优势领域，凝练重大科学问题，有针对性地开展教育和研究，为科技的发展夯实创新基础。同时，强调扎根中国大地办教育并不是要忽略世界性，要积极借鉴国际经验，并与本土化实践相结合；开展有组织的国际科技合作，积极融入全球创新网络，发挥好国际化平台的引智引才作用，进一步拓展国际合作项目，借鉴国外优秀经验解决我国教育发展中的实际问题。

第四，坚持以科技的发展和人民的需求为导向。以强大科技支撑力服务教育强国的建设，必须以人民的需求为导向。以教育推动科技的发展既符合我国社会发展的要求，也是人民群众期望的必然选择。教育推动科技的发展最终要服务于人民，通过科技研发改善教育基础设施，优化学科建设，合理分配教育资源，创新人才培养机制，革新教育教学评价机制，回应人民的需要，提升人民的认可，使人民的生活水平跟上科技发展的步伐，不断为科技和教育发展贡献创造力。发挥教育强国的科技支撑力要以人民的需求为导向，在顺应社会形势，满足经济发展需要的同时，也要加快服务人民大众美好生活的步伐，发展利民、惠民、养民的优质教育，在

---

① 习近平：《论党的宣传思想工作》，中央文献出版社 2020 年版，第 343 页。
② 习近平：《青年要自觉践行社会主义核心价值观——在北京大学师生座谈会上的讲话》，载《人民日报》2014 年 5 月 5 日第 01 版。

科技进步的同时实现人的自由全面发展。

3. 科技支撑力服务教育强国的具体方法

教育强国科技支撑力是支撑科技发展进步的内在动力。以科技支撑力服务教育强国建设，要从坚持我国教育发展道路自信、适应科技创新举国体制、构建人才培养体系和优化人才培养环境这几个方面推动科技发展进步，服务于教育强国的建设。

第一，坚持中国特色社会主义教育发展道路。以科技支撑力服务教育强国，必须要有对发展教育事业的自信心，才能进而以教育的发展推动科技的进步。从中华人民共和国成立到改革开放，再到中国特色社会主义新时代10多年来的建设历程，我们已经成功开辟了立足我国基本国情，改革创新、全面发展的中国特色社会主义教育发展新道路。回望过去，在我国上下五千年的文明史中，孕育了丰厚的教育与科技思想，如因材施教、有教无类、温故知新的教育观，重实用、重经验、重创新的科技观，诞生了孔子、孟子等教育家和沈括、徐霞客等科学家，产生了一大批影响深远的儒家教育经典（如《论语》《孟子》）和科技著作（如《梦溪笔谈》《徐霞客游记》）。著名的教育、科技类著作，如《论语》《孟子》《九章算术》《天工开物》，为后世的教育与科技发展积累了宝贵经验。中华人民共和国成立以后，我国在教育与科技方面取得了一系列举世瞩目的成就，在教育方面，我国九年义务教育普及率不断提高，高等教育规模迅速扩大，教育公平不断推进，教育总体发展水平逐步进入世界中上行列。在科技方面，"两弹一星"的研制，杂交水稻的培育，新能源与环保技术的突破，"天眼"探空、"蛟龙"探海等重大科技专项的启动，标志着我国在科技方面的显著成果，也体现了教育对科技发展的助力。展望未来，复杂纷繁的国际局势和愈发激烈的国际竞争对科技与人才的需求日益迫切，这对教育的发展也提出了更高要求和更多挑战。在新时代的征程中，发挥科技支撑力服务于教育强国建设，只有坚定中国特色社会主义教育发展道路自信，才能准确把握发展方向，发展具有中国特色、世界水平的现代教育。

第二，坚持科技创新的新型举国体制与教育强国相适应。以科技支撑力服务教育强国建设，必须与科技创新的新型举国体制相适应，以国家战略和科技发展趋势为主导，为科技和教育的发展提供有力保障。党的十八大以来，习近平总书记在核心技术攻关、高端装备制造、军民融合发展等方面多次提到要充分发挥新型举国体制的优势。2019年党的十九届四中全会明确提出"完善科技创新体制机制","构建社会主义市场经济条件下关键核心技术攻关新型举国体制"。① 党的二十大报告进一步强调,要"完善党中央对科技工作统一领导的体制,健全新型举国体制,强化国家战略科技力量,优化配置创新资源"②。新型举国体制机制的构建,有利于整合社会资源,协调社会力量,激发各类主体的创新活力。教育要与科技创新的举国体制机制相适应,需要从多个方面入手,包括教育体系改革、科技创新能力提升、人才培养模式创新等。在教育体系改革方面,要优化高等教育布局,改革教育评价机制,建立以创新能力、质量、实效、贡献为导向的人才评价体系,鼓励创新思维和批判性思维的培养,推动科技创新与教育教学的深度融合,强化科技教育和人文教育的协同。在科技创新能力提升方面,要加强基础研究,提升对重大科学问题与国家重大战略需求的前瞻性研判能力,系统谋划、整体推进理论性、应用性基础研究,提升科技成果转化效能,完善高校科技创新机制,加强与产业界的合作;同时,强化国家战略科技力量,加强高水平研究型大学建设,提升高校在国家战略科技力量中的地位和作用,通过建立研发基地、创新平台和创新服务体系,在科技创新的重点领域、重大项目和优先主题方面发挥关键作用,为科技创新提供有力支撑和保障。人才培养模式创新方面,注重实施"强基计划",加强基础学科拔尖人才培养,为科技创新提供源源不断的人才支撑;同时,推进产学研深度融合,通过政策引导、资金支持,推动高校、科研院所与企业的深度合作,形成全链条创新体系,推动创新资源在企业和科研机构之间的有效流动和共享。

第三,坚持推进教育强国建设,构建面向科技创新需求的人才培养体系。以科技支撑力服务教育强国,要面向科技创新需要,构建人才培养体系。习近平总书记指出:"要努力构建德智体美劳全面培养的教育体系,形成更高水平的人才培养体系。"③ 一方面,要以学科专业高质量建设为基础,提升人才自主培养质量。党的二十大报告指出,要"加强基础学科、新兴学科、交叉学科建设,加快建设中国特色、世界一流的大学和优

---

① 《中共中央关于坚持和完善中国特色社会主义制度 推进国家治理体系和治理能力现代化若干重大问题的决定》,载《人民日报》2019年11月6日第01版。
② 《习近平著作选读》(第一卷),人民出版社2023年版,第29页。
③ 习近平:《论党的青年工作》,中央文献出版社2022年版,第178页。

势学科。"① 通过深入分析产业链和创新链的需求，确保学科专业设置紧密跟随市场需求和技术发展趋势，扩大高校本科、研究生专业设置和调整的自主权。打破学科、专业资源壁垒，促进资源整合，鼓励高校之间、高校与企业之间合作，共同开发新专业或改造现有专业，以适应新兴产业和领域的发展。另一方面，要提升教师的科技素养与创新能力。构建创新型人才培养体系，要注重对教师的专业素养和科研能力的塑造，只有广泛提升教师的教育教学水平，才能有效促进创新型人才的培育；同时，对教师加强科研知识培训，支持教师自主学习和研究，促进教师之间的学术交流和成果分享，拓宽教师的视野，提升综合创新能力，助推教师队伍高质量发展，构建创新型人才培养体系。

第四，坚持教育强国与优化人才培养和科技的深度融合。以科技支撑力服务教育强国建设，要以科技发展引领教育建设，与科技融合优化人才培养环境。科技的高水平自立自强需要创新性人才的智力支持，这要求教育应面向科技自强的需要，与科技融合，创造优良的人才培养环境，培养出更多优质创新人才。一方面，需要构建智能教育环境。智能教育环境不仅优化了教学过程，还为教育公平和个性化教育提供了强有力的支持。智能教育环境能够根据学生的学习习惯、能力和兴趣，提供个性化的学习计划和资源，从而提高学习效率。通过实时反馈和多元素评估，能够帮助教师更好地了解学生的学习情况，及时调整教学策略，提升教学质量。可以通过利用 VR 和 AR 技术创建沉浸式学习体验，如虚拟实验室、历史场景重现等，提高学习的趣味性和实效性；通过智能评估和反馈系统，及时进行反馈，激发学生的创新意识。另一方面，要形成协同创新驱动的智慧教育生态系统，调动全社会各方面力量协同发力，共同关心和支持教育的建设。正如恩格斯指出的："社会一旦有技术上的需要，这种需要就会比十所大学更能把科学推向前进。"② 要重视科技创新人才的培养与引进工作，构建多层次、多渠道的人才保障体系，优化人才培养环境。

---

① 《习近平著作选读》（第一卷），人民出版社 2023 年版，第 28 页。
② 《马克思恩格斯选集》（第四卷），人民出版社 2012 年版，第 648 页。

六、科技支撑力支撑教育强国建设的实践进路

教育是国之大计、党之大计。习近平总书记指出:"教育是强国建设、民族复兴之基。"① 当前,在经济全球化和信息化浪潮的驱动下,社会的复杂化、多元化趋势不断凸显,各领域联系日益紧密,教育的角色与使命已远远超出传统范畴,逐渐成为人才培养、科技创新、国家繁荣、文明进步的基石,同时教育的现代化步伐不断加快,教育发展日趋复杂,组织要素不断更新,教育改革的系统性、整体性、协同性日益凸显。这要求我们必须牢牢把握教育的战略属性,思考科技支撑力支撑强国建设、民族复兴的实践进路。

1. 科技支撑力支撑教育强国建设的顶层设计

顶层设计是对于教育强国科技支撑力发挥的整体图景和重点事项的把握。在教育强国科技支撑力服务强国建设和民族复兴的伟大进程中,加强教育强国科技支撑力的顶层设计,可为科技支撑力的发挥擘画广袤蓝图,指导科技支撑力最大限度地发挥作用,推进教育现代化建设。

第一,提高教育目标的定位。教育目标在教育的开展过程中起到先导性和战略性作用,有了正确的教育目标和方向,就能将教育强国科技支撑力运用到正确的渠道上来,与科技发展和社会需要挂钩,进而形成理想的教育产出,支持科技的发展。要把教育目标提高到服务国家和科技发展的战略需要上来,顺应国际科技竞争和人才培养的需要,把创新思维与科研能力作为培养学生首要目标,推动教育的转型升级,激发学生的创新思维能力,转变传统的以分数为主的观念,全面培养学生的创新能力。

第二,优化教育体系结构。教育体系结构的更新优化具有重要的进步意义,高等教育是建设教育强国的重中之重和焦点,优化教育结构有助于高效利用教育资源,提升高等教育的整体质量,促进教育公平,满足社会和个人的教育需求。在利用教育强国科技支撑的过程中,必须注重高等教

---

① 习近平:《紧紧围绕立德树人根本任务 朝着建成教育强国战略目标扎实迈进》,载《人民日报》2024年9月11日第01版。

育体系的建设，加强对博士研究生的培养。要关注关键技术领域博士研究生的规模、结构和质量，重视博士研究生的科研创新。同时，促进我国人力资本的升级，重视基础教育，从基础教育阶段开始培养学生的创新思维和能力。我们应全面贯彻高等教育改革要求，构建贯通基础教育各学段（含学前教育、义务教育、高中阶段）的创新型人才培养体系。我们应该在教育、培训的各个阶段探索和发掘潜在的杰出创新人才，并采用差异化的教育模式来培养他们，扩大精英教育的覆盖面，以尽快缩小与先进国家的差距。同时要积极开展国际科技、教育合作交流，借鉴国外经验，有效改革教育体系，培育科技英才，推动教育教学科学化、现代化。

第三，改进育人模式。习近平总书记指出："浇花浇根，育人育心。"[①] 育人模式的改进是一个系统性工作，要从多方面入手，以增强创新能力为导向，进行教育理念、课程内容、教学方式、考试评价等方面的变革。在教育理念方面，树立以学生为中心的教育理念，注重学生的主体地位，注重培养学生的创新精神和实践能力，关注学生的个性化需求和发展潜力。在教育内容上，要加大各级各类教育的科技教育力度，引入更多注重培养学生创新思维能力的教育内容。在教学方法方面，采用多样化的教学手段强化实践教学，鼓励学生开展实践探索活动，培养学生的实践能力和创新精神。在教育评价方面，建立全面反映学生素质的评价体系，注重过程和能力的评价，把学生创新能力作为重要考评内容，引导学生注重创新能力发展。

第四，提升教育保障水平。在发挥教育强国科技支撑力的过程中，尤其注重教育保障的提高，运用科技为教育水平的提高提供技术支持。培养创新人才必须加强教育保障，建设一流的院校、培育一流的科研人才，与科技支撑教育的保障是密不可分的。提升教育保障水平，要增加科研经费投入比重，健全优化支出结构，为科技创新和人才培养提供经费支持。同时要增加高校基础研究的科研经费比例，提高与先进制造业相关学科专业的建设投入，为教育事业的发展提供有力保障。

第五，扩大教育对外开放的力度。发挥教育强国的科技支撑力，不能仅仅关注国内科技发展局势，要放眼世界，聚焦世界科技发展前沿，结合我国教育形势，扩大教育对外开放的力度，加强国际合作，提升教育质量，为教育强国培养具有强大科研能力和深远国际目光的拔尖核心创新人

---

① 习近平：《论教育》，中央文献出版社2024年版，第6页。

才。要加强政策引导和支持，制定更加明确的教育对外开放政策，扩展国际合作渠道，鼓励高校、科研机构等积极参与国际交流合作。加强国际化师资队伍建设，设立专项资金，支持学校开展国际合作项目、学术交流、师生互派等活动。引进外籍教师来华任教，优化出入境管理政策，简化外籍教师、学生来华手续，提高管理效率和服务水平。扩大教育对外开放的力度，为教育发展吸引优质资源，借鉴国际经验开展教育、科研活动，推动教育向更深层次、更宽领域、更高水平发展。

2. 科技支撑力支撑教育强国建设的作用途径

（1）培养高素质新型人才。

为科技发展培养高素质新型人才是发挥教育强国科技支撑力的首要意义。顺应世界科技发展趋势，解决尖端核心技术难题，参与国际科技竞争，需要教育持续不断地为科技输送掌握核心科学技术、具有强大科研能力的高端人才和善用新型生产资料与生产工具的专业人才，各级各类高校在其中发挥着不可替代的作用和责任。高校应围绕科技发展对人才的需求，确立培养目标和培养方向，启动专项科研人才培养项目，构建高素质新型人才自主培养体系，为顺应科技发展变化、攻克尖端技术提供智力支撑。要突破传统教育教学模式，综合推进课程体系改革，增加创新型、实践型课程的比重，开展跨学科合作交流，与各类社会主体、企业联动合作，开展科学研究，以适应国家新兴产业和未来产业发展需求。高校要把提升学生的创新思维能力作为学生综合素质培养的主要方面，鼓励学生参加创新创业活动，积极开展各类学术竞赛、科技创新项目，扩展学术交流和科研合作的渠道，营造浓厚的学术创新氛围。

（2）助力高水平科技自立自强。

高等教育是基础研究的主力军和重大科技突破的策源地。[①] 高校作为发挥教育强国科技支撑力的重要载体，要充分发挥其在加强基础研究、推动高水平科技自立自强中的主力军作用。首先，要以学科交叉发展趋势为基础，建立基础研究体系，优化基础学科建设布局，推进学科交叉融合和跨学科研究；同时通过推进实验室和科学中心建设，强化国家重大科技基础设施，为国家基础研究突破围堵，提供创新平台支撑。其次，高校要把

---

① 参见张军《为推动新质生产力加快发展贡献新时代高等教育力量》，载《红旗文稿》2024 年第 5 期，第 5 页。

基础研究人才作为人才培养的着力点，与企业、政府、研究机构协同合作，构建基础研究人才长周期培养机制，为基础研究人才的培养提供全方位的支持与保障。最后，要加强制度保障和政策引导，健全科技成果转化机制，营造有利于基础研究的校园文化和学术环境。

（3）推动区域经济社会发展水平。

习近平总书记强调："要牢牢把握高质量发展这个首要任务，因地制宜发展新质生产力。"① 发展教育强国的科技支撑力，要深化协调联动机制，通过深入了解区域需求，主动与地方政府和企业沟通，了解区域发展的具体需求和瓶颈问题，确保高校科研方向与区域发展战略紧密对接。基于区域需求，高校应制订相应的科研计划，明确研究方向、目标和预期成果；同时建立完善的科技成果转化机制，通过技术转移、产学研合作等方式，将高校科研成果转化为区域经济增长的新动力，推动区域的科技创新。在推进产业革新方面，高校扮演着重要角色。首先，高校要深入了解区域产业发展的现状、趋势和需求，通过定期举办座谈会、研讨会和调研活动，确保高校的研究方向和人才培养计划与区域产业发展战略相契合。其次，根据区域产业发展的需求，高校应及时调整专业设置和课程安排，增设或强化与新兴产业相关的专业，更新课程内容，确保课程与实际产业需求紧密相连，以教育教学推动区域产业的转型升级。最后，高校要运用自身的专业与科研优势，与企业共同开展技术研发、成果转化和人才培养等项目，建立产学研合作平台，促进高校、企业与科研机构之间的信息共享和技术交流；高校的专家学者应积极参与区域产业发展的决策咨询和技术指导，为政府和企业提供科学决策依据与技术支持，为区域产业发展提供战略规划和政策建议。

（4）加强高水平国际交流合作优势。

习近平总书记指出："要坚持扩大教育对外开放不动摇。"② 当今世界新一轮科技革命不断向前推进，各国科技发展与世界的联系越来越紧密，在国际的交流与合作中，高校已成为推动科技发展与创新的重要平台。发挥教育强国科技支撑力，要紧紧抓住良好机遇，扩大开放力度，积极开展国际科技交流合作，构建国际创新研发平台，形成创新共享的国际交流合

---

① 习近平：《因地制宜发展新质生产力》，载《人民日报》2024年3月6日第01版。

② 习近平：《论教育》，中央文献出版社2024年版，第232页。

作品牌，增强国际交流合作优势。在科技创新层面，高校要积极开展国际交流合作，与世界各国共同构建国际创新平台，促进学术交流和知识共享，提升学校的科研水平和国际影响力。首先，高校应积极与国际顶尖科研机构和知名高校建立合作关系，开展联合研究项目、学术交流和人才培养，促进知识与技术共享，同时通过参加国际学术会议、研讨会、参观展览，了解国际科技前沿动态，吸引国际顶尖人才和资源。其次，高校要积极参与各类国际科技合作计划，展示学校的科研成果，吸引潜在合作伙伴，建立合作网络，与合作伙伴共同开展科研项目，共同申请政府和国际组织的科研资金。最后，高校应加大对科研的投入，鼓励科研人员开展前瞻性、原创性的研究；同时根据学校的发展战略和科研方向，确定对外合作的重点领域，开展人才培养和交流项目，如联合培养博士生、交换生等。在教育共享层面，高校要密切关注世界科技发展的动态，并据此确立符合时代需求的人才培养目标，改革教育教学模式，以高质量的教育引领科技的发展。首先，要更新教学理念，强调培养学生的创新思维和实践能力，同时引入国际先进的教学理念，形成多元化的教学模式。其次，高校要加强教学资源建设，加强与国内外高校、科研机构的合作与交流，收集和整理国内外优质的教育资源，建立丰富的教学资源库，共享优质教育资源。最后，高校要借助前沿技术，积极推广我国高等教育品牌，增强我国教育的国际影响力与竞争力。

3. 科技支撑力支撑教育强国建设的关键支点

习近平总书记指出："一个国家走向现代化，既要遵循现代化一般规律，更要符合本国实际，具有本国特色。中国式现代化既有各国现代化的共同特征，更有基于自己国情的鲜明特色。"[①] 建设具有强大科技支撑力的教育强国是促进高质量发展、实现教育现代化的应有之义，其中高等教育发挥着重要的龙头作用。推动高等教育充分发挥教育、科技、人才三位一体优势，是教育强国科技支撑力支撑强国建设和民族复兴的关键所在。习近平总书记明确指出："我们要坚持教育优先发展、科技自立自强、人才引领驱动，加快建设教育强国、科技强国、人才强国。"[②] 以科技支撑力支撑强国建设和民族复兴，必须推动教育、科技、人才一体化建设，锻

---

① 习近平：《理解和大力推进中国式现代化》，载《人民日报》2023年2月8日第01版。

② 《习近平著作选读》（第一卷），人民出版社2023年版，第28页。

造强大的科技支撑力以适应我国现代化建设的实际需要。

（1）教育作为基础性工程要优先发展。

习近平总书记指出："教育是国之大计、党之大计。"① 育人是教育的根本属性，提升教育的质量水平对于发挥教育强国科技支撑力起着决定性的作用，直接关系到高质量教育体系的构建，关乎怎样在当今日益激烈的世界高新知识与高新技术的竞争中处于领先地位。进入新时代后，习近平总书记围绕教育的根本问题、教育的本质和教育在实现民族复兴中的地位、作用形成了一系列重要论述，出台了一系列有效政策，支持我国教育的优先发展地位。教育部发布的2022年全国教育事业发展统计公报显示，"2022年，各种形式的高等教育在学总规模4655万人，比上年增加225万人。高等教育毛入学率59.6%，比上年提高1.8个百分点。普通本科学校校均规模16793人，本科层次职业学校校均规模19487人，高职（专科）学校校均规模10168人。与党和国家事业发展同频共振，如今，教育服务国家战略和区域发展的能力显著增强"②。习近平总书记关于"把服务高质量发展作为建设教育强国的重要任务"③ 的论述，深刻体现了教育强国建设的人民性原则，发挥教育强国科技支撑力也要坚持这一原则，人民满意的教育应该是高质量的、公平的，要从人民的需求与期望出发开展教学和科研活动，让发展的成果最终造福人类，为广大人民群众提供全面的教育机会和优质资源，让每个人都有机会接受良好教育，实现自身发展和价值提升。此外，要发挥教育强国的科技支撑作用，为科技创新进步提供人才和智力支持，教育是科技创新和人才培养的基础与前提，只有通过高质量的教育培养出来的人才，才能具备充分的创新精神和实践能力，促进科技高质量发展，应对技术挑战。

（2）科技作为第一生产力要自立自强。

习近平总书记指出："科学技术从来没有像今天这样深刻影响着国家前途命运，从来没有像今天这样深刻影响着人民生活福祉。"④ 科技是第

---

① 习近平：《论教育》，中央文献出版社2024年版，第217页。
② 丁雅诵：《2022年全国教育事业发展统计公报解读：教育强国建设迈出铿锵步伐》，载《人民日报》2023年7月14日第07版。
③ 《习近平在中共中央政治局第五次集体学习时强调 加快建设教育强国 为中华民族伟大复兴提供有力支撑》，载《人民日报》2023年5月30日第01版。
④ 习近平：《瞄准世界科技前沿引领科技发展方向 抢占先机迎难而上建设世界科技强国》，载《人民日报》2018年5月29日第01版。

一生产力,在强国建设与民族复兴的进程中,发挥教育强国科技支撑力,要把推动科技发展作为建设教育强国的战略性目标。科技自立自强有着双重含义,一方面通过科技创新进步,以强大的智力支撑引领教育发展和社会进步;另一方面要通过培养更多优质人才,凝聚更加强大的科技创新能力,为科技领域产出更多、更高质量的科学研究成果和技术创新成果,同时也要具备运用技术成果支撑经济社会发展、保障国家安全的能力。党的十八大以来,我国科技发展不断推进,"战略性新兴产业发展壮大,载人航天、探月探火、深海深地探测、超级计算机、卫星导航、量子信息、核电技术、新能源技术、大飞机制造、生物医药等取得重大成果"①。十年间,全社会研发经费支出持续高速增长,我国全社会研发经费从2012年的1万亿元增加到2022年的3.09万亿元,研发投入强度从1.91%提升到2.55%;基础研究投入占全社会研发经费比重由4.8%提升至6.3%。② 这些都标志着我国已经进入创新型国家行列,然而距离实现我国科技自立自强的目标还有差距,这需要首先解决核心技术的创新和突破问题。此外,传统的创新评价、成果转化、资源共享、投入保障等体制机制问题仍在制约着我国高水平科技自立自强的实现。习近平总书记指出:"实践反复告诉我们,关键核心技术是要不来、买不来、讨不来的。只有把关键核心技术掌握在自己手中,才能从根本上保障国家经济安全、国防安全和其他安全。"③ 实现高水平科技自立自强,要持续不断发挥教育强国的科技支撑力。首先,高校要提升自主创新能力,瞄准世界科技前沿,聚焦国家战略需求,做好自身教育布局谋划设计,集中优势力量和优质资源,充分发挥学科交叉融合的优势,在关键核心技术领域取得突破,推动科研成果加快转化为现实生产力和教育发展新动能,为建设科技强国提供坚实支撑。其次,要加大对基础研究的投入,建立完善的基础研究体系,优化研究生态,同时统筹优化政府资源、市场资源和社会资源。最后,要优化创新环境,完善科技创新政策体系,建立健全科技创新领导机构和工作机制,建立健全科技创新激励机制,加强知识产权保护,营造尊重创新、鼓励创业

---

① 《习近平著作选读》(第一卷),人民出版社2023年版,第7页。
② 参见陈炜伟、潘德鑫《数读中国这十年:研发经费超3万亿元 创新引领显成效》,见中国政府网(https://www.gov.cn/yaowen/liebiao/202312/content_6921896.htm),引用日期:2023年12月22日。
③ 习近平:《在中国科学院第十九次院士大会、中国工程院第十四次院士大会上的讲话》,载《人民日报》2018年5月29日第02版。

的良好氛围。

(3) 人才作为第一资源要引领驱动。

人才是高等教育强国的核心资源，是教育和科技的实践主体，是推动教育和科技发展进步的直接动力，发挥教育强国的科技支撑力要充分认识到人才的作用，加强人才引领驱动，以培养德才兼备的高素质创新型人才为目标，要强化人才的引导和保障，从教育和科技发展中获取人才培养的动力。当前，我国人才资源总量达到 2.2 亿人，是全球规模最宏大、门类最齐全的人才资源大国，高素质劳动者规模庞大，高技能人才超过 6000 万人，研发人员总量多年居世界首位，科学、技术、工程、数学专业毕业生规模全球领先。我国具有社会主义市场经济的体制优势。[1] 习近平总书记在全国教育大会上指出："以创造之教育培养创造之人才，以创造之人才造就创新型国家。"[2] 虽然我国目前在人才方面具有一定优势，但随着科技的飞速发展和国际竞争的加强，我国对顶尖人才、高端人才需求较多，科技领域领军人才仍然匮乏，各类创新型、实用型、复合型人才供不应求，在推进强国建设和民族复兴的历史进程中，如何将我国规模巨大的传统人口红利转化为人力资源红利，如何做好人才的引导和保障工作，是发挥人才引领驱动作用，实现高质量发展的关键，也是发挥教育强国科技支撑力的意义所在。首先，高校要深度融入教育科技人才循环，努力培养拔尖创新人才，以科技发展需求为牵引，解决人才培养焦点不清、资源分散、创新性不足等问题。其次，要深化人才体制机制改革，加强教育、科技、人才资源的统筹，完善科教协同育人机制，以科技创新促进高校人才培养，一体推进高质量教育教学、高水平科研创新、高素质人才队伍建设，将高水平科研优势转化为高质量育人能力。最后，要坚持人才引领驱动，确立人才优先发展战略，制定和实施人才发展规划，把培养青年科技人才作为战略任务，加快壮大战略人才力量，明确人才在推动组织发展中的战略地位，确保人才工作与组织战略目标相一致。同时要加强人才培养和引进，发挥组织科研优势，完善人才培养体系，根据组织需求制订个性化的培训计划，破解人才培养与科技创新的供需矛盾，努力形成科技创新与人才培养协调发展的新格局。

---

[1] 参见蒋永穆《保持经济发展韧性活力基础稳潜能大》，载《经济日报》2025年1月21日第10版。

[2] 习近平：《论教育》，中央文献出版社2024年版，第11页。

第五章 教育强国的民生保障力

教育强国是一项涉及千家万户的民生工程，是民生保障的重要内容。教育强国能在多大程度上解决民生保障的问题，直接体现了民生保障力的强弱。中国特色社会主义教育强国，必须具有强大的民生保障力。由"办好人民满意的教育"到提出教育强国的"民生保障力"，习近平总书记念兹在兹，各级教育管理部门、各地各校出实策、出实招，努力守护教育的民生之基。新时代，教育强国的民生本色落到了实处，教育强国的民生保障力被锻造得更加有力。

一、教育强国民生保障力的科学内涵

民生是国家的立身之本、发展之基。教育是民生保障的重要支撑，教育强国建设是提升民生保障水平的必然要求，民生保障水平高低直接影响着教育强国建设的进程和质量。教育强国民生保障力从根本上解释了人口大国如何办教育以及我们的教育是为了谁的问题。民生保障力强调以教育之力厚植人民幸福之本，强调人民群众在教育中满足感和获得感的提升。提出教育强国的民生保障力是对以人民为中心的发展理念的回应，展现了教育的人民性和大众性。教育强国民生保障力的科学内涵主要表现为教育强国建设对民生领域所产生的基本效能，通过教育供给、教育保障和教育质量三个方面来具体体现。其中，教育供给能力是基础，是实现全民受教育权利的根本保证；教育保障能力是关键，是促进人的全面发展、促进社会公平和人的自由全面发展的关键；而教育质量则是证明，是人民群众满意程度、社会认可度和国际影响力提升的重要标志。

1. 教育供给

教育供给是民生保障力的基础。在当前我国基本建成社会主义现代化强国、向第二个百年奋斗目标进军的新征程上，教育供给要为国家战略、区域发展提供强有力的人才支撑和智力支持，要为人民群众对美好生活的向往和追求提供优质均衡、多样化、多层次的教育服务。首先，教育供给能力要考察教育系统提供的资源和服务是否能够满足人民群众的需求。从构成要素来看，教育供给包括办学条件、师资队伍、经费投入等要素；从构成过程来看，其包括规划制定、计划落实、资源配置等环节。教育供给能力的提升是推动教育强国建设的基础保障，是实现全民受教育权利的根本保证。全面建成小康社会，实现中华民族伟大复兴必须完成普及义务教育的历史使命，而教育供给能力提升则是全面普及义务教育的重要支撑。其次，教育供给能力要考虑全民受教育权利能否实现。这既要看人民群众本身能够拥有多少受教育权利，也要看政府和社会能够为人民群众提供多少教育资源与服务。教育权的保障率越高，表明国家教育发展水平越高，受教育机会越充分。以中国的高等教育为例，在建设世界一流大学和高水平学科过程中，中国高等教育发展不仅要关注学校数量和规模的扩大，更要注重质量的提升；不仅要重视办学条件和师资队伍建设，更要注重经费投入、学科建设、国际交流合作等方面。最后，教育供给能力坚持教育公平与质量并重。教育公平是社会公平的重要基石，民生保障力强调教育公平，确保每个孩子都能享有平等接受教育的机会。这包括义务教育阶段的全面普及和高等教育的大众化，以及通过教育精准扶贫和乡村教育振兴等措施提升教育的整体水平。我们不抛弃也不放弃任何一个孩子，即使在偏远的山村，我们也要让孩子们的琅琅读书声在每一间教室响起。习近平总书记曾强调："要坚持以人民为中心，不断提升教育公共服务的普惠性、可及性、便捷性，让教育改革发展成果更多更公平惠及全体人民。"① 就这一维度来讲，教育强国民生保障力最基本的目标就是要让每个孩子都能够拥有受教育的机会，提升教育公共服务的普惠性，解决人民群众在教育方面最着急、最发愁、最难解决的问题，让教育发展成果更多更公平地惠及全体人民。在具体实践中，我们需要加强教育资源的均衡配置，缩小城

---

① 习近平：《紧紧围绕立德树人根本任务 朝着建成教育强国战略目标扎实迈进》，载《人民日报》2024年9月11日第01版。

乡、区域、学校之间的教育差距，让每个孩子都能享受到公平而有质量的教育。"教育承载着万千家庭对美好生活的向往，围绕民意走、围绕民需做、围绕民心动，加快教育高质量发展，才能不断提升群众幸福指数。"①

2. 教育保障

教育保障是民生保障力的关键。教育保障能力是民生保障力的关键所在，关乎人的自由发展能力。在国家现代化水平不断提高的背景下，教育发展与民生保障日益表现出复杂化、多元化和智能化的特征。首先，教育保障为强国建设输送人才。在教育强国建设过程中，应充分发挥教育保障能力在民生保障中的关键作用，通过提升教育保障能力，为全面建设社会主义现代化国家提供人力资源和智力支撑。教育能够帮助个人更好地发展，使每个人都能够用知识和文化武装自己。在个人能力获得提升的前提下，我们每个人都应该将自己看作强国建设的一分子，厚植爱国主义情怀，用我们学到的知识报效祖国，为实现中华民族伟大复兴贡献自己的力量。其次，教育保障是促进人的全面发展的关键。作为现代社会发展的一种重要手段，教育既是改变人的生活方式和实现人的全面发展的重要途径，也是促进社会公平和人的自由全面发展的重要保证。通过普及高质量的基础教育和职业教育，提升全体国民的文化素养和专业技能，强化个人就业能力并改善生活质量。倡导终身学习理念，构建终身学习体系，鼓励和支持人们在不同生命阶段持续学习，以契合社会经济发展的需求和个人成长的需求。最后，教育保障要坚持以人民为中心的发展思想。紧紧围绕"办好人民满意的教育"这一中心任务，奋力实现2035年建成社会主义现代化教育强国的远景目标，不断满足人民群众对美好生活的向往和追求。教育强国建设过程中应将以人为本、服务民生作为核心理念。党的十八大以来，以习近平同志为核心的党中央以实现中华民族伟大复兴的中国梦为奋斗目标，从党和国家事业发展的全局高度出发，不断丰富和完善中国特色社会主义教育体系。坚守教育的公益性、普惠性、公平性，着力破解教育发展不平衡不充分问题，充分发挥教育强国富民的重要功能，不断满足人民对物质生活共同富裕和精神生活共同富裕的需求，切实提升人民的教育获得感。

---

① 周世祥：《围绕民意走、围绕民需做、围绕民心动 提升"民生保障力"，办好人民满意的教育》，载《光明日报》2024年10月29日第13版。

3. 教育质量

教育质量是民生保障力的证明。教育质量好，是指教育活动的结果能够满足社会需求，主要是指学生学得好、教师教得好、家长教得好，既能满足社会对人才的需求，又能促进学生的身心健康发展和教师专业化发展，从而提高人民群众对教育工作的满意度。教育质量是检验教育改革发展成效的重要标准，也是衡量我国教育强国建设水平的重要指标。提高教育质量，必须坚持以人民为中心的发展思想。人民群众的满意程度是衡量教育工作成效的根本标准，也是衡量教育强国建设水平的根本标准。教育强国建设的民生保障力，最终体现为人民群众满意程度、社会认可度和国际影响力的提升，而这些目标的实现，都需要通过教育质量评价体系的完善来保证。教育质量评价体系是对教育活动和教育成效进行客观公正评价的体系，主要由四个要素构成：一是主体要素，即在教育质量评价中是否体现了人民群众的主体性；二是客体要素，即是否体现了人民群众的满意度；三是内容要素，即是否体现了人民群众的需求度；四是环境要素，即是否体现了人民群众对教育强国建设工作的认可度。一方面，教育质量评价体系是人民群众满意程度、社会认可度和国际影响力提升的关键，是检验教育强国建设工作成效的重要手段。随着我国社会主要矛盾转化为人民日益增长的美好生活需要和不平衡不充分发展之间的矛盾，人民群众对教育质量的需求越来越高。另一方面，随着我国经济社会的快速发展以及教育改革进程的不断深入推进，教育质量评价体系也必须不断适应新形势、新要求、新变化。

总的来讲，教育强国建设是一项庞大的系统工程，需要统筹规划、协同推进。"建设教育强国是一项复杂的系统工程，需要坚持和运用系统思维，正确理解和把握一系列全局性、战略性重大关系问题。"[①] 教育强国建设的根本目的在于通过教育强国建设为社会民生兜底，为实现教育公平、促进社会和谐奠定坚实基础。教育强国民生保障力是教育强国建设的重要衡量指标，是衡量一个国家和地区民生保障水平的重要尺度，也是反映教育强国建设成效的重要方面。其中，教育供给能力、教育保障能力和教育质量是教育强国民生保障力的核心要素，三者相辅相成、相互促进，

[①] 管培俊：《以系统思维推进教育强国建设》，载《教育研究》2024年第9期，第19页。

共同构成了完整意义上的"三位一体"。

二、教育强国民生保障力的主要特征

教育是民生工程之首,是铸魂育人的一项事业,关系到人的成长成才。教育的蓬勃发展能够充分发挥其引领与驱动作用,带动其他领域的发展。唯有教育率先取得显著进步,方能为社会孕育并输送更多的杰出人才。治国有常,利民为本。教育工作作为民生之基,涉及千千万万个中国家庭。新时代,人们愈发注重下一代的教育问题,"望子成龙""望女成凤"这样的愿望也是越来越强烈。人民有所呼,党和国家就有所应,办好人民满意的教育也就成了党和国家首要的目标。在教育强国民生保障工程建设过程中,首先,要把好大局、抓好方向;其次,要抓准人民需求、满足人民愿望;最后,要注重教育公平和教育普惠性。

第一,坚持教育强国正确的政治导向,明确政治方向。政治属性是强国建设民生保障力的首要属性。我们首先要明确,搞好教育最终是为了满足中华民族伟大复兴的实践要求。习近平总书记曾指出:"没有哪一项事业像教育这样影响甚至决定着接班人问题,影响甚至决定着国家长治久安,影响甚至决定着民族复兴和国家崛起。"[1] 我国的教育体系,作为社会主义国家的核心组成部分,其本质使命在于繁荣发展社会主义事业。这一宏伟目标的实现,离不开合格且高素质的接班人队伍的培育。当今世界各国力量迅猛崛起,国际力量对比正在发生近代以来最具革命性的变化。习近平总书记指出:"长期以来,各种敌对势力从来没有停止对我国实施西化、分化战略,从来没有停止对中国共产党领导和我国社会主义制度进行颠覆破坏活动,始终企图在我国策划'颜色革命',他们下功夫最大的一个领域就是争夺我们的青少年。毛主席同志早就说过:'帝国主义说,对于我们的第一代、第二代没有希望,第三代、第四代怎么样,有希望。帝国主义的话讲得灵不灵?我不希望它灵,但也可能灵。'"[2] 如今,西方国家试图利用"颜色革命"对我国青少年进行分化渗透,悄无声息潜移

---

[1] 习近平:《论教育》,中央文献出版社2024年版,第2页。
[2] 《习近平著作选读》(第二卷),人民出版社2023年版,第196页。

默化地改变着青少年的思维方式，企图通过文化渗透来削弱我们的民族认同与文化根基。美国学者亨廷顿在《变化社会中的政治秩序》一书中说："对一个传统社会的稳定来讲，构成主要威胁的，并非来自外国军队的入侵，而是来自外国观念的入侵，印刷品和言论比军队推进得更快、更深入。"西方国家认为，大学生是极其容易受到鼓动的。大学生接受过高等教育，目前正处于价值观形成阶段，向青年一代灌输"美式民主"，企图通过这种卑劣的手段来降低青年一代对我们国家民主政权的认同。我们的青年，承载着我们国家的希望和民族的未来，肩负着实现中华民族伟大复兴的历史重任。古人云：国有贤良之士众，则国家之治厚；贤良之士寡，则国家之治薄。我们的青年，担当着治国平天下的大任。如果我们不能抵御这种"颜色革命"的侵蚀，我们的国家就会像大海一样，看似风平浪静，实际底层已经暗流汹涌。因此，我们必须提高警惕，防患于未然。政治教育要从娃娃抓起，让爱党、爱祖国、爱人民、爱社会主义深入人心。对此，习近平总书记强调要"坚持不懈用新时代中国特色社会主义思想铸魂育人，着力加强社会主义核心价值观教育，引导学生树立坚定的理想信念，促进学生德智体美劳全面发展"①，永远听党话、跟党走，矢志不渝地为国家和人民奉献。

第二，坚持教育强国的人民特征。人民性是马克思主义的鲜明特点，坚持以人民为中心，也是新时代中国特色社会主义教育事业建设的鲜明特征。教育是民族振兴、社会进步的重要基石，是功在当代、利在千秋的德政工程。中华人民共和国成立以来，我国教育事业取得了举世瞩目的巨大成就，教育在经济社会发展中的基础性、先导性作用日益凸显。我国要不断提高教育投入在财政支出的比重，改善教育结构层次，深化教育体制机制改革，提升教育质量，满足人民群众对更高质量教育的需求。随着时间的推移，我国人民对教育质量有了更高的要求，人们不再满足于念书识字的浅层要求，而是需要获取更多维、更深层的知识。以前人们提起大学生，都是满满的骄傲和自豪。但如今，随着我国基础教育的发展和高等教育大众化的不断推进，大学生在全国总人口中的占比越来越高，接受过高等教育的人数也越来越多。人民对教育层次的需求逐渐加深，对行业的专业化程度也有了更高水平的需求。教育的民生保障力就是要满足当前人们

---

① 国务院研究室编写组：《十四届全国人大二次会议〈政府工作报告〉辅导读本》，人民出版社、中国言实出版社2024年版，第174页。

的需求，有效率、有水平地回应人民所需。最重要的，教育的根本是要促进人的全面发展，教育不仅仅是知识的传授，更是促进个体全面发展的重要途径，包括智力、情感、道德等各方面的发展。教育强国民生保障力要求教育能够及时有效地回应人民群众对教育的需求，培育德智体美劳全面发展的新时代好青年。

第三，坚持教育强国的公平和普惠性并举。社会公平是社会主义的本质要求，是人民群众的共同愿望，也是实现教育强国民生保障力的价值取向。习近平总书记指出"要全面贯彻党的教育方针，落实立德树人根本任务，发展素质教育'推进教育公平，培养德智体美全面发展的社会主义建设者和接班人"[①]。在一个人口众多且城乡之间、区域之间以及不同群体之间发展差距较大的社会，公平是解决教育问题的核心。随着教育强国的不断推进与落实，我们应更加注重教育公平问题。在实施乡村振兴战略时，党中央始终强调乡村地区的教育脱贫也是脱贫攻坚工作的一大重点问题。《中国教育现代化2035》提出了到2035年我国教育发展的总体目标：建成高质量教育体系，实现基本公共教育服务均等化；普及水平和质量都有新提高，人民群众获得感明显增强；到2035年，基本实现社会主义教育现代化，建成高质量教育体系。从目前情况看，我国已基本实现"幼有所育""学有所教"，但由于经济社会发展不平衡和优质教育资源短缺等原因，教育发展不平衡问题仍然存在。我国的教育短板主要在西部地区、农村地区、老少边穷地区，对于这类地区，国家尤其要加大扶持力度。弥补好短板的问题，我们国家的教育实力将会得到显著提升。所以我们要推动城乡义务教育一体化发展，让人民享有更好更公平的教育，"努力让每个孩子享有受教育的机会，努力让十三亿人民享有更好更公平的教育，获得发展自身、奉献社会、造福人民的能力"[②]。我们要高度重视农村义务教育，重视农村孩子上学难、上学远的问题，让每一个农村或者偏远地区的孩子都能上得去学、上得起学。目前，我国对农村地区加大了帮扶力度，不仅实行"两免一补"政策，而且充分考虑农时，自觉安排各乡村地区教师为学生免费进行课后辅导，开展小班授课、"智慧黑板"进校园等活动。农村孩子虽然不能和大城市的孩子一样亲身体验城市的繁华与精

---

① 习近平：《决胜全面建成小康社会 夺取新时代中国特色社会主义伟大胜利——在中国共产党第十九次全国代表大会上的报告》，人民出版社2017年版，第10页。
② 习近平：《论教育》，中央文献出版社2024年版，第37页。

致，但可以通过互联网享受同等的网络教育资源，逐渐弥补师资等资源配置的偏差。教育事业任重而道远，就像那句话说的，"我用了二十年的时间才走到了少年宫，而有人走到少年宫只要二十分钟"，这也是当前中国教育最需要直面的一个大问题。当前我国教育仍然存在着不平衡、不充分的问题，但我国已经尽最大努力来实现教育公平，以"钉钉子"的精神攻克教育资源配置难题，通过持续加大教育投入、优化政策供给，稳步推进城乡教育一体化发展，让教育发展成果更公平的惠及全体人民。

三、教育强国民生保障力的价值功能

根据马克思关于教育价值功能的论述，教育是社会历史发展的产物，其价值功能的发挥必然受到当时存在的物质生产方式的制约和社会思潮的影响，但同时教育也会对社会历史进程产生反作用，对社会生产的实现和社会理念的形成发挥着能动作用。教育强国民生保障力的价值功能广泛地涵盖了教育对社会发展的全面影响，构成了教育强国建设的重要支撑，为实现民族复兴伟业奠定坚实基础。教育强国民生保障力在建设过程中既发挥着促进经济发展的作用，同时也发挥着价值涵养的重要作用。前者发挥着物质领域的作用，后者则在精神领域产生效应。

第一，教育强国民生保障力的物质功能。列宁曾指出，"在分析任何一个社会问题时，马克思主义理论的绝对要求，就是要把问题提到一定的历史范围之内"[①]。同样，在考虑教育强国建设中民生保障力发挥的物质功能时，也不能脱离我们当下的时代来考虑问题。从宏观层面看，教育为民生发展提供人力资源和技术支撑，而民生投入又为教育经费提供资金保障。回顾过去，我国的教育事业和经济发展堪称耀眼的"双奇迹"，在中华人民共和国成立初期一穷二白的基础上，通过党带领人民艰苦奋斗和积极探索，我们经历了从办"贫穷大国教育"到办"强国素质教育"。经济的快速发展为教育事业的提升提供了强大的支撑，同样，文化的迅速发展为经济的稳定增长提供了人才和技术的支撑。教育事业和经济发展同频共

---

① 中共中央马克思恩格斯列宁斯大林著作编译局编译：《列宁专题文集·论马克思主义》，人民出版社2009年版，第302页。

振、携手同行，显著提高了我国居民的人均受教育水平和收入水平，做出了无愧于时代的巨大贡献。中华人民共和国成立初期，毛泽东主席曾经对青年人说："我们的国家现在还是一个很穷的国家，并且不可能在短时间内根本改变这种状态，全靠青年和全体人民在几十年时间内，团结奋斗，用自己的双手创造出一个富强的国家。"① 刚刚经历了涅槃重生的中国正处于百废待兴的局面，投入在教育领域的财政支出少得可怜。毛泽东主席指出"恢复和发展人民教育是当前重要任务之一"②，在毛泽东同志教育思想的指导下，我国逐步开始了社会主义教育事业的恢复和探索。经过30年的艰苦奋斗，中国初步建立了比较完善的社会主义教育制度，教育事业取得显著成就。例如，在1952年进行的高等学校院系调整，重点培育工业建设所需要的人才，为新中国的工业建设培育了各类人才，文盲人数也大幅减少。到改革开放时期，邓小平同志高度重视教育，他坚信教育是培养人的事业，中国的改革开放和现代化建设需要人才。改革开放之初，邓小平同志就强调："尊重知识，尊重人才，事情成败的关键就是能不能发现人才，能不能用人才。"③ 在1985年的全国科技工作会议上，他又重申，"改革经济体制，最重要的、我最关心的，是人才。改革科技体制，我最关心的，还是人才"，"我这里说的关于教育、科技、知识分子的意见，是作为一个战略方针，一个战略措施来说的"。④ 邓小平同志明确提出"整个教育事业必须同国民经济发展要求相适应"⑤。由此，中国逐步走出了一条中国特色社会主义教育发展道路，通过构建与社会主义现代化建设同频共振的教育体系，为中国成为"世界工厂"和制造业强国提供了充足的劳动力保障；中国教育取得了历史性成就，把巨大的人口压力转化成为支持改革开放的人才优势。

党的十八大以来，中国特色社会主义教育道路进入新时代。在党的十九大报告中，习近平总书记说道："建设教育强国是中华民族伟大复兴的基础工程。"⑥ 在新的思想指导下，以人民为中心发展教育，逐步解决我

---

① 中共中央研究室：《毛泽东文集》（第七卷），人民出版社1999年版，第226页。
② 中共中央研究室：《毛泽东年谱（一九四九——一九七六）第一卷》，中央文献出版社2013年版，第109页。
③ 《邓小平文选》（第三卷），人民出版社1993年版，第91页。
④ 《邓小平文选》（第三卷），人民出版社1993年版，第275页。
⑤ 《邓小平文选》（第二卷），人民出版社1994年版，第107页。
⑥ 《十九大以来重要文献选编（上）》，中央文献出版社2019年版，第32页。

国遇到"卡脖子"等难题时人才支撑力不足的问题。在教育受到空前重视的大背景下，我国科技水平迅速发展，科技、教育、人才三要素之间形成良性互动，最终回馈给社会高速的经济增长和充足的人才供给。

第二，教育强国提高人民科学文化素质。从哲学的层面出发，我们要看到社会主义经济基础决定社会主义上层建筑的特点，教育作为上层建筑的一部分，深刻地反映了社会主义的根本特点。社会主义办教育是从最广大人民群众利益角度出发，"启民智""脱民昧"。因此，人民大众对社会主义教育事业应该持积极肯定的态度。对于办什么样的教育问题的讨论，可以追溯到19世纪后期。例如，蒲鲁东主义者主张由工会集资举办"教育合作社"，取代公共教育。马克思认为这种观念具有局限性。他指出："应当使工作的儿童和少年不受现代制度破坏作用的危害。这只有通过变社会意识为社会力量的途径才能办到。"① 同样，巴枯宁主义者主张干脆废除国民教育，他们认为教育不应该由剥削工人的资本主义国家来负责。马克思指出："最先进的工人完全了解，他们阶级的未来，从而也是人类的未来，完全取决于正在成长的工人一代的教育。"② 因此，他们建立了科学的人的全面发展学说。马克思在《法兰西内战》（1871）一书中总结巴黎公社的经验时指出，无产阶级夺取政权后，"一切学校对人民免费开放"，使"学校教育人人都能享受"，使科学"摆脱了阶级成见"。马克思指出了无产阶级社会和国家办教育是为了使教育成果为社会成员所共享，教育不再是少数人的奢侈品，而是服务于人民大众的生活必需品。同时，马克思批判了蒲鲁东和巴枯宁的小生产者无法跳脱历史局限性来看待教育的问题，从人类发展的视角下，将教育看作一项培育人、发展人的公共事业。马克思主义教育理论作为中国特色社会主义教育理论的源头活水，对我们党的教育工作起着"定海神针"的作用。以改革开放为起点，办具有中国特色的教育。邓小平同志强调要培养社会主义现代化建设需要的人才，时常强调要教育人民，尤其是青年，要树立共产主义的远大理想。江泽民同志也强调："努力造就有理想、有道德、有文化、有纪律的，德育、智育、体育、美育等全面发展的社会主义建设者和接班人。"③ 党的十八大以来，习近平同志站在新时代发展中国特色社会主义教育的战略高度，

---

① 《马克思恩格斯全集》（第十六卷），人民出版社1964年版，第217页。
② 《马克思恩格斯全集》（第十六卷），人民出版社2007年版，第217页。
③ 《江泽民文选》（第三卷），人民出版社2006年版，第332-333页

提出了以"九个坚持"为核心的新时代中国特色社会主义教育理论体系，强调教育就是要"培育德智体美劳全面发展的社会主义建设者和接班人"①，增强青年一代对国家的骄傲感和自豪感，以爱国主义精神涵养伟大的民族精神，让青春之花在祖国的大地上绽放。

四、教育强国民生保障力的创新发展

教育强国梦是全社会共同的梦想，从2018年建设教育强国口号的提出到如今，全体中华儿女都在为同一个目标而奋斗。在这个过程中，我们需要广泛听取社会各界声音，根据现实的需要不断调整我们的实践方式，在实践中实现方法论的创新。作为深耕教育领域的参政党，民盟盟员们以"深化育人模式改革加快建设教育强国"为主题，为中国教育事业健康发展持续建言献策。为了更好地实现民生保障功能，我们可以落实以下三点新的要求，以回应新时代人民对教育的美好需要。

第一，发展新质生产力为教育强国民生保障力赋能。习近平总书记指出：新质生产力"它是由技术革命性突破、生产要素创新性配置、产业深度转型升级而催生，以劳动者、劳动资料、劳动对象及其优化组合的跃升为基本内涵，以全要素生产率大幅提升为核心标志，特点是创新，关键在质优，本质是先进生产力"②。通过发展新质生产力，实现教育强国现代化。一方面，将科技创新融入教育领域。利用大数据、人工智能、云计算等前沿技术，加速教育技术的研发与应用，推动教育手段与工具的智能化、个性化。这有助于提高教育水平和质量，使教育资源得到更加公平的分配。例如，清华大学在2024年成立了人工智能学院，将现有的教学数据以及文献资料进行整合，以自主研发的大模型为平台，开发了自己专属的人工智能助教。随着新质生产力的发展，科技促进了教育领域的变革。

---

① 习近平：《高举中国特色社会主义伟大旗帜 为全面建设社会主义现代化国家而团结奋斗——在中国共产党第二十次全国代表大会上的报告》，人民出版社2022年版，第34页。

② 习近平：《加快发展新质生产力 扎实推进高质量发展》，载《人民日报》2024年2月2日第01版。

人工智能等信息技术的应用满足了学生个性化的学习需求，为学生提供了随时皆可学的便捷方式，呈现出处处学、时时学的良好学习氛围。另一方面，实施教育数字化战略。教育数字化转型指的是利用数字技术对教育系统进行改革和创新。"智慧校园"就是我们在数字化转型过程中最好的证明。各个智慧校园系统依托国家智慧校园云平台，与各个校区进行互联网串联，实现了与教育资源中心互联互通；在课堂上可以创设更真实的教学场景，针对学生的学情，有针对性地开展教学活动。智慧教育让校园不再是一座信息孤岛，通过整合分散的教学内容，让这些资源发挥更大作用；学生在学习过程中不止享有一份资源，可以根据自身的需要选择适合自己的材料。这种方式不仅能够实现因材施教，针对不同情况对教学方案进行适当调整，落实以学生为中心教学理念，而且能够汇聚优质教育资源，实现资源共享，打破地理空间限制，使优质教育资源惠及更多地区，尤其是资源较薄弱的中西部和乡镇地区。实现教育公平不是一朝一夕的事情，多方合力互联互通才是有效途径。

第二，办好社区教育为教育强国民生保障力托底。社区教育是运用本社区教育、文化等资源，面向本社区全体公民，以促进本社区人的发展与社区发展为目标的各类教育活动。我国的社区教育最早可以追溯到20世纪80年代，当时借鉴了外国关于社区办教育的经验，近年来不断发展汲取新的内容和形式，为居民提供全面教育服务。以笔者生活的社区为例，为了丰富居民的文化体验，社区开展文化艺术教育活动，工作人员邀请社区内的老年人在闲暇时间进行文艺创作，并为此专门申请了一间办公室，老人们在这里通过学习剪纸、书法、绘画等各种艺术形式，丰富自己的老年生活。愿意参加活动的青年人也可以在此展现自己的风采。社区通过文化艺术教育，不仅让闲不住的老人有了参与各类休闲娱乐活动的机会，同时还提升了居民的审美能力，丰富了文化生活，促进了社区文化的传承与发展。老有所学，幼有所需。学区房总是一票难求，为了让孩子上个好学校，家长们费尽心机。因此，办好社区基础教育就显得尤为重要，各社区一般应设有幼儿园和小学，让孩子能够实现在家门口上学，不仅使双职工家庭下班能够顺便接孩子回家，不用在交通最拥堵的时间担心孩子没人管、没人接送，还能够为社区附近的教师提供工作机会。社区基础教育的目标是帮助儿童和青少年获得扎实的知识基础与全面发展的能力，同时也能缓解部分年轻人育儿的压力，还能提供就业机会，缓解就业压力，是实现三方共赢的好路径。就如研究社区教育的专家所讲，"社区教育具有最为广泛的社会基础和动员力量,其赋能教育强国的功能应进一步'显现'出来,不断强化赋能教育强国的自觉"①。

  第三,搭建终身学习平台为教育强国民生保障力助力。终身学习平台是一种为不同年龄和社会角色的人群提供丰富自学资源的在线教育平台,可以通过多种设备登录,拥有丰富的自学资源,涵盖多个学科。以国家开放大学终身教育平台为例,它提供了多种学习资源,涵盖了多种行业和多个领域,农林牧副渔、医学、教育等行业均有涉猎,学习者不仅可以通过平台提供的视频学习,还可以进行在线提问。"好的大学没有围墙",具有学习氛围的社会也不应该有壁垒。社会应该给每个人提供受教育的机会,如同国家所提倡的终身学习——班级授课只是我们全部学习生涯的一部分,离开校园并不代表学习的终结。从幼儿到年长者,每个人都有学习的权利,但不是每个人都能拥有上学的机会。很多人迫于生活的压力早早离开校园,但如今学习平台的搭建让更多人能够随时随地丰富自己的知识。就以生活中的实际情况为例,笔者所在社区的阿姨通过学习软件自学针织和戏曲,利用学习强国平台每天收听新闻,足不出户便可知道每天的新鲜事,还能随时了解国家的方针政策,极大地丰富了其老年生活。对于初高中的学生,通过每日浏览学习强国平台,可以了解时政、积累素材,培养自己的语言能力。搭建终身学习平台,致力于满足社会大众多元化、个性化、创新化的学习需求,是新时代对人民实现教育公平和教育普及需要的回应,是对以人民为中心发展理念的贯彻落实,是实现教育强国民生保障力创新的重要方式。习近平总书记明确指出"扩大优质教育资源覆盖范围,提高乡村教育质量。实施高考改革试点,扩大重点高校面向贫困地区农村招生规模"②,为中国式现代化全面推进强国建设、实现民族复兴伟业提供了坚实支撑。

---

  ① 邓璐:《社会动员与互动建构:社区教育赋能教育强国的实践路径》,载《北京教育(高教)》2024年第10期,第21页。
  ② 习近平:《论教育》,中央文献出版社2024年版,第38页。

五、民生保障力服务教育强国的基本方略

自中华人民共和国成立以来，我们一直将教育发展放在重心位置。当今社会，我们更强调以科教兴国强国战略推动中国式现代化接续发展。我国教育强国事业始终坚持中国共产党的领导，坚持以马克思主义的立场、观点和方法解决现实问题。习近平总书记在全国教育大会上的重要论述，从2018年首次系统阐述教育强国战略构想，到2024年构建形成涵盖教育现代化多维内涵的完整理论体系，其教育思想持续深化演进，展现出鲜明的时代特征与实践品格。2024年9月，习近平同志《论教育》一书正式出版，该书收录了习近平总书记47篇关于教育的重要文稿，为新时代建设教育强国提供了根本遵循。

首先，坚持以马克思主义作为教育强国建设的根本指导思想。教育强国民生保障力是对马克思主义坚持"以人民为中心"的最佳回应，决定了我国社会主义基础教育的办学方向。这要求我国办为人民服务、为中国特色社会主义社会服务的教育，这是马克思主义人民性这一核心立场在我国教育工作上的具体表现，也是中国教育工作落实的出发点和落脚点。一方面，党领导下的教育是普及亿万民众的教育。我们的基础教育工作真真切切地落实在广袤的中国大地上，办好每一所学校，减少因地区、民族等特殊因素影响而产生的教育公平问题，依托国家对特殊地区的照顾政策，例如在教育资金投入上向特殊地区倾斜。在中国共产党领导下办教育，要始终体现"为人民谋幸福"这一初心，促进教育发展成果更多更公平地惠及全体人民，优化教育资源配置，缩小教育发展差距。我们前几十年都在致力于把"蛋糕"做大，现在我们更要把"蛋糕"分好，让全体人民公平地共享教育成果。加速城乡义务教育一体化进程，高度重视农村义务教育普及，完善异地升学制度，让适龄儿童能够顺利地在校园接受教育。通过完善随迁子女入学待遇同城化政策，实现随迁子女入学待遇均等化，使随父母进城务工的子女也能享受同等的教育资源。推进教育精准扶贫，因地制宜发展贫困地区教育，不让困难家庭孩子输在起跑线上，让每个人都享有公平且高质量的教育，进而得到全面发展。我国的基础教育是为了让大部分学生有机会进入高等学府接受更高水平、更高质量的教育，这与美国

的"基础教育"形成了鲜明对比。美国社会以"精英教育"为主，而美国大量公立学校的中学生以玩耍为主，美其名曰"教育自由"，其学习内容比较粗浅，学生管理也较为松懈，因此，广大普通家庭的子女注定无法享受优质的基础教育，这更凸显我国基础教育以人民为中心立场所具有的先进性和优越性。另一方面，马克思主义是关于"人全面发展的学说"。恩格斯在《流亡者文献》中提出"无产阶级教育就是帮助无产阶级兢兢业业地致力于自我提高和自我教育"，并且提出"体力和智力获得充分地自由的发展和运用"。马克思将教育看作三件事：智育、体育、技术教育。他从来不强迫孩子读书，并且对此行为十分排斥，他更在乎孩子在读书过程中获得启迪和乐趣并且在此过程中能够形成自己的思考，注重自我智育；在发展体育过程中，让他们了解军事训练过程，按照体育学校教育安排强健身体；技术教育要求孩子了解生产的过程和原理，使他们获得使用各种简单生产工具的技能。中国共产党是马克思主义政党，近百年来，中国教育事业的改革和发展都紧紧围绕党中央的领导，其实质是以马克思列宁主义为指导的中国式教育。随着马克思主义理论与中国教育实践的深度融合，以及我国对教育发展规律认识的深化拓展，教育系统逐步构建起"五育"并举的育人体系，明确提出培养德智体美劳全面发展的社会主义建设者和接班人，这充分显示了我国对人全面发展理念的继承和创新。

其次，坚持以习近平总书记关于教育强国重要论述为行动指南。党的十八大以后，习近平总书记提出了"九个坚持"，这是马克思主义中国化时代化最新理论成果，它标志着新时代中国特色社会主义教育思想的形成。习近平总书记始终坚持以人民为中心引领教育事业蓬勃发展，着力以教育之力厚植人民幸福之本，以教育之强夯实国家富强之基，提升全体人民的教育获得感。[①]"九个坚持"是建成教育强国民生保障力的行动指南，"第二个坚持"即必须坚持以人民为中心，不断实现人民对美好生活的向往，为民生保障力建设提供了根本出发点和落脚点；"第三个坚持"即必须坚持马克思主义指导地位，不断推进实践基础上的理论创新，为民生保障力建设提供了根本指导思想和工作方法。将教育作为"先手棋""排头兵"，是对教育优先发展战略的充分认识，要不断在教育实践基础上推进理论创新，不断推进马克思主义中国化时代化进展，用发展的眼光看中国

---

① 参见周洪宇、余江涛《习近平总书记教育重要论述的理论体系及其重大意义》，载《国家教育行政学院学报》2024年第5期，第3页。

强国教育，从进步的视角看中国强国教育。

最后，坚持以习近平新时代中国特色社会主义思想指导教育民生工程建设。我国的教育强国战略工程是一脉相承的，历届领导人都将教育看作我国社会主义现代化建设的基础工程。在古代中国社会，人们认为"万般皆下品，惟有读书高"，尤其对于普通家庭来讲，考取功名是改变阶层的最好方式，教育是加速社会阶层流动的好方式。只有受教育程度高的人多了，社会治理的人才才会增多，所以，重视教育的朝代往往都呈现出兴盛的局面。在当今社会，随着国家经济的发展和各项福利政策的落实，我国的基础教育普及水平已经达到了历史新高度，教育不再是奢侈品，而是服务于每一个中国人民的生活必需品。我国的教育强国建设取得辉煌成就最根本的动力，在于坚持教育为人民服务，"强民、富民、利民"，以"强教育"实现人民物质富足、精神富足。"再穷不能穷教育""扶贫先扶智"①，教育和扶贫这两项民生工作也是相辅相成的，想改变人生活上的贫困，首先要解决人思想上的贫瘠。毫不夸张地讲，教育是民生工作之基，所有民生工作想要顺利进行都需要办好教育民生工程。中国式现代化也充分践行"以人民为中心"的发展思想，而教育现代化作为实现现代化的先导，各类教育工程都以满足人民实现美好生活需要为基本宗旨。总的来说，习近平总书记对于教育工作的相关重要论述既有理论上的创新和突破，又彰显了对马克思主义世界观与方法论的借鉴和应用，是新时代教育事业改革发展的蓝图和计划书。目前看来，我们党对教育规律的认识达到了新高度，为新时代发展教育民生事业提供了强大的思想武器和科学的行动指南。

民生保障力服务教育强国建设的基本要求有以下七个方面。

第一，党的领导是教育强国民生保障力的根本保证。牢牢掌握党对教育工作的领导权，坚持和加强党对教育工作的全面领导，关乎教育的性质，关乎教育的兴衰成败。党的十八大以来，以习近平同志为核心的党中央"围绕培养什么人、怎样培养人、为谁培养人这一根本问题，全面加强党对教育工作的领导"②，我们党自成立起就始终坚持群众路线，办教育也是从全体人民共同利益出发，教育强国建设要始终坚持党中央的集中统一领导，高度认同党中央对教育工作所作的决策和部署。上级部门要真读

---

① 《习近平谈治国理政》（第二卷），外文出版社2017年版，第85页。
② 习近平：《论教育》，中央文献出版社2024年版，第3页。

懂、真弄清文件所做出的指令，对政策解读要有高度的准确性；下级部门对上级部门所做出的指令要坚决服从，要迅速响应号召并贯彻落实党中央所做出的指令。党中央所做的一切都是为了人民群众的切身利益，我们的教育工作面向的是全体人民，党中央要求各级党组织和广大党员干部切实履行职责、层层落实责任，确保教育工作各项任务落到实处。政策落地就要生根，始终坚持群众路线，从群众中来，到群众中去。面对群众提出的问题及时解决，对于人民群众对高质量教育成果的渴望尽量满足。要想办好人民群众满意的教育，就要打好"组合拳"，上下一心协同共进，不能说大话讲空话，既要有全心全意为人民服务的态度，也要有为人民服务的能力。打铁还需自身硬，对于一个始终坚持自我革命，始终坚持批评与自我批评的伟大政党，人民群众对我党抱有充足的信心。民生保障力核心是为了人民，践行党的群众路线是增强民生保障力的根本途径。最重要的是发挥党的监督作用，让不敢腐、不想腐、不能腐的正义清风吹遍我国的教育行业，不能让教育成为权力和金钱交易的中介。总的来说，办好人民满意的教育要始终坚持中国共产党的领导，而坚持群众路线又是党在百年革命和建设实践中最重要的经验总结，是党在认识和实践领域最高的智慧与力量。建设教育强国，离不开走好新时代党的群众路线，发挥新时代党的群众路线作用。

  第二，高质量发展是教育强国民生保障力的奋斗目标。"当前，我国教育已由规模扩张阶段转向高质量发展阶段。要坚持把高质量发展作为各级各类教育的生命线，加快建设高质量教育体系，以教育高质量发展赋能经济社会可持续发展。"[①] 目前，我国正加快建设高质量教育体系，义务教育优质均衡发展已取得新的进展。国家教育资金投入不断增加，一笔笔"真金白银"流入教育领域，推动了义务教育优质均衡发展。义务教育是发展高质量教育的奠基性工程。虽然目前义务教育"有没有"学校的问题已经得到初步解决，但仍然存在不均衡、不充分的问题。首先是办学条件不均衡。在部分经济水平落后的村镇中小学，教学设施、住宿条件等都普遍落后，教学条件只有教师+粉笔，即使配备了智能白板，使用频率也比较少，还停留在传统的教学阶段。其次是师资力量不均衡。教师数量和优质师资都流向城市，城市的重点学校聘请高质量教师并且在附近乡镇小学吸收教学经验丰富的老教师，很多从重点师范院校毕业的大学生直接进入

---

① 习近平：《论教育》，中央文献出版社2024年版，第230页。

市属重点学校任教，导致广大农村地区教师严重缺乏，很多教师"身兼多职"；同时存在乡村教师老龄化加剧、知识结构固化、授课方式僵化等问题。再次是生源不均衡。生源不均衡也是目前存在的严峻问题，城市班级人满为患，而因为种种因素导致留在农村乡镇小学的学生甚至全校加起来都凑不够一个班级，足见生源流失之严重。最后是办学经费不均衡。好的学校占有更多教育资金和教育资源，最终导致强的学校越强，弱的学校越弱。对此，教育部门要加快义务教育优质均衡化和城乡发展一体化，优化区域教育资源配置，加快建立城乡一体均衡发展的义务教育。要统筹城乡教育资源配置，改善贫弱学校办学条件，提高乡村教育质量。党的十八大以来，以习近平同志为核心的党中央紧紧抓住教育这个脱贫致富的根本之策，为教育领域高质量发展作出一系列重大部署。城市教育高质量发展稳中向好，但农村才是重心，必须下大气力抓好。再苦不能苦孩子，再穷不能穷教育，我们的发展是不抛弃、不放弃任何一个人的发展，是惠及亿万人民群众的普惠发展，是始终坚持以人民群众为中心的高质量发展。

第三，改革创新是教育强国民生保障力的力量源泉。"创新是一个民族进步的灵魂，是一个国家兴旺发达的不竭动力，也是中华民族最深沉的民族禀赋。在激烈的国际竞争中，惟创新者进，惟创新者强，惟创新者胜。"[①] 教育不是一成不变的死教条，而是要随着现实的需要不断创新以及时满足人民对教育的美好需要。实现教育创新，一方面要转变教育观点，培养学生创新意识。教师观念的转换是实施创新教育的前提，教师观念如果持续僵化就不可能培养出具有创新意识的学生。作为教学活动的参与者，施教者不能将个人意志强加于学生，受教育者的学习动机对于学习效果起着决定性作用；在教学方法上也要改变传统的填鸭式教授模式，学生不是只会按照程序转动的机器，是具有独立思考能力的人，应鼓励学生学会独立思考，建构属于自己的知识体系，只有这样才能使学生养成良好的学习习惯，从学习中获得成功的喜悦，充分展现自我价值，满足心理上的需求，从而进一步激发他们内在的学习动机，增加创新意识。另一方面要训练创新思维，培养创新能力。创新思维是高于常规思维的。爱因斯坦曾说："想象比知识更重要，因为知识是有限的，而想象力概括着世界的一切，推动进步并且是知识进化的源泉。"丰富的想象力能在大脑活动过程中"撞击"出新的"火花"，使人的思维模式更加活跃、更具创造性。

---

① 习近平：《论教育》，中央文献出版社2024年版，第42-43页。

因此，要着力培养学生的创新思维和实践能力，让他们学会发现问题并且解决问题，在这样循环往复的过程中接续培养自己的创造能力，实现全方位发展。一系列改革举措不断拓宽着百姓的上学路，"改革是教育事业发展的根本动力，必须更加注重教育改革的系统性、整体性、协同性，及时研究解决教育改革发展的重大问题和群众关心的热点问题，以改革激活力、增动力"①。要不断进行教育改革以推动教育强国建设平稳运行，改革是教育民生工作的源头活水，能够迸发出无限生机，推动民生工作行稳致远。

以民生保障力促进教育强国建设，我们的具体工作要根据指导思想和建设目标来规划。《中国教育现代化2035》提出，2035年我们的建设目标是要建成服务全民终身学习的现代教育体系、普及有质量的学前教育、实现优质均衡的义务教育、全面普及高中阶段教育、职业教育服务能力显著提升、高等教育竞争力明显提升、残疾儿童少年享有适合的教育、形成全社会共同参与的教育治理新格局。目标的描述是对民生保障力的最好总结，现如今目标已经提出，蓝图已经擘画，只需要脚踏实地地干好每项工作，努力实现理想与目标。

第四，教育资金投入是教育强国民生保障力的基础。再穷不能穷教育，再苦不能苦孩子。我国近些年来教育资金投入在国民总支出中占比越来越高，教育投入是支撑国家长远发展的基础性、战略性投资，是教育事业发展的物质基础。据教育部财务司统计数据，2023年国家财政性教育经费占国内生产总值的比例达到4%。在近些年经济下行趋势下，教育资金"只增不减"、持续呈现上涨趋势体现了我们党中央建成教育强国的决心。党中央向全体人民郑重承诺，将确保国家财政性教育经费支出在国内生产总值中的比例不低于4%，并且财政一般公共预算中的教育支出将逐年增加，绝不会减少。同时，党中央还将确保按照在校学生人数平均计算的一般公共预算教育支出也逐年增加，绝不会减少。这些举措充分体现了党中央对教育事业的高度重视和对人民群众的庄严承诺，旨在为国家的未来发展奠定坚实的基础。教育有了充足的资金支持，如何将财政支持合理分配，让优质均衡的公共教育资源更加精准地普惠民生也是现阶段要考虑的重大问题。我们必须始终坚持"保障基本需求、补足发展短板、促进教育公平、提高教育质量"的基本原则，坚持以目标为导向、以问题为导向的工作方法。在新增的财政教育资金分配上，要更多地向中西部偏远地区

---

① 习近平：《论教育》，中央文献出版社2024年版，第4页。

和贫困地区倾斜，以着力解决教育发展不平衡、不充分的问题。我们要将目光聚焦在外来务工人员子女、特殊教育儿童、学龄前儿童等重点人群上，不断加大政策的协同力度和资金的投入力度，确保这些重点人群能够享受到更加公平和优质的教育资源。针对不同人群制定最合理的政策，通过优化资源配置，强化教育资金的使用效率，确保每一笔钱都能发挥最大效益。同时，加强监管机制，确保资金使用的透明度和公正性，防止资金被挪用。此外，还需建立和完善教育资金使用的评估体系，定期对教育资金的使用效果进行评估，及时调整和优化资金分配方案。通过这些措施，我们能够确保教育资金的合理分配和高效利用，为实现教育公平和质量提升提供坚实保障。

第五，发展高等教育是教育强国民生保障力的关键。教育能够推动国家发展，直接关系到国家进步，关系到民族兴旺，具有基础性和先导性作用。在发展中保障和改善民生是教育现代化的重大任务，高等教育是教育现代化的龙头产业，发展高等教育直接关系到民生主线。高等教育体系建设可以分为两个部分，一部分是"双一流"高校，以985、211工程为例，这种类型的综合类院校有多个专业，涉及众多领域，其中部分高校因其特殊的位置或其前身特殊的用途而形成自身独特的发展路径。对于这种类型的高校，国家的教育资金和计划都有部分的偏重。以哈尔滨工业大学为例，它在航空航天领域有着深厚的研究基础和丰富的教学经验，为我国培养了大量的航天人才，该专业在国内外都享有盛名；同样，它的机械电子工程、材料化学等专业都是我国数一数二的王牌专业，对于这些领域，国家加大了人才培养力度，为社会培养了一批深耕于各个高精尖领域的人才，实实在在地造福了中国人民。为解决我国因为技术、人才紧缺而被他国"卡脖子"的难题，每年高校向社会输送了大量的人才，输送对象多为著名企业。在解决芯片问题之前我们的芯片一直依赖于进口，我们无法触碰到这个行业的核心领域，但随着中国团队持续攻坚克难，终于造出了我们自己的芯片。数据显示，目前我国的几大科技行业巨头，其团队成员80%以上都接受过高等教育，硕士、博士学历人数的数量逐年增加，教育为各行各业输送的人才数量逐年增加，输送的人才质量也越来越高。强大的人才培养机制创造出了高水平的生产能力，最终转化成了提高人民生活质量的高水平创造力，转化成了人民兴旺幸福的保障力，人民的生活享受到了更便捷的服务。

同时，"职业教育是国民教育体系和人力资源开发的重要组成部分，是广大青年打开通往成功成才大门的重要途径，肩负着培养多样化人才、传承技术技能、促进就业创业的重要职责，必须高度重视、加快发展"①。职业没有高低贵贱之分，我国的职业学校每年都能够为我国基础的民生行业提供众多的人才，医疗、养老护理、铁路等众多与大众生活息息相关的行业都涌现了大量的职业人才，他们在学校学习了理论知识，又经过了实践实习，是能将理论与实践相结合的优秀人才。如今，各职业学院也在不断深耕自己的优势学科，并且不断增加新的学科以适应社会对不同专业人才的需求，各专业不断跨学科交流，将相关专业人才培养成多方面发展的优秀人才。随着社会的发展，对人的需求不再是单一的。以机场的地勤服务人员为例，他们至少需要掌握两三门国际语言的日常用语。随着世界一体化进程不断推进，各国人民之间交流逐渐加深，互动逐渐增多，我们的服务也需要对标国际化标准，将学习到的先进理念以及更贴合大众要求的服务带到社会中来，让职业教育发展成果更多更公平地惠及全体人民，使全社会形成人人为我、我为人人的良好社会风气。

第六，高素质教师队伍是教育强国民生保障力的中坚力量。"有高质量的教师，才会有高质量的教育。"② 教师不仅承担着传授知识的任务，更重要的还承担着教书育人的重任，他们是人类文化科学知识的继承者和传播者，是人类心灵的工程师。教师的工作质量直接影响到年轻一代的身心发展水平和民族素质的提高，关系着民生和社会发展，从而关系到国家的兴衰。教师作为教育工作的核心资源，要顺应人民期待，做人民的好教师。这个职业的意义在于培养国家的栋梁之材，他们的付出对社会的发展有着不可估量的影响。在全国教育大会上，习近平总书记对教师团队寄予深切厚望，强调要将加强教师队伍建设作为基础工程来抓，助力教育强国建设。闻道有先后，术业有专攻。组建优秀教师团队应重点从师范院校引进优秀人才，通过优化年龄结构促进教师队伍年轻化。青年教师既能快速掌握智能教学设备，又善于吸收创新教育理念，可为团队注入持续发展动能。教师被誉为"太阳底下最光辉的职业"，理应享有崇高的社会声望，成为最受社会尊重的职业之一；这需要全社会共同努力，营造尊师重教的良好氛围。推进民生保障力建设对教师队伍的专业化水平提出了更高要求。为党育人，为国育才，中国的人才培养需要建设一支强大的教师队

---

① 习近平：《论教育》，中央文献出版社 2024 年版，第 64 页。
② 习近平：《论教育》，中央文献出版社 2024 年版，第 34 页。

伍,要培养"四有"教师,要提升教师教育水平,研制提升中小学教师学历水平的可行方案。在这个不坚持学习就会落后的时代,即使是端着"铁饭碗"的教师也不能故步自封,不能一直用陈旧的方法来教授学生。教师培养机制要不断改革和创新,注重多元培养,采取多渠道、多层次的培养策略。以定向师范生政策为例,通过引导优秀青年扎根基层任教,从源头上提升教师队伍的质量,进而促进教师专业水平和教学能力的整体提高,为改善民生、满足群众对优质教育的需求提供有力支撑。要突出教师教育职业特色。世界上没有完全相同的两片树叶,更不会有完全相同的人,孔子作为我国教育的集大成者,最早提出了因材施教的口号。每一个孩子都有其自身的独特性,作为教师要学会挖掘学生身上的闪光点,让每个孩子都能得到全面的发展,享受精彩人生。

第七,"双减"政策是教育强国民生保障力的具体体现。"双减"政策是我国充分考虑中小学生学习现状后作出的重要决定,以减轻学生课业压力。习近平总书记强调,"'双减'政策落地有一个过程,要久久为功。要引导家长、学校、社会等各方面提高认识,推动落实好'双减'工作要求,促进学生全面发展"[1]。在推行"双减"政策之前,我们的学生面临着繁重的课业压力,在学校接受系统教育后回家还要完成大量的作业和练习,尤其是当前社会"内卷"现象越来越严重,有的学生完成学校的任务后还要上课外辅导课程,每天将自己困在书桌上和教室里,像一个只会读书的机器,除了学习没有任何参与劳动实践的机会,也没有任何体验、亲近自然的机会,四体不勤、五谷不分。新时代所要培养的良好青年绝不能是"两耳不闻窗外事,一心只读圣贤书"的"书呆子",我们要培养德智体美劳全面发展的全能型人才。近年来,国家大力提倡发展体育,从中国梦、足球梦、我的梦,到如今体育强国的建设,足以看出我国对体育发展的重视。对学生进行体质监测、体育课程专项训练,让学生选择自己感兴趣的运动进行专业训练,同时还能锻炼身体,这是对学生身体素质提出的要求,也是对其能够拥有好体魄的希冀。在课程安排中重点强调社会技能培训和兴趣爱好培养,每学期安排社会实践课程以体验不同的生活方式。在北京、上海、广州、深圳等大城市,学生可以参加辩论赛、国际论坛,根据每个人不同的兴趣点选择不同的课后学习类型。"双减"政策落地后,

---

[1] 习近平:《论教育》,中央文献出版社2024年版,第234页。

学生不用再每天泡在试卷和图书里,书里描绘的山川湖海可以利用假期亲身游览,诗词里的"锄禾日当午,汗滴禾下土"不再是停留在纸上的文字,可以通过亲身体验感受农民的艰辛。学生有了更多的时间可以自由支配,不仅减轻了家长们的经济负担和学生们的学业重担,而且让孩子们有了更开阔的眼界、更宽广豁达的胸襟,使其成为堪当民族复兴重任、创造世界奇迹的栋梁之材。

六、民生保障力支撑教育强国建设的实践进路

民生保障力是实现教育强国为人民服务的重要体现,须以强大的民生保障力满足人民对美好生活的向往。"教育公平是社会公平的重要基础。必须不断促进教育事业发展成果更多更公平惠及全体人民,以教育公平促进社会公平正义。"[①] 这就要求坚持以人民为中心发展教育,提升教育公共服务的普惠性、可及性、便捷性,尊重每个学生的天赋资源,实现基本公共教育服务供给均衡基础上的多样化和差异化,实现人尽其才、人人出彩。这既是教育强国的要求,也是民生保障的重要内容,为促进教育强国建设指明了方向。

1. 民生保障力支撑教育强国建设的顶层设计

顶层设计是一个宏观概念。在顶层设计的框架下,我们可以清晰地看到一个宏伟蓝图,明确地识别出建设过程中的关键问题和挑战,并制定出有效的协同合作机制。教育强国民生保障力从顶层设计为整个国家的教育民生工作提供了明确的方向和目标,避免各个地区、各级教育机构各自为政,使全国教育工作协调一致,上下一盘棋,统筹实施三大战略齐头并进,相互带动,相互促进,朝着教育强国的目标共同努力。

发挥战略优势,让机制活起来。锚定关乎国计民生的中国式现代化战略目标是教育强国建设的布局和价值取向,体现了国家对教育的高度重视,也从根本上彰显了教育以人民为中心的根本宗旨。我们当前所办的教育是服务国家战略的教育,最终也是让人民满意的教育。党的十八大以

---

① 习近平:《论教育》,中央文献出版社 2024 年版,第 4 页。

来,党中央坚定不移实施科教兴国战略和人才强国战略,坚定不移地建设高水平教育强国,始终坚持教育优先发展战略,持续统筹推进教育体制改革。党的二十大报告中明确指出:"科技是第一生产力,人才是第一资源,创新是第一动力。"① 在这样的背景下,更好地发挥三者凝聚力为民生赋能成为当前热点问题。2024年全国教育工作会议上,习近平总书记强调:"要统筹实施科教兴国战略、人才强国战略、创新驱动发展战略,一体推进教育发展、科技创新、人才培养。"② 总的来说,发挥三者合力,提高人才培养质量是我们教育民生工作的重点。从国家层面来看,发挥战略优势要围绕人才培育和创新驱动做好战略部署。从民生需求角度看,教育是使人们获得知识从而改变命运、创造美好生活的根本途径。国家政策的制定要以切实满足人民的需要为抓手,不断优化布局结构,大力发展国家急需的科技产业,拓展新兴交叉融合领域。做好科技、人才、教育的前瞻性布局,加快培养创新人才。体制机制活起来用起来,破除体制机制弊端,在实践中不断调整,教育、科技、人才体制机制要系统集成,不断加强顶层设计一体化推进。

发挥制度优势,聚集民生合力。择天下英才育之,聚天下英才用之。坚持"全国一盘棋,调动各方面积极性,集中力量办大事"③,是中国特色社会主义制度和国家治理体系显著优势之一。在教育强国建设新征程中,必须坚持全体人民共同享有公平高质量的教育以增进强国教育一体化建设,不断增进教育公平以构建更加平等的社会关系。对于我们这种人口大国,正如邓小平同志所说:"在中国这样的大国,要把几亿人口的思想和力量统一起来建设社会主义,没有一个具有高度自觉性、纪律性和自我牺牲精神的党员组成的能够真正代表和团结人民群众的党,没有这样一个党的统一领导,是不可能设想的。"④ 想要办好人民满意的教育必须发挥党中央集中力量办大事的制度优势,推进基本公共教育服务均衡配置。针对目前东中西地区教育发展不均衡的现状,要进一步扩大对中西部教育的投入力度,集中财力、物力、人力重点发展中西部地区尤其是偏远地区和

---

① 《习近平著作选读》(第一卷),人民出版社2023年版,第28页。
② 习近平:《紧紧围绕立德树人根本任务 朝着建成教育强国战略目标扎实迈进》,载《人民日报》2024年9月11日第01版。
③ 《中国共产党第十九届中央委员会第四次全体会议公报》,人民出版社2019年版,第5页。
④ 《邓小平文选》(第二卷),人民出版社1993年版,第341-342页。

第五章
教育强国的民生保障力

乡镇。在教育资金上，对于西部的少数民族地区要加大教育投入，完善教育公共基础设施，即使存在地域上的差异，也要尽量弥合差距；在教育力度上，重点加大对中西部地区高等教育的对口支援力度，集中主要师资力量建设中西部地区。鼓励优秀教师和青年教育工作者投身西部教育事业，通过"以东促西"的协作机制推动东西部教育资源共享，引导青年人才在基层奉献中实现个人成长，加强区域间教育理念与教学经验的交流互鉴。我国的上海、山东等教育比较发达的省市点对点定点支援我国的新疆、甘肃等地区，每年互派教师出公差，将新的授课理念传播到祖国的大西北。在同一省份内，教育水平也会存在差距，一般情况下，省会或大城市的教育水平相对较高，各地级市可以及时向此类城市学习，提高自己的教育水平。检验我们教育民生工作的成效，最终都要看教育水平是否真正得到了提升，教育公平能否真正得到落实，教育权利能否真正得到了保障。集中精力办大事是解决这些问题的一把利刃。

发挥比较优势，国内外两手抓。习近平总书记强调，要"统筹做好'引进来'和'走出去'"两篇大文章，有效利用世界一流教育资源和创新要素，使我国成为具有强大影响力的世界重要教育中心。① 近年来，我国教育对外开放已形成越来越全方位、越来越多层次、越来越宽领域格局，成为推进教育强国建设的重要引擎。近年来我国教育水平逐渐增强，很多留学生选择中国作为他们求学的第二故乡。留学生来华学习，一方面，有助于丰富我国人才队伍结构，为经济社会发展注入新动力。来自不同国家和文化背景的青年群体通过系统学习中文、了解中国历史、体验社会生活，能够成为传播中国发展成就和文化魅力的重要媒介。因为只有亲自在中国生活、学习过的人，才能感受到中国教育体制下学生的生活状态，感受到我们的大学校园为青年学子提供的舒适、怡学的环境。另一方面，中国正处于转型升级的关键时期，我们鼓励一部分学生出国深造，他们是我们中华民族对外展示中华优秀传统文化和核心价值观的重要载体，因此我们要建设独属于中国的留学品牌特色。每个出门在外的学子要深刻牢记学成归来报效祖国和人民。有数据显示，新时代以来，留学回国人员以前所未有的规模和数量投身国家各个领域，他们带回了国外先进的教育理念和管理经验，为加快我国教育强国建设做出重要贡献。如今各高校均

---

① 参见国务院研究室编写组《十四届全国人大二次会议〈政府工作报告〉辅导读本》，人民出版社、中国言实出版社 2024 年版，第 182 页。

有在国外重点领域进修学习的高精尖人才，待他日归来他们必将为建设社会主义现代化添砖加瓦，为实现民族复兴、国家富强贡献自己的力量。在外的游子长的是炎黄子孙的脸，更要有中国人的魂，应始终将祖国利益置于最高点，将全体人民共同利益放在心中最高位置。诚然，中国是一个开放的社会，也是一个不断学习的社会，我们要不断加大国家间交流与合作力度，不断提升中国教育的国际影响力和文化软实力。

2. 民生保障力支撑教育强国建设的途径

强大的民生保障力是建设教育强国最深层次的价值追求。教育是民生之基，同样，强大的民生建设也能够反哺教育的发展和建设。就个体而言，每一个人在接受教育的过程中能够在不同阶段都学有所获，能够达到自我实现和自我超越，个人的价值就已经得到了充分的锻造，在收获知识的同时能够塑造自己的灵魂，强化个人价值标准，并将个人才能充分运用到国家建设事业中，这既是个人成长的完整路径，也是实现人生价值的根本途径；就社会而言，整个社会价值功能的涵养很大程度上依赖于教育基础作用的发挥，强劲的民生基础能够提供可靠的资金保障，教育能够阻隔贫困的传递，加速阶层流通，促进全体人民共同富裕，进而建成社会主义现代化强国；就国家而言，民生保障力最大的作用就是助推教育强国的建设，六力协同，科学回答了新时代建设什么样的教育强国的时代课题，为实现民族复兴百年伟业提供了有力支撑。实现教育脱贫攻坚是以教育促进伟大复兴的必然要求。2020年是全面建成小康社会的决胜之年，也是全面打赢脱贫攻坚战的收官之年。实现农村贫困人口全部脱贫是党中央做出的郑重承诺。我们更深刻地感受到了教育脱贫是以人民为中心发展教育的集中体现。在切实感受到生活水平提升后，人民对于精神领域有了更高水平的追求，伴随着全面脱贫工作的完成，我们进入了扶贫工作的下一个阶段，即"后脱贫时代"。这一阶段我们的重要任务就是防止积贫返贫。教育作为精准扶贫重要领域和"扶志""扶智"[①]重要手段，在整个脱贫攻坚战中扮演了重要角色。在这一阶段，教育发挥着"授人以渔"和"拔除穷根"的重要作用。回顾之前我们走过的扶贫路不难发现，单纯的经济救助并不能从根本上解决贫困问题，授人以鱼不如授人以渔，提高贫困人

---

① 谢平：《"后扶贫时代"教育扶贫的基本逻辑、现实困境与提升策略》，载《教育评论》2022年第6期，第38页。

群创造财富的能力来缩小贫富差距是防止返贫的重要手段，这一目标只能通过教育来实现。其中的义务教育工作就是创造财富的基础手段，"知识改变命运"从来不是一句空话，想要"富口袋"，先要"富脑袋"，要通过知识教化来激发贫困者内在的脱贫动力。此外，实现全面脱贫防返贫也不是一劳永逸的，是一个动态变化的过程。在这个变化过程中，教育是"拔除穷根"的根本支撑，越落后的地方越盛行"读书无用论"；还存在着男孩子就要早早进入社会担起家庭重担，早早地结婚生子繁衍后代延续香火的刻板印象；并存在女孩子要早点嫁人，"女孩子读再多书也没用"的落后观念。这些观念不断滋生着穷根，想要拔除穷根，首先就要铲除此类落后的封建观念，而教育在这个过程中发挥着重要的作用。从2015年起，四川甘孜藏族自治州实施十五年免费教育，一批又一批藏族儿女靠读书走出了大山，现如今，"读书无用论"已经被大部分家庭抛弃。当地现在盛行一句话："最好的虫草在学校，最好的出路在课堂。"教育也是脱贫工作的直接动能，通过不断提升劳动者素质，加入新的科技力量，促进生产力发生质变，直接作用于人这个生产力的主导要素，通过教育达到"扶智"和"扶志"相结合来实现经济的持续健康发展，再以更强的民生经济水平推进教育强国建设。

　　先富带动后富，实现教育共同富裕。朝着现代化强国迈进是一个宏大而复杂的行动体系，谁落下了都不能算是促进了共同富裕。"共同"不只是说人数上的全覆盖，更重要的是指经济、教育、文化、科技这些方面的发展都到位，每个领域都要发展好，大家才能共同过上好日子。实现共同富裕是全方位全民性整体性的大工程，促进教育公平是实现教育共同富裕的重要方式。首先，由于地域发展水平参差不齐，我国各地区间的教育水平受经济、人口因素影响也存在着一定差距，像北上广深等一线城市经济发达，并且是较早进行开放发展的城市，其教育投入资金比例高，相对地，其教育水平就优于国内其他城市。其次，沿海的港口城市，如长江三角洲地带受上海、杭州等城市辐射带动，以及最先发展重工业的东北地区，工业发展推动了其高等教育的繁荣。最后，就是我国的少数民族地区、边陲地区以及偏远地区，这些地区距离文化、经济、政治中心较远，受到中心城市辐射带动作用较小，如在进行改革时遭遇力度小、决策执行不彻底等问题，都会影响其教育建设。不难看出，中国的教育和经济发展是相一致的，经济发展水平高的地区相对应的教育发展程度就高，而教育越落后对经济发展的反作用也就越明显。如今，我们一直强调要实现共同富裕，它不可能是某一局部某一地区独立完成的，而是牵一发而动全身的系统工作。实现共同富裕，一方面可以看到在强调物质文明发展的同时同样重视精神文明的发展；另一方面可以看到教育水平高度发达的地区对经济发展具有强大的带动作用。按照马克思主义的唯物史观来讲，既要看到经济基础对上层建筑的决定作用，也要看到上层建筑对于经济基础的反作用。因此，对于发展一直落后的地区，我们要加大教育投入，强化薄弱环节，把好关键节点。例如，对于曾为新中国工业化奠定重要基础且当前正处于产业结构深度调整阶段的东北地区，我们要实现全民振兴、全方位振兴，着力提升地区协调能力服务东北振兴的支撑力，促进创新产业链深度融合。先富带动后富，我们要实现的共同富裕，绝不是只富口袋的物质满足，而是既富口袋又富脑袋的物质精神双满足。

3. 民生保障力支撑强国建设的关键支点

以民生保障力支撑强国建设、民族复兴，关键点就在于人民。民为邦本，应全力推进教育民生项目，积极回应百姓的关切，努力办好人民满意的教育，用心答好"教育民生考卷"。中国改革的浪潮浩浩汤汤，究其根本最终都是为了普天之下的广大人民群众。党的二十大报告指出："江山就是人民，人民就是江山。"[①] 中国共产党领导"人民打江山、守江山，守的是人民的心"。中国共产党根基在人民、血脉在人民、力量在人民。[②] 把人民作为推动教育强国建设的主体力量，将老百姓从旁观者变成参与者，打牢稳定人心的基础，在共享教育发展成果中取得人民群众对教育事业的放心、增强人民群众对强国建设的信心、坚定人民群众对民族复兴的决心。做到教育为了人民、教育依靠人民、教育成果由全体人民所共享。

马不停蹄跑好人民教育接力赛。教育作为实现中华民族伟大复兴的基石，是我们建设之基、强国之本，要始终坚持人民至上的价值追求。由旧制开新篇，从一穷二白的新中国到如今辉煌的新时代，我们的教育也经历了漫长的发展过程。从"没学上"到"有学上"，学有所教正在迅速落实；从"有学上"再到"上好学"，实现中国教育的跨越式发展。老一辈人常讲，他们小时候就没有好的上学条件，这不是夸张的描述而是我们过

---

① 习近平：《高举中国特色社会主义伟大旗帜 为全面建设社会主义现代化国家而团结奋斗——在中国共产党第二十次全国代表大会上的报告》，人民出版社2022年版，第46页。

② 王传利：《力量在人民》，载《红旗文稿》2021年第16期，第42页。

去的真实情况——几个村落之间开办一所学校,想上学的孩子需要跋山涉水进行集中授课,学校办学条件有限,授课教师数量又少,每一位老师都身兼数职,一间教室混合多个年级,这都是当时教育所面临的困难,加上每个家庭收入水平低下,义务教育当时没有普及,大部分人甚至都填不饱肚子,上学则更是一件奢侈的事。随着我国经济发展,民生辐射的范围也越来越宽泛。我国教育实现了从"没学上"到"有学上"的伟大转变,完成了九年制义务教育普及。教育既是权利又是义务,其发展成果正以更快的速度、更好的方式惠及广大民众。如今我国各级教育普及率达到了中高收入国家平均水平,实现了从"有学上"到"上好学"的开创性成就。从老百姓的视角看,教育改变着个人的命运,关系着每个家庭的幸福和谐,只有接力打好教育攻坚战,才能解决困扰教育领域发展的难题和顽疾,把办好人民满意的教育当作根本标准和试金石,才能实现人民幸福美好愿景,达到美好生活的标准。

有法可依答好人民教育考试卷。教育法治建设之根本,在于坚持中国共产党对教育事业的全面领导,满足人民群众对享有高质量教育的愿望,以人民群众的受教育权为核心,强化国家、学校、社会、家庭的教育主体责任,为国家兴盛、民安物阜奠定教育基础。[①] 教育的发展需要良好的环境,在当今社会仅仅依靠个人自觉并不足以支撑我们营造清朗的教育环境,我们需要完备的法律来辅助建设一个充满生机与活力的教育体系,通过教育立法描绘依法治教的法治蓝图。《中华人民共和国教育法》的颁布使我国依法治教步入正轨,作为教育领域的基本法使我国实现了教育领域的有法可依。此后,我国不断根据现实情况对该法律进行调整和增订,这是对国家教育纲要相关决策的部署和规划。我们应贯彻落实相关规定,不断满足教育改革中人民群众的新需要、新期待。党的十八大以来,我国提出了依法治国新思路,这是我国法治建设的新征程,也是实现依法治教的重要助推器。以法治建设作为强国建设的引擎,人民关注的教育缺口正在法律的推动下趋于完善,对于未来而言,实现"动态"法治教育任重而道远。中国社会多元一体的结构导致了法律的制定难以尽善尽美,教育法治建设迎难而上的重点任务之一就是不断填补空白——新时代中国社会发生巨变,人民对教育有了多元化的诉求,我国的教育法治还有很长的路

---

① 参见周洪宇、方晶《加强法治建设,为建设教育强国、科技强国、人才强国筑牢基石》,载《现代教育管理》2024年第5期,第2页。

要走。

　　2035年全面建成教育强国是党对人民做出的庄严承诺,十年教育长征路漫漫,把一个十四亿多人口的发展中大国建成教育强国,其时间之紧、任务之重可想而知。我们要谨记习近平总书记的谆谆教诲和殷殷嘱托,把握好教育的公正公平性,从民生上抓教育,办好人民满意的教育,书写新时代新征程教育新篇章,以强大的民生保障力谱写强国建设、民族复兴新华章。

第六章 教育强国的社会协同力

社会协同力指的是社会有机体系统各要素之间、各要素内部通过相互协调配合，使社会系统不同利益主体形成协同关系，通过相互支持、相互依靠、相互促进的合作行动，共同推进社会良序发展的能力。这一定义在教育领域，特指教育事业与经济社会协同发展、共生互动的能力。简单来说，教育强国社会协同力就是社会各界、各主体在共同目标、共同利益的基础上，通过有效的沟通、协调与合作，共同推动教育事业发展的力量。教育强国是推进中国式现代化的战略先导，社会协同力则是建设教育强国的先锋力量。"教育者本身一定是受教育的。"[1] "你们的教育……是由你们进行教育时所处的那种社会关系决定的。"[2] 可见，我们接受教育不仅仅只有教育一方在发挥作用，这与其所处的社会环境以及社会各方主体相关且相互作用，得以凝聚这种社会协同力，让教育发挥其本质属性。

一、教育强国社会协同力的科学内涵

习近平总书记在全国教育大会上指出"六个力"，其中，社会协同力内涵丰富。陈明宇教授曾指出："一般来说，社会协同力指社会的结构、文化、制度等要素聚合在一定方向和事物上所集成的作用力，是社会不同利益主体平衡、互补、协调、共享驱动所产生的合力。教育视域下的社会协同力，是指教育事业与经济社会协同发展的能力，既包括支撑教育发展的各种力量的协同，也包括教育高质量发展助推社会协同力整体提升；既包括职普融通、产教融合、科教融汇等系统改革，也包括政府、学校、家

---

[1] 《马克思恩格斯选集》（第一卷），人民出版社2012年版，第138页。
[2] 《马克思恩格斯选集》（第一卷），人民出版社2012年版，第418页。

庭、社会等方面的协同育人、互动发展。"① 教育强国社会协同力的内涵是一个多维度、多层次的概念，它涉及教育与经济社会发展的深度融合、坚持多主体共享共赢理念两个主要方面。

1. "一个协同"

教育事业与经济社会协同发展。习近平总书记指出："必须更加注重教育改革的系统性、整体性、协同性。"② 这是习近平总书记在 2018 年全国教育大会上所指出的。可以看出，推进教育强国不只是教育这一个领域需要解决的问题，它是一项具有传导性的事业，需要发挥各方力量形成合力，凝聚强大力量以共同推进教育强国建设。推进中国式现代化，教育也要跟得上。在教育发展过程中，政府、学校、企业、家庭及学生等各方主体均扮演着重要角色。其中，政府作为教育事业的主导者和推动者，对教育事业起着主导作用，其角色在于把握教育发展的宏观方向，制定并实施长远的教育战略规划。政府通过政策引导、资源配置等手段，为教育事业的发展提供坚实的保障和支持。高校以其深厚的学术底蕴与前瞻性的战略布局，成为推动国家教育现代化与社会进步的核心力量。家庭教育不仅要注重对孩子知识和精神上的培养，更要注重家风建设，这事关对中华优秀传统文化的继承、弘扬和发展。社会为教育的健康发展提供了有力的保障，并推动了其进步。因此，在构建教育强国的过程中，需要充分重视社会的角色和作用，通过加强社会与教育的互动和合作来推动教育的持续发展与创新。在教育视角下强调社会协同力是对建设教育强国的前瞻性拓荒，教育强国建设需要教育与经济社会的紧密互动和协同发展。这意味着教育不仅要为经济社会的发展提供人才支撑和智力支持，还要与经济社会发展的需求紧密相连，不断调整和优化教育结构与内容，使得教育的人才输送符合社会实际和社会需求。

人民有所呼，改革有所应。从经济学的视角深入剖析，优质的教育对提升国民的文化素养与科学技术能力具有不可估量的价值，它是驱动经济增长不可或缺的人力资本的源泉。教育作为个体能力提升与潜能挖掘的基本途径，不仅赋予了人们获取知识、专业技能及自我发展能力的机会，而

---

① 陈明宇：《提升社会协同力，扎实推进立德树人》，载《光明日报》2024 年 11 月 5 日第 13 版。
② 习近平：《论教育》，中央文献出版社 2024 年版，第 4 页。

且这一过程所孕育的潜能能够转化为劳动生产率的跃升与创新能力的飞跃。教育体系的优化与强化，是现代经济体系尤其是知识经济时代提升生产要素质量的关键。《中共中央关于进一步全面深化改革、推进中国式现代化的决定》中指出："加快构建职普融通、产教融合的职业教育体系。"① 通过系统性的教育培养，个人能够掌握先进的知识体系，理解复杂的技术原理，并学会将这些知识技术应用于实际工作中，从而极大地提升了其生产效率与创造价值的能力。更为深远的是，教育所激发的创新意识与批判性思维能力，将为经济社会的持续进步提供不竭的动力。

2. "一个理念"

坚持多主体共享共赢的理念。社会是有机统一的整体，要让社会协同力服务教育强国，必然要注重社会各主体的协同力、凝聚力。教育强国社会协同力还强调各社会主体之间的共享共赢和互动发展。此前，教育部等十三部门联合印发《关于健全学校家庭社会协同育人机制的意见》，提出"坚持科学教育观念，增强协同育人共识"②。建设教育强国，实现中华民族的伟大复兴，我们必须秉持多主体共享共赢的理念，深刻认识到社会作为一个有机统一的整体，在推动教育发展中不可替代的作用。这一理念强调社会各主体间的协同合作、凝聚共识，以及通过共享资源与成果，促进共同发展与繁荣。这意味着在教育强国建设中，各方主体应该秉持共享共赢的理念，通过合作和交流实现共同的发展。

从理念层面来分析社会协同力，主要包括资源共享、知识共享、利益共赢。实现共享共赢与互动发展，关键在于建立有效的沟通机制与利益共享机制。政府应搭建平台，促进各主体间的信息交流与合作项目对接；学校、企业、社会组织及家庭之间应建立定期沟通机制，共同解决教育发展中遇到的问题。具体来说，通过设立教育基金项目、教育创新奖励计划等，激励各方贡献智慧与资源，形成良性循环。教育资源作为社会协同力的物质基础，包括硬件和软件设置，比如师资力量、教学设施、课程内容等。共享共赢理念强调在教育资源的配置上，应打破界限，实现校际、区

---

① 本书编写组：《中共中央关于进一步全面深化改革 推进中国式现代化的决定》，人民出版社 2024 年版，第 14 页。

② 《教育部等十三部门关于健全学校家庭社会协同育人机制的意见》，见中华人民共和国教育部网（http://www.moe.gov.cn/srcsite/A06/s3325/202301/t20230119_1039746.html），引用日期：2023 年 1 月 17 日。

域乃至国际间的资源共享，缩小教育差距。明晰优质教育资源的重要性和资源不均衡造成的不公平性，以提高知识资源利用效率，利用优质教育资源做到高质量输送与产出。知识本身就是一种精神动能，教育的本质并非仅限于知识的单纯性传递，更深刻地体现为知识的创造性生成与广泛共享。教育借助学术交流与科研合作的多元化平台，促进了知识的动态流动与持续创新，构建了一个错综复杂而又紧密相连的知识共享网络。这一网络不仅为教育体系内部的互动学习提供了肥沃土壤，更为教育强国战略的深入实施提供了不可或缺的智力支撑与资源保障。共享共赢理念倡导在追求各自主体利益的同时，注重合作与共赢，形成一个可持续的绿色的利益共同体，共同推动教育事业的繁荣发展。共享共赢理念同时也鼓励学校与企业、科研机构等开展合作，促进教育链、人才链与产业链、创新链的有效衔接。

二、教育强国社会协同力的主要特征

教育强国社会协同力关键在于凝聚合力，需要多主体协同配合，汇聚各方力量推动教育可持续发展；教育是与社会相互促进的，从而构成双向驱动力。社会协同力可从两方面进行分析。教育的高质量发展会促进社会经济进步，促进社会和谐稳定；社会的良好发展会为教育提供物质支持，反哺教育事业。只有实现教育高质量发展与社会发展的良性互动与协同共建，才能有效推动国家现代化进程，实现人的全面发展和社会的全面进步。

第一，教育强国社会协同力的多主体协同配合。汇聚各方力量支持教育事业的发展，"政府、学校、家庭、社会协同育人等方面不断增强相互协作、相互支持、共享共生、互动发展的能力或力量"[①]，发挥协同治理长效机制。多主体贯穿教育的全过程，作为战略主导者和推行者，政府在教育强国战略中发挥着把握航向、引领发展的关键作用，确保教育事业在正确的轨道上稳健前行。学校作为教育活动的中心场所，是知识创新源。

---

① 陈明宇：《提升社会协同力，扎实推进立德树人》，载《光明日报》2024年11月5日第13版。

第六章
教育强国的社会协同力

通过教育，教育者对受教育者进行知识上的传授，而受教育者作为教育客体要做好知识有质量地产出。具体实施路径包括：通过深化教学体系的革新，积极探索并实践新型人才培养模式，致力于促进不同学科领域间的交叉融合与协同发展，从而提升教育的品质与效能。在此基础上，学校将进一步拓宽合作渠道，强化"产学研深度融合"与社会服务功能的发挥，有效促进科研成果向现实生产力的转化，更好地为新质生产力服务，为经济社会的全面发展注入强劲的动力与活力。学校不仅是教育事业主阵地，更是立德树人的主阵地。习近平总书记强调："培养什么人、怎样培养人、为谁培养人是教育的根本问题，也是建设教育强国的核心课题。"① 要深入且高质量地回答好这一核心课题，建设教育强国就要充分发挥学校这个立德树人主阵地的作用。家庭是情感与文化孵化器，作为孩子成长的第一课堂，是教育强国建设的重要参与者，更要肩负起育人成才的责任。都说家庭是每个人的第一所学校，父母是孩子的第一任老师，扮演着对个体进行初步社会化与个性塑造的重要启蒙角色。"孩子们从牙牙学语起就开始接受家教，有什么样的家教，就有什么样的人。家庭教育涉及很多方面，但最重要的是品德教育，是如何做人的教育。"② 在家庭这一微观而深刻的社会单元中，家庭不仅为成员提供了情感上的支持与心灵慰藉，更通过日常生活的点滴渗透与言传身教，潜移默化地引导个体形成初步的世界观、人生观与价值观。家庭教育扮演着基础性与补充性的双重角色，与学校教育形成了一种相辅相成、互为支撑的关系，共同构筑起促进学生全面健康发展的坚实基石。

第二，教育强国与社会协同相互促进的双向驱动力。教育与社会之间存在着一种紧密且深远的相互依存关系，彼此支撑，携手构成了驱动社会前行的双重力量。社会协同力的实质远非仅限于社会各主体简单汇聚力量以推进教育事业，它更深层次地体现在这些主体如何围绕共同的目标与理念，通过高效的沟通与紧密的协作，为教育的蓬勃发展及社会的全面进步持续注入生机与活力。③ 这种协同机制不仅优化了教育资源的配置，提高了教育质量，还促进了社会的整体发展与和谐构建。通过教育的知识传

---

① 国务院研究室编写组：《十四届全国人大二次会议〈政府工作报告〉辅导读本》，人民出版社、中国言实出版社 2024 年版，第 173 页。
② 习近平：《论教育》，中央文献出版社 2024 年版，第 166 页。
③ 参见李志民《教育、科技、人才一体化支撑教育强国建设的战略思考》，载《科教发展研究》2024 年第 3 期，第 24 页。

授、能力培养和价值引导，落实立德树人机制，能够为社会各阶层、各行业培养所需人才，进而助推整个经济社会及各主体行业的繁荣与进步。这种协同作用，既强化了教育的社会功能，也彰显了社会对于教育发展的支持与反哺，共同描绘了一幅教育与社会和谐共生的美好图景。从学术层面来看，社会协同力在教育领域的运用，不仅促进了教育资源的优化配置，提高了教育的质量和效益，而且推动了教育公平的实现。同时，教育通过培养具有创新精神和实践能力的人才，为经济社会发展注入了新的活力。社会是教育生态协同体。《中国教育现代化2035》中明确指出实现教育现代化的实施路径之一，就是："完善区域教育发展协作机制和教育对口支援机制，深入实施东西部协作，推动不同地区协同推进教育现代化建设。"① 不仅在微观上对教育进行统筹规划，而且在宏观上从国家战略高度做好各地区教育事业与经济社会的协同发展。社会的多元化资源禀赋、广泛的社会影响力以及深厚的历史文化底蕴，为教育事业的蓬勃发展提供了肥沃的土壤与不竭的创新动力。相应地，教育承担的知识传承使命、人才培养任务以及价值导向功能，为社会的发展与进步构筑了坚实的智力基石与人才保障，扮演着至关重要的角色。

第三，教育强国社会协同力的有效联动。"教育优先发展、科技自立自强、人才引领驱动"② 这三个领域的相关举措就是凝聚社会协同力的社会化表现。党的二十大报告中指出："教育、科技、人才协同发力，为全面建成小康社会、实现第一个百年奋斗目标作出了历史性贡献，为迈上全面建设社会主义现代化国家新征程、实现第二个百年奋斗目标奠定了坚实基础。"③ 三个领域一体推进将为强国建设、民族复兴奠定可持续的智慧动能和稳固的知识与创新能力培育的基础。科技需要人才，而教育培养人才，从而实现三个领域一体推进、协同发展。教育、科技、人才三者之间存在内在的有机联系，是社会协同发展的有力支撑，共同构成了国家发展与进步的基石。其中，教育扮演着人才培养的基石角色，科技则成为人才成长的坚实支撑与强劲动力，而人才则是驱动教育与科技不断迈向新高度的核心驱动力。创新作为驱动社会进步与协同能力提升的核心要素，其重

---

① 学习时报编辑部：《以教育现代化助力强国建设》，人民出版社2020年版，第125页。

② 《习近平著作选读》（第一卷），人民出版社2023年版，第28页。

③ 本书编写组：《习近平新时代中国特色社会主义思想概论》，高等教育出版社2023年版，第137页。

要性在现代社会中愈发凸显。教育是科技进步不可或缺的基石,通过培育具备深厚专业知识与创新能力的高素质人才,为科技创新持续注入鲜活且丰富的智力资源。科技作为人才成长的坚实支撑与强劲动力,它的进步不仅为教育提供了更加丰富多样的教学手段与学习资源,而且极大地拓宽了教育的边界与可能性,还激发了人才的探索精神与创新欲望。在科技的引领下,人才得以在更广阔的领域进行深入研究与实践,不断突破认知的边界,推动人类社会的持续进步。同时,科技的创新也为人才的职业发展提供了无限可能,促使他们在各自领域内不断追求卓越,实现个人价值与社会价值的双重提升。人才作为教育与科技深度融合的产物,扮演着提升社会协同力的核心角色,他们的创新思维与实践能力深刻影响着国家与社会的未来走向。

三、教育强国社会协同力的价值功能

毛泽东同志曾指出,"窃我国今日要务,莫急于图强,而图强根本,莫要于教育"①。可以看出,教育对推进国家发展的重要意义。从马克思主义社会有机体理论的宏观视角审视,社会是一个错综复杂且动态发展的有机整体,其各个组成部分及其各部分中的各要素相互依存、相互促进。教育,作为社会系统中不可或缺的关键要素,其发展轨迹并非独立存在,而是深深植根于经济、社会等诸多外部因素的肥沃土壤之中,且与其他因素存在着密切的相互影响与制约关系。基于此,加强教育强国社会协同力的构建,无疑成为推动教育系统内部深化改革、激发创新活力,以及促进教育与经济社会深度融合、协同发展的根本性要求。这一协同力不仅深刻体现了教育系统对社会变迁的积极适应与响应,更彰显了其在引领社会进步、推进强国建设、民族复兴伟业中的战略地位。

第一,教育强国与经济社会协同发展,增强国家竞争力。在当今国际竞争日益激烈的大背景下,教育强国社会协同力所培育的高素质、复合型人才是国家赢得国际竞争主动权的关键所在。人才作为经济社会发展不可或缺的智力资源,以其卓越的专业技能、创新思维和跨学科视野,成为国

---

① 中共中央文献研究室:《毛泽东早期文稿》,湖南出版社1990年版,第665页。

家发展与繁荣的重要驱动力。教育强国社会协同力旨在塑造与培育高素质、复合型人才，从而为经济社会的持续健康发展提供坚实的人才支撑。教育强国所培育的人才不仅能够在各自的专业领域内发挥引领作用，推动科技进步与产业升级，还能够跨越学科界限，为解决复杂社会问题提供创新性的解决方案。他们凭借卓越的专业素养与国际视野，能够在世界舞台上展现中国智慧，提升国家的国际影响力与竞争力。党的二十大报告提出："必须坚持科技是第一生产力、人才是第一资源、创新是第一动力，深入实施科教兴国战略、人才强国战略、创新驱动发展战略，开辟发展新领域新赛道，不断塑造发展新动能新优势。"① 这"四个新"是内驱力，"如果说从教育大国到教育强国是一个系统性跃升和质变，那么无论是系统性跃升还是质变，无疑都需要一种内生性"②。卢教授所说的"内生性"就是教育领域的改革创新。教育治理体系和治理能力的现代化，成为衡量改革成效的标尺，它不仅关乎教育制度的优化升级，更关乎教育生态的和谐共生，以及教育对经济社会发展的支撑与引领作用。改革创新，不仅是教育现代化的必由之路，更是激发教育活力的源泉。它要求我们在育人理念、办学模式、管理体系及保障机制上实施全面而深刻的变革，以开放包容的心态，破除陈规陋习，打破既有旧框架，探索适应新时代要求的教育发展新路径。这不仅是一场对教育理念的革新，更是一次对教育制度的重塑。以教育现代化推进强国建设，是一场深刻而持久的变革。这一宏伟目标要求我们以改革创新为引领，以制度优化为基石，共同书写教育发展的新篇章。通过教育与产业深度融合的路径，我们得以培养出更多具备创新精神与实践能力的高素质人才，从而驱动产业向价值链更高端跃迁，实现经济社会的可持续发展。强化教育体系、构建教育强国社会协同力，能够有效催化产业结构的优化与产业高端化发展。借助职业教育体系与终身学习机制的深入实施，可以显著提升人力资源的质量与专业技能，使之紧密贴合产业结构动态调整与转型升级的迫切需求。这一策略不仅促进了劳动力市场与产业升级之间的良性互动，还确保了人力资源配置的高效性与前瞻性，为经济结构的转型奠定了坚实的基础。这样，人才支撑、创新驱动、优化产业结构共同构成促进教育与经济社会协同发展、双向驱动的坚

---

① 《习近平著作选读》（第一卷），人民出版社2023年版，第28页。

② 卢晓中：《以教育现代化推进教育强国建设的理论内涵与模式创新》，载《中国高等教育》2024年第Z1期，第47页。

实基础，是我国提升国际竞争力的重要基石。

　　第二，教育强国促进社会协调发展和教育公平，增强社会凝聚力，进一步促进社会公平正义，有效推进社会治理现代化。通过教育强国社会协同力使得社会整体利益最大化，各主体之间协调发展，凝聚可持续合力。思想共识作为社会协同的逻辑基石，是需要凝聚的。社会协同力的本质，在于通过构建高效的集体行动机制，有效应对社会公共挑战，促进社会的整体福祉。这一机制的有效运行，依赖于各协同主体间的深度信任与默契配合，而这一切的根源，在于有共同且共通的价值观念与思想共识。思想共识不仅是社会协同力的逻辑起点，更是其持续深化与拓展的动力源泉，并且使得不同背景、不同利益诉求的主体能够超越个体局限性，以共同的目标导向形成合力，推动社会问题和矛盾的有效解决。教育系统作为社会结构中的重要组成部分，承担着传授知识、培育人才、传承文化等多重职能。在提升社会协同力的过程中，教育系统具有不可替代的作用，这主要体现在"力量聚合"与"矢量一致"两个维度上[①]。教育系统首先要担负起涵养社会道德、促进社会公平正义的重任。教育公平作为社会公平体系的核心支柱，扮演着促进社会各阶层合理流动与动态平衡的关键角色。教育强国战略的深入实施，旨在通过确保教育资源的优化配置，从根本上打破贫困在代际间传递的顽固链条，赋予每个人凭借个人奋斗改写命运的宝贵机遇；这不仅对于缩减不同学校间、城乡之间以及区域间的教育鸿沟具有显著成效，而且深刻影响着社会结构的优化进程，激发了社会的整体活力与创新潜能。教育公平的实现为社会治理现代化的推进构筑了稳固的社会根基，它促进了人力资源的优化配置，使得社会各阶层能够基于公平的教育起点，享有相对平等的成长与发展机会，进而减少了因教育资源不均所引发的社会不公现象。在此基础上，社会治理体系得以在更加公正、包容的环境中运作，不仅提升了治理效率，还促进了社会的和谐稳定。教育公平不仅是社会公平的重要基石，更是推动社会治理现代化不可或缺的动力源泉。通过深入实施教育强国战略，不断优化教育资源配置，我们可以进一步巩固教育公平的基础地位，为构建更加公正、和谐、高效的社会治理体系贡献力量。针对教育公平问题，毛泽东同志曾指出："我国现状，社会之中坚实为大多数失学之国民，此辈阻碍政令之推行、自治之组织、

---

① 沈可、罗仲尤：《提升社会协同力，办好人民满意教育》，载《文摘报》2024年10月16日第06版。

风俗之改良、教育之普及,其力甚大。此时固应以学校教育为急,造成新国民及有开拓能力之人材。"① 从中能看出,毛泽东同志认为缺乏平民教育的原因是教育不公平,故应当积极致力于教育的全面发展,旨在打破由统治阶级所主导的教育不公的现象,进而培育具备深厚文化素养与卓越能力的新一代国民。这一进程不仅关乎社会公平正义的实现,更是推动国家整体进步与繁荣的关键所在。"坚持教育优先发展、科技自立自强、人才引领驱动"②的战略布局,通过深化教育改革,确保教育资源能够公平、公正地惠及每一位公民,为社会的持续发展奠定坚实的基础。在此过程中,重视并强化国民的文化滋养与知识能力培养,将极大促进个体潜能的充分释放,为社会注入源源不断的创新活力与智慧力量。

第三,教育强国推动教育高质量发展,提升教育引领力。促进学科专业结构优化和推进高质量教育,意味着在教育事业上治理的广度与深度要同时发力,既要构建科学高效的教育管理体系,又要激发教育创新的内生动力。教育引领力体现在教育对国家发展方向、社会价值观念、科技创新等方面的引领和推动作用上。教育事业的改革将会是社会协同力的关键一步,教育引领力提升对接的不仅是社会协同力,更是国家战略全局。教育不仅是知识的传授,还是文化传承与创新的过程。应强化中华优秀传统文化教育,同时吸收世界文明的优秀成果,推动文化多样性和创新性发展。高质量教育的精髓,在于孕育出具备创新思维与实践能力的人才,这一使命要求教育系统必须敏锐观察时代的变化,灵活调整并精进其学科专业布局。学科专业结构是教育体系的骨架,直接关系到人才培养的质量与结构,以及教育服务经济社会发展的能力。随着科技进步和产业转型升级,新兴领域如人工智能、大数据、新能源、生物科技等快速发展,对高等教育提出了新的要求。因此,优化学科专业结构,既要巩固传统优势学科,又要积极布局新兴交叉学科,形成与经济社会发展紧密对接的学科体系。提升科研成果转化效率,优化资源配置。一方面,教育体系需紧密贴合经济社会发展的实际需求,积极增设并发展新兴学科与交叉学科,如人工智能、大数据分析、生物科学技术等,以精确对接未来社会对高端技能人才的需求,根据市场需求和就业导向,动态调整专业设置,减少低效重复的

---

① 中共中央文献研究室、中共湖南省委:《毛泽东早期文稿》,湖南人民出版社1990年版,第96页。

② 《习近平著作选读》(第一卷),人民出版社2023年版,第28页。

专业，提高教育资源配置效率，更好地为经济社会发展注入新鲜活力和智慧动能。另一方面，对于传统学科，特别是基础学科如数学、物理、化学、生物等的教育，应持续加大投入，培养一批具有国际视野的基础研究人才。教育体系还需进行深度革新与升级，通过融合现代元素，丰富教学内容与方法，提升教学与科研水平。高等教育机构应成为科技创新的核心驱动力，致力于通过深度推进产学研一体化进程，有效促进科研成果的转化与应用，为产业升级与经济转型提供坚实的支撑力量。这一进程旨在加速科学发现与技术革新向实际生产力的转变，进而推动社会经济的持续健康发展，从而使得传统学科在新时代背景下保持旺盛的生命力与持续的竞争力。此外，加强人文社会科学的教育同样至关重要。这关乎培养学生的全面素质，包括批判性思维、明辨能力、文化素养、情感智慧等。人文学科的教育，能够为学生提供深刻的人生哲理、社会认知与价值导向，帮助他们形成健全的人格与宽广的胸怀。

第四，教育强国促进人的全面发展。教育不仅是个人成长的阶梯，更是凝聚全民智慧、激发社会创新活力的关键。教育强国社会协同力通过深度整合教育资源与社会需求，促进人才素质的全面提升，实现知识与实践、专业与通识的有机融合，从而孕育出一批批既具备深厚理论知识又拥有实践能力的复合型人才。同时，这些人才也是国家实施创新驱动发展战略，推动经济转型升级、纵深高质量发展的重要力量，为实现中华民族的伟大复兴奠定了坚实的人才基础。1921 年，在创办湖南自修大学时，毛泽东同志宣布：学生"不但修学，还要有向上的意思，养成健全的人格，涤涤不良的习惯，为革新社会做准备"①。毛泽东同志强调，我们的教育不仅要教授学生基础知识，更要注意培养学生健全人格与身心健康。当今社会，各主体之间利益诉求多元性、发展目标差异性与价值取向多样性并存。当这些主体间合作动力不足、缺乏共同的价值认同时，便会对社会协同力的构建形成掣肘。提升教育体系质量、优化社会整体协同力已迫在眉睫。在此过程中，教育体系所承担的角色超越了单纯的知识传授与技能培养，而更多地体现为价值观的塑造与社会共识的培育。它以一种更为细腻、深邃的方式，潜移默化地影响着社会成员的思维模式与行为方式，进而推动整个社会的协同与进步。因此，教育体系的高质量发展要从教育自身改革的内在要求出发，这是增强社会合力、提升社会协同力的关键路

---

① 《湖南自修大学创立宣言》，载《新时代》1923 年第 1 卷第 1 期。

径。新时代，以习近平同志为核心的党中央关于教育领域的改革提出了一系列的新思想新观点，着重强调"深化教育体制改革，健全立德树人落实机制"。我们始终围绕着"培养什么人、怎样培养人、为谁培养人这一根本问题"，"坚持立德树人，加强学校思想政治工作，推进教育改革，加快补齐教育短板"①，将教育向符合中国实际、满足人民需求的有利方向改革，让教育成为立德树人机制的指南针。马克思主义认为，人的全面发展是指人的能力、素质、社会关系、个性等各方面的全面发展，这包括人的体力、智力、道德、审美等各个方面的提升和完善。人的全面发展是马克思主义关于人的发展的最高理想，是共产主义社会的重要特征。人的全面发展遵循了马斯洛需求层次理论的进阶逻辑，即在满足基本生理与安全需求后，个体将追求归属与爱、尊重乃至自我实现的更高层次需求。教育有助于促进学生全人格的塑造。"马克思主义经典作家认为，教育是实现人的全面发展的根本途径。在这其中，精神的引导、道德的教育是应有之义。"② 人的全面发展，作为教育领域追求的核心目标，深刻体现了教育在塑造个体、推动社会进步中的基础性作用。这一概念强调的是个体在智力、情感、道德、体能、审美等多个维度上的均衡且全面的能力提升，这一过程不仅是个人潜能最大化、自我价值实现的关键路径，也是促进社会和谐、推动文明进步的重要基石。新时代的素质教育不仅追求学生成绩的提高，更关注对学生精神、心灵、道德品质的塑造。新时代，构建高质量教育体系旨在培育出一代又一代在德智体美劳各方面都实现全面发展的社会主义建设者与接班人，促进人的全面发展。教育体系作为促进社会进步不可或缺的关键环节，其核心使命在于践行立德树人的根本宗旨，并致力于拓宽与深化教育媒介，以此凝聚社会各界的协同合力，这样能产生持久而深远的有利效能。

四、教育强国社会协同力的创新发展

社会协同力的方法创新已成为驱动教育事业蓬勃发展的主要动力。面

---

① 习近平：《论教育》，中央文献出版社2024年版，第3页。
② 赖雄麟：《马克思主义思想政治教育理论时代化研究》，人民出版社2012年版，第131页。

第六章
教育强国的社会协同力

对新时代教育领域的种种挑战与无限机遇，我们要深刻认识到，单凭某一主体的孤军奋战难以应对全局，唯有政府、学校、家庭及社会各界紧密合作，凝聚成一股强大的协同力量，方能开启教育发展的新篇章。教育强国战略下的社会协同力创新，其核心在于打破传统界限，促进教育资源的优化配置与高效利用，充分激发各参与方的内在潜能，携手共建一个开放、包容且资源共享的教育环境。这一创新不仅标志着对传统教育模式的一次深刻转型，更是对新时代教育理念的一次探索与实践，它将为我国教育事业的持续兴盛与中华民族的伟大复兴提供源源不断的活力。

第一，教育强国要坚持强化评价与反馈机制。当前，协同教育的效果评估与反馈机制尚不健全，难以对各参与主体的贡献和成效进行准确、全面的衡量，这一现状不仅不利于及时发现和解决教育强国社会协同力凝聚中存在的问题，也阻碍了各参与主体之间的持续改进和优化进程。评估与反馈机制亟待完善。要在学校和社会上建立评价与反馈机制，让社会公众参与进来。在建设教育强国的宏伟蓝图中，强化评价与反馈机制是激发社会协同力、促进教育协同育人持续发展的重要环节。社会协同力的发挥更需通过科学、公正的评价体系和反馈激励机制，确保协同育人的质量和效率，进一步激发各参与方的积极性和创造力。构建一套科学公正的教育协同发展评估体系，是衡量教育协同培养成效的主要标尺。通过制定一系列清晰明确、具有可操作性的评价指标，我们能够更为客观地揭示教育协同育人的实际成效，进而为教育政策的科学决策与资源的优化配置提供强有力的数据支撑与理论依据。在构建全面而细致的教育评估体系中，学生发展评估、教学质量评估以及教育资源合理充分利用评估构成了三大核心支柱，它们共同支撑起教育效能的精准衡量与持续优化。其中，学生发展评估旨在全面反映学生在知识掌握、技能提升以及综合素质方面的掌握程度。具体而言，学习成果评估通过对平常测试、实践项目作业、毕业设计等成果的评估，精准捕捉学生学科知识的掌握程度与技能提升情况，确保评估结果的客观性与准确性。综合素质评估则更加注重学生非智力因素的考察，利用学生自评、互评以及教师评价等多维度评价方式，深入了解学生的团队合作、沟通能力、创新思维等综合素质，为学生全面发展提供有力支撑。此外，社会责任感评估通过社区服务、社会实践等实践活动，评估学生服务社会、关心他人的意识与行动，引导学生树立正确的人生观与价值观。教学质量评估，作为评估体系的关键环节，直接关系到教育目标的实现与教育质量的提升。课程内容评估通过邀请专家、同行对课程内容进行细致审查，确保教学内容的前沿性、实用性与趣味性，为学生学习提供丰富而高质量的知识资源。师生互动评估则通过课堂观察、问卷调查等手段，深入了解师生互动的频率、质量与效果，为构建和谐的师生关系提供有力保障。教育资源利用评估作为评估体系的补充与延伸，旨在实现教育资源的优化配置与高效利用。资源配置评估通过考察教室设施、图书资料、在线课程等教育资源的配置情况，确保教育资源的充足与合理分配。资源使用效率评估则通过数据分析，精准评估教育资源的使用频率、时长与产生的教育效益，为教育资源的有效利用提供科学依据。

第二，教育强国要创新协同模式扩优提质。"强大的社会协同力，既是当前和今后一个时期全面推进教育强国建设的战略任务，也是以教育现代化支撑引领中国式现代化的基本路径。"① 构建教育强国，不仅要求教育体系内部的自我革新与优化，更需汇聚社会各界的力量，形成强大的社会协同力，共同推动教育事业的扩优提质。推进中国式现代化，教育先行，坚持"教育优先发展"②，可见教育地位之重、意义之深刻。在实施教育强国战略的新阶段，社会协同机制中涌现出了一系列创新的合作模式，这些模式着重于加深教育体系与社会各领域的紧密联系，携手促进教育事业的蓬勃发展。虽然当前已构建了多元化的协同教育模式，但在实际操作层面，各参与主体间的合作往往局限于浅层次的互动，缺乏深度交融与实质性整合，协同深度与广度存在局限性。为创新协同模式扩优提质，一方面，构建多元化、多层次的协同教育体系。在既有的协同机制框架下，需进一步拓宽协同教育网络的层次结构与维度范畴，积极倡导政府、教育机构、企业实体、社会团体及家庭单元等多元主体间的深度协作与融合。通过构建跨领域、跨行业的协同教育平台，旨在促进信息资源的有效共享、教育资源的互补整合，进而构筑起一个全方位、多层次的协同教育生态系统。另一方面，推行区域均衡发展的协同教育战略。针对教育资源分配失衡的现状，需精心设计与实施区域协同教育战略，充分利用政策导向、资金支持与技术支撑等多重手段，促使教育资源向经济欠发达地区及教育质量薄弱的学校适度倾斜。在此基础上，应建立区域协同教育联盟，强化区域内学校间的资源共享与合作交流机制，以期全面提升区域教育的

---

① 沈可、罗仲尤：《提升社会协同力，办好人民满意教育》，载《文摘报》2024年10月10日第06版。

② 《习近平著作选读》（第一卷），人民出版社2023年版，第28页。

整体质量与水平。

  第三，教育强国推动教育信息化，促进资源配置优化。习近平总书记指出："不断拓展实践育人和网络育人的空间和阵地。"① 更加注重网络对于教育的辅助作用，以其积极有利的方面促进教育现代化发展。目前，教育资源分配失衡，教育资源在不同区域、城乡及学校间的分配呈现出显著的差异性，这种不均衡现象直接影响了协同教育的实施效果。关于教育信息化，目前还存在着没有全面普及的问题，网络上虽资源丰富，但真正符合教学需求的高质量资源稀缺且质量参差不齐，难以满足师生的实际需求。2015年5月22日，习近平总书记在致国际教育信息化大会的贺信中提到："中国坚持不懈推进教育信息化，努力以信息化为手段扩大优质教育资源覆盖面。"② 新时代，特别是进入互联网信息化时代，要学会利用现代信息技术手段，实现教育资源的共享和优化配置。教育信息化作为推动教育现代化进程的关键力量，首先能够突破时空局限，通过构建在线教育平台及开发数字化教学资源，实现优质教育资源的广泛共享，有效缩小城乡、区域间的教育差距，进而促进教育公平与普及。目前，我国通过建设智慧校园、在线教育平台、中小学生智慧平台等，打破时间和空间的限制，提升教育效率和质量。其次，教育信息化要依托信息技术手段，促进教育模式的革新，提升教育教学质量与效率，如远程教育、混合式教学等新型教育模式的实施，使教育更具灵活性与个性化；同时，借助数据分析等技术，能够精准掌握学生学习状况，为学生提供个性化学习方案，增强教育的针对性与实效性。最后，教育信息化可以通过构建教育管理信息化平台，实现教育数据的实时采集、分析与运用，为教育决策提供科学依据，并借助信息化手段强化教育监管，规范教育行为，提升教育管理的透明度与公信力。通过教育信息化引入新技术、新方法，可以在一定程度上实现教育资源的均衡配置。在线教育平台与数字化教学资源库的构建，对于缓解教育资源分配不均衡的问题起到了积极作用。这些平台的搭建，使得优质教育资源得以跨越地域限制，输送至偏远及农村地区，为那些原本教育资源匮乏的学生群体提供了接触高质量教育服务的机会，使学生们能够获取更为丰富多样的优质课程与学习资源。

---

  ① 习近平：《紧紧围绕立德树人根本任务 朝着建成教育强国战略目标扎实迈进》，载《人民日报》2024年9月11日第01版。
  ② 习近平：《论教育》，中央文献出版社2024年版，第93页。

五、社会协同力服务教育强国的基本方略

在推动构建教育强国的宏伟蓝图中，指导思想是引领方向的灯塔，如若缺乏教育为党和国家各项事业持续供给的高素质人才支撑，我们的战略目标与宏伟蓝图将难以变为现实。[①] 指导思想明确了社会协同力服务教育强国的根本宗旨和价值追求；基本遵循则是这一过程中的行动指南，它为社会各界在协同推进教育事业时提供了基本的原则和框架，确保各项举措不偏离既定目标；而具体方法则是将指导思想和基本遵循转化为实际行动的桥梁，它们包括但不限于政策制定、资源配置、技术创新、人才培养等方面的细化措施，旨在通过高效、精准的操作手段，如推进高校产学研协同创新，教育体系内部的协同优化，职普融通、产教融合、科教融汇协同改革，等等，促进社会力量的深度整合与协同，共同推动教育强国战略的落地生根。因此在以社会协同力服务教育强国的征程上，我们既要把握指导思想，又要坚定不移地遵循基本原则，灵活运用各种具体方法，以实现社会协同力的最大化发挥。

1. 社会协同力服务教育强国的指导思想

指导思想为教育强国建设提供了明确的方向和目标。习近平新时代中国特色社会主义思想作为马克思主义中国化时代化的最新理论成果，构成新时代教育强国建设的理论根基与实践指南，为教育强国建设提供了根本遵循。指导思想强调了教育的政治属性，要求教育必须坚持社会主义道路，办好社会主义教育。这不仅为社会协同力服务教育强国提供了清晰的导向，也确保了教育发展的正确方向。指导思想蕴含着强大的凝聚力与动员力，能够有效凝聚并动员政府、学校、家庭及社会各界的广泛力量，共同致力于实现教育强国的宏伟目标。通过深入研读并践行党的教育方针与政策，各方能够达成共识，清晰界定各自的角色与职责，进而在教育领域凝聚起一股强大的协同力量。这股力量不仅能够推动教育资源的合理配置

---

① 参见杨晓慧《建设教育强国的根本遵循和行动指南》，载《中国教育报》2024年9月12日第05版。

与高效运用，还能充分激发各方的积极性与创新活力，携手促进教育事业的繁荣发展。有效凝聚社会协同力量，是推进国家强盛、实现民族复兴不可或缺的一环。社会协同力致力于服务教育强国战略，其核心在于凝聚各方力量，形成可持续的合力。这种社会协同力的根本宗旨是服务党和国家事业的发展大局，而教育作为这一大局中的关键环节，为党和国家培养并输送高素质人才，提供坚实的智力支撑。所以，把握教育的政治方向，就要坚持不懈地用习近平新时代中国特色社会主义思想铸魂育人。习近平总书记在2018年全国教育大会上提出"教育事关国家发展、事关民族未来""教育是国之大计、党之大计"[①]。据此可知，我们首要的任务是从党和国家事业发展的战略全局出发来深刻认识并着力发展教育事业，凝聚社会协同力。

中华民族伟大复兴的伟业依赖于人才、科技和教育。教育是一项对中华民族伟大复兴具有决定性意义的事业，其重要性不言而喻。在教育领域，面对新时代的种种新挑战与新机遇，我们需持续探索并创新教学方法与模式。指导思想中蕴含的先进理念与思想精华，为教育改革提供了坚实的理论基础与实践导向。当今世界，综合国力的竞争实质上是人才的竞争，而教育因其基础性、先导性的地位，愈发显著地展现出其作为推动经济社会发展的战略性资源和智力支撑的关键作用。社会协同力服务教育强国以习近平新时代中国特色社会主义思想为指导，深入贯彻党的教育方针。这一指导思想强调了教育在国家发展中的基础性、战略性、先导性作用，以及社会协同力在推动教育强国建设中的重要凝聚作用。习近平总书记强调："我国高等教育发展方向要同我国发展的现实目标和未来方向紧密联系在一起，为人民服务，为中国共产党治国理政服务，为巩固和发展中国特色社会主义制度服务，为改革开放和社会主义现代化建设服务。"[②]毛泽东同志曾强调："中国应当建立自己的民族的、科学的、人民大众的新文化和新教育。"[③] 邓小平同志创造性地提出"教育要面向现代化、面

---

① 习近平：《论教育》，中央文献出版社2024年版，第2页。

② 吴晶、胡浩：《习近平在全国高校思想政治工作会议上强调，把思想政治工作贯穿教育教学全过程，开创我国高等教育事业发展新局面》，载《中国高等教育》2016年第24期，第5页。

③ 《毛泽东选集》（第三卷），人民出版社1991年版，第309页。

向世界、面向未来"①,再到江泽民同志与时俱进地提出"科教兴国"②的战略,胡锦涛同志开拓性地提出"以人为本"③的教育理念,习近平总书记首创性地提出:"我们要建成的教育强国,是中国特色社会主义教育强国,应当具有强大的思政引领力、人才竞争力、科技支撑力、民生保障力、社会协同力、国际影响力,为以中国式现代化全面推进强国建设、民族复兴伟业提供有力支撑。"④这充分彰显了历代中国共产党人的教育思想既保持着一脉相承的连贯性与稳定性,又展现出与时俱进的灵活性与发展性,体现出了教育思想上的传承与创新,这构成了党和国家教育思想的逻辑进路。

2. 社会协同力服务教育强国的基本遵循

社会协同力全面推进教育强国建设,必须深刻认识和把握教育自身面临的突出矛盾和问题,以教育高质量发展积极回应现代化经济体系转型升级对教育的迫切需求、人民群众不断提高的教育期盼。办好人民满意的教育是提升社会协同力的首要前提。教育系统提升社会协同力,主要通过高质量办学与其他主体形成互动合作关系。因此,社会协同力服务教育强国建设,必须遵循其内在的规律。

第一,坚持党对教育事业的全面领导,牢牢把握教育强国的主动权。

习近平总书记指出,"必须以坚持党对教育事业的全面领导为根本保证,以为党育人、为国育才为根本目标,以服务中华民族伟大复兴为重要使命"⑤。党是领导一切的。党的领导为教育事业的战略规划指明了清晰的方向,是教育政策与进一步全面深化改革蓝图科学合理、具有前瞻性且切实可行的根本保证。在推动教育现代化的进程中,坚持党的领导为教育政策的制定提供了根本保证。通过将党的集中统一领导与科学民主决策相结合,政策制定更能充分地基于严谨分析和深刻洞察,从而提升教育资源分配的公平性与有效性。教育现代化作为中国式现代化的一部分,要求教育政策的制定与实施必须与国家发展的整体战略紧密衔接且精准对接经济

---

① 《邓小平文选》(第三卷),人民出版社1993年版,第35页。
② 《江泽民文选》(第一卷),人民出版社2006年版,第448页。
③ 《胡锦涛文选》(第三卷),人民出版社2016年版,第670页。
④ 习近平:《紧紧围绕立德树人根本任务 朝着建成教育强国战略目标扎实迈进》,载《人民日报》2024年9月11日第01版。
⑤ 习近平:《论教育》,中央文献出版社2024年版,第229页。

社会发展的要求,充分发挥教育在中国式现代化进程中的支撑与引领作用。构建一个高质量教育体系,旨在培育具备高素质和创新能力的人才队伍,为中国式现代化进程提供坚实的人才保障,这些高质量人才在经济社会的发展、科学技术的创新以及文化的传承与弘扬等多方面扮演着重要的角色,进而促进教育与中国式现代化之间的良性互动与协同发展,确保教育事业为国家长期繁荣进步提供动力源泉。具体而言,教育政策的构建不仅要反映当前国家发展的现实需要,更要预见并服务于未来的发展趋势,使教育真正成为支撑国家长远战略的坚实柱石。当前西方敌对势力企图对我国实施西化、分化,从来没有停止对中国共产党领导地位及我国社会主义制度的破坏活动,其最为关注并着力渗透的领域之一,就是青少年群体,而青少年如同一张白纸,十分容易受到影响。故我们要建设教育强国就必须坚持党的领导,掌握好意识形态领域的领导权,守好教育这一阵地。要确保意识形态领导权,必须坚定地以马克思主义为引领,全面贯彻并落实党的教育方针。马克思主义不仅是我国建党立国、推动国家繁荣发展的根本理论支柱,也是我们教育工作不可或缺的理论指南和行动纲领。习近平总书记强调:"意识形态关乎旗帜、关乎道路、关乎国家政治安全。"[1] 教育工作归根到底是要落实好立德树人机制。立德树人,简而言之,就是通过全面而系统的教育引导,塑造学生健全的道德人格,培养其成为具备高尚道德品质、深厚人文情怀、强烈社会责任感以及良好行为习惯的新时代青年。这一过程不仅关乎学生个人的成长成才,更关乎社会的文明进步与国家的长远发展。故意识形态和思想观念极为重要,对教育工作产生深远的影响。在教育领域,意识形态工作犹如灯塔,指明了"培养什么样的人"和"如何培养人"的根本方向。唯有坚定地掌握党在意识形态领域的领导权,方能确保教育目标与党和国家的期望同频共振,培育出矢志不渝拥护中国共产党领导、坚定马克思主义信仰、拥护我国社会主义制度的新时代人才。

  系统观念强调整体思维,注重各要素之间的内在联系和相互作用,而社会协同力则强调多元主体的合作与协调,旨在形成教育合力。"系统,是指由相互联系、相互作用的若干要素组成的具有稳定结构和特定功能的有机整体。""只有使系统各要素之间产生相干效应和协同效应,使系统产

---

[1]　中共中央文献研究室:《习近平关于社会主义文化建设论述摘编》,中央文献出版社 2017 年版,第 186 页。

生整体性行为和有序结构,而且朝着使整体功能结构优化的方向调整,不断产生新的有序结构,系统才能得以存在和良性发展。"① 社会作为一个有机联系的整体,其各个主体和要素不能相互脱离,而是要相互促进、共同进步。要善于透过社会中的现象看到事情本质,把握动态过程,通过处理各种关系来达到彼此之间的和谐状态。将系统思维和社会协同力相结合,可以构建一个更加科学、高效、协同的教育生态系统,为教育强国建设提供有力支撑。习近平总书记也曾明确指出:"系统观念是具有基础性的思想和工作方法。"② 系统观念作为一种宏观的、联系的思维方式,为我们提供了宏观的框架与指导,帮助我们把握教育发展的整体趋势与内在逻辑,着重于剖析并把握教育领域内各要素间的内在联系与动态交互,旨在揭示教育系统的复杂性与整体性特征。而社会协同力,则聚焦于多元主体间的紧密合作与高效协调,如同纽带,将政府、学校、企业、家庭等多元主体紧密连接在一起,形成一股强大的推动力,共同应对教育领域的挑战与机遇。两者相辅相成,共同推动教育事业向更加科学、高效、协同的方向发展,为教育强国战略的顺利实施奠定坚实基础;与此同时,通过整合各方资源与智慧,形成一股强大的教育合力,充分发掘并利用社会各要素间的互补优势,实现教育资源的优化配置与高效利用,推动教育事业蓬勃发展,为教育强国建设提供坚实而有力的支撑。

第二,坚持教育、科技、人才协同发展是全面建设社会主义现代化教育强国的基础性、战略性支撑。

凝聚社会协同力,增强战略思维能力。教育、科技、人才就是实现高质量发展的基础能量,"要把服务高质量发展作为建设教育强国的重要任务"③。2019 年 2 月,中共中央、国务院印发《中国教育现代化 2035》,提出"到 2035 年,总体实现教育现代化,迈入教育强国行列,推动我国成为学习大国、人力资源强国和人才强国"。可以看出,这三者就是实现高质量发展的关键基石。目标既定,行动在即。"要统筹实施科教兴国战略、人才强国战略、创新驱动发展战略,一体推进教育发展、科技创新、

---

① 本书编写组:《马克思主义基本原理》,高等教育出版社 2023 年版,第 63 页。
② 《习近平谈治国理政》(第四卷),外文出版社 2022 年版,第 117 页。
③ 习近平:《论教育》,中央文献出版社 2024 年版,第 231 页。

第六章
教育强国的社会协同力

人才培养。"① 以此来优化三个领域的布局，调整完善发展模式。一体化推进教育、科技与人才的发展战略，是构筑教育强国宏伟蓝图的核心路径。在全球化浪潮汹涌的今天，三大战略不仅对于提升国民整体素质、增强国家国际竞争力具有举足轻重的作用，而且能够有效促进社会有序发展和可持续发展目标的实现。面对未来世界诸多的不确定性与挑战，我们必须持续深化教育领域的改革，不断强化科技创新的支持效能，并着力优化人才发展的生态环境。唯有如此，方能确保教育强国建设目标的稳步达成，为国家的长远繁荣进步构筑起坚不可摧的基石。"其中，教育优先发展重在夯实人力资源深度开发基础，科技自立自强重在坚持独立自主开拓创新，人才引领驱动重在巩固发展优势赢得竞争主动。"② 教育创新可以培养出更多的高质量和高素质人才，进而为科技赋能，最终促进国家繁荣、社会稳定。三者之间存在着深刻的内在一致性，彼此间相互支撑、互为依托。因此，构建一个涵盖教育、科技、人才与社会协同力的良性循环互动体系，不仅是提升国家在国际竞争中站位的关键举措，更是实现经济、社会与环境可持续发展的必由之路。习近平总书记指出："创新是一个民族进步的灵魂，是一个国家兴旺发达的不竭动力。"③ 创新不仅是科技进步的源泉，更是推动教育事业与经济社会协同发展的重要引擎。为了有效激发创新潜能，促进社会各领域的深度融合与协同发展，构建教育一体化协同创新机制显得尤为重要。这一机制旨在打破传统界限，促进知识、技术、资本与市场需求之间的无缝对接，实现资源共享，为加快实现科技成果向现实生产力的转化和人才培养提供了更为广阔与高效的平台。这些宏观上的政策与机制要求教育者不仅要传授知识，更要激发学生的好奇心、探索欲与创造力，培养其批判性思维与解决问题的能力。

第三，社会协同力服务教育强国的具体方法。

宏观上系统谋划，微观上具体细化。具体来讲，在社会协同力层面，要高质量推动高校产学研协同创新，培育人才为科技赋能；要对教育系统

---

① 习近平：《紧紧围绕立德树人根本任务 朝着建成教育强国战略目标扎实迈进》，载《人民日报》2024年9月11日第01版。

② 本书编写组：《习近平新时代中国特色社会主义思想概论》，高等教育出版社2023年版，第139页。

③ 习近平：《在同各界优秀青年代表座谈时的讲话》，载《人民日报》2013年5月5日第02版。

内部进行优化升级，主要是教育者的教学理念、教学方法和教学内容要做到与时俱进；职普融通、产教融合、科教融汇协同改革，凝聚各方力量、优化升级各方的"装备"，形成一股强大合力服务教育强国。

一是要推动高校产学研协同创新，加大力度建设高水平的一流大学。产学研协同创新，即产业、学校、科研机构相结合进而实现优势互补，在技术创新上实现上中下游的有效衔接。高校作为科研活动的核心阵地，肩负着孕育高素质人才、驱动科技创新的重大职责。正因如此，扎实推进世界一流大学建设，无疑是教育强国战略中不可或缺的关键一环。在推进中国式现代化的宏伟征程中，教育扮演着先行者与引领者的关键角色，必须置于优先发展的核心位置。而建设世界一流大学，无疑教育创新与高质量发展的关键领域。习近平总书记指出："要把加快建设中国特色、世界一流的大学和优势学科作为重中之重。"① "强化校企科研合作，让更多科技成果尽快转化为现实生产力。"② 由此可以看出，在教育强国社会协同力中，高校和企业的积极结合是未来发展的必然趋势。具体来说，首先，共建研发平台作为深化高校与企业合作的桥梁，在推动科技创新与产业升级的进程中，成为高校与企业合作的重要模式。其中，联合实验室与研发中心作为两种核心形式，为双方提供了深度合作的契机，促进了资源的优化配置与优势互补。共建研发平台作为高校与企业携手并进的关键路径，不仅能够有效促进双方资源的合理调配与优势互补，还极大地加速了科研成果向实际生产力的转化进程，为科技创新与产业升级带来了更多、更好的机遇。鉴于此，我们应当持续加大对共建研发平台的扶持力度，以期不断深化和拓宽高校与企业的合作领域。其次，高校与企业建立合作关系，依据企业的实际需求，定制化地培育专业人才。为促进双方更深入的相互理解和信任，高校与企业之间可以建立人才互派和培训的模式。双方可以互相派遣人员进行交流与培训活动，这不仅能够增强双方人员的专业技能与行业认知，还能为双方未来更加紧密的合作奠定坚实的基础。这一模式有效地缓解了企业的人才短缺压力，同时也提高了高校毕业生的就业竞争力与就业质量，从而缓解社会就业压力，起到了很好的连锁反应。

二是教育系统内部优化，即教育体系内部的协同优化。教育强国社会

---

① 习近平：《论教育》，中央文献出版社2024年版，第230页。
② 习近平：《紧紧围绕立德树人根本任务 朝着建成教育强国战略目标扎实迈进》，载《人民日报》2024年9月11日第01版。

协同力的提升，教育体系内部的协同优化是关键内驱力。从思想政治教育的视角看，教育者与受教育者作为教育主体与教育客体，其身份可在互动过程中动态转化，二者共同构成教育过程的双主体。教育者的教学内容、教学方法要与时俱进，要优化教学理念。教育理念作为教育体系的精髓与导向，其不断革新至关重要。要试着摒弃陈旧的教育观念，积极引入并实践教育新理念，着重激发学生的创新精神，致力于实现学生的全方位、综合性发展，为其未来的学术探索与社会实践奠定坚实的基础。其一，教学内容是教育体系的血肉。为了培养学生的综合素质与多学科融合能力，必须不断对教学内容进行创新与拓展，以适应快速变化的社会需求，在课程设置、教材编写以及教学内容的选择上，既要注重基础知识的扎实掌握，又要注重知识的交叉融合与前沿探索。其二，教学方法是实现教育目标的关键途径。为了提升学生的学习效果与满意度，我们必须对教学方法进行持续的革新与升级，注重因材施教与个性化教学。教学方式的多样化、教学手段的现代化以及教学评价的多元化不限于学校教育，还包括家庭教育、社会教育，以提升学生自主学习与终身学习的能力。故教育体系必须紧跟时代步伐，不断调整与优化专业和课程设置、教学方法和培养目标，以适应就业市场的变化，满足社会对人才的需求。教育的后续就是就业。就业涉及民生，而"民生就是最大的政治"[①]。"促进高质量充分就业，是新时代新征程就业工作的新定位、新使命。"[②] 这是习近平总书记在二十届中央政治局第十四次集体学习时指出的，高度强调了高质量就业的重要性。高质量教育和高质量就业是相辅相成、相互促进的。新时代建设教育强国要发挥高效社会协同力促进高质量就业。随着科技的迅速发展和产业结构的不断调整，就业市场对人才的需求日益多样化、专业化、精准化。教育是培养高素质人才的重要途径。教育水平的提高可以推动科技进步和产业升级，从而促进经济发展。高素质的人才队伍是推动经济发展的重要力量，他们所具备的创新能力和实践能力，可以为经济发展提供源源不断的动力。在新时代背景下，只有不断优化这一动态系统，才能培养出更多适应未来挑战的优秀人才，实现教育与经济社会的良性互动，为经济社会

---

① 董晓辉、周长峰、旷毓君：《新时代扎实推进共同富裕理论与实践研究》，人民出版社 2023 年版，第 178 页。

② 习近平：《促进高质量充分就业 不断增强广大劳动者的获得感幸福感安全感》，载《人民日报》2024 年 5 月 29 日第 01 版。

发展注入持久动力。

三是职普融通、产教融合、科教融汇协同改革。习近平总书记在2024年全国教育大会上强调："构建职普融通、产教融合的职业教育体系，大力培养大国工匠、能工巧匠、高技能人才。"① 这实际上是对全面发展、全民发展提出了要求，被学术界及产业界广泛视为一体化推进科教兴国战略、人才强国战略与创新驱动发展战略的关键节点，是持续塑造国家发展新动能与竞争优势的策略性突破口，深刻体现了学理与实践的紧密结合与相互促进。② 在党的二十大报告中指出："推进职普融通、产教融合、科教融汇，优化职业教育类型定位。"③ 这是中央首次同时提出"三融"。进行协同改革，首先要明晰三者的含义。"职普融通是指职业教育、普通教育通过教学资源共享、培养成果互认、发展路径互通等方式，推动人才培养模式改革，为学生成长成才提供多样化路径选择，为推动中国式现代化提供高素质复合型技术技能人才。"④ 职业教育和普通教育是不同的教育类型，长期以来处于割裂的状态，提出这一概念就是消除教育领域明显的界限和差别，实现二者的"双轮驱动"。在中央政治局就建设教育强国举行的第五次集体学习时，习近平总书记再次强调："要推进职普融通。"⑤ 推进中国式现代化，不仅要实现经济领域的高质量发展，在教育领域也要实现高质量发展，职普融通是实现高质量教育的内在要求与必然趋向。产业与教学密切结合，相互支持，相互促进，产教融合是职业教育的重要支撑。"产教融合是高校、政府、企业（或行业）、科研机构等组织，面向产业发展，以满足市场需求为出发点，以协同育人为核心，以合作共赢为方向，以政产学研育等结合为手段的教育方式，表现出空间整合、主体配

---

① 习近平：《紧紧围绕立德树人根本任务 朝着建成教育强国战略目标扎实迈进》，载《人民日报》2024年9月11日第01版。

② 卢晓中：《科教结合、科教融合与科教融汇》，见人民政协网（https://www.rmzxw.com.cn/c/2023-10-18/3427289.shtml），引用日期：2023年10月18日。

③ 习近平：《高举中国特色社会主义伟大旗帜 为全面建设社会主义现代化国家而团结奋斗——在中国共产党第二十次全国代表大会上的报告》，人民出版社2022年版，第34页。

④ 本书编写组：《党的二十届三中全会〈决定〉学习辅导百问》，党建读物出版社、学习出版社2024年版，第242页。

⑤ 习近平：《加快建设教育强国 为中华民族伟大复兴提供有利支撑》，载《人民日报》2023年5月30日第01版。

合、要素结合、过程融合的新状态,它必须依赖于一种产教结合的新的治理体制来领导,并构建起协同的工作机制来推进各项工作的开展。"① 产业和教育教学相结合,这也就涉及了产业发展和教育发展相协调的问题,具体来讲包括专业、学校与产业、企业的对接。宏观上来说,就是生产与教育对接。科教融汇,就是让科学和教育融汇,让高校成为创新高地,需要注意的是建立科教融合的理论必须正确认识科学研究与人才培养的本质特性,理顺二者之间的关系。"在推动教育链、创新链、人才链、产业链深度融合发展背景下,基于新理念、新方向、新方法、新条件而建设的新型研究型大学在国内相继出现。优化教育链是基础,激活创新链是核心,建强人才链是关键,服务产业链是落脚点,把'科教融汇、产教融合'作为新型研究型大学办学治校的一大特色。"② 这项举措打破了科、教、产三者间长期存在的传统壁垒,加速了科研成果向新型生产力的转化进程,实现了科技与教育的优势互补,并使人才培养方案更好地对接产业需求,展现了一种创新的协同发展范式。

六、社会协同力支撑教育强国建设的实践进路

以社会协同力支撑教育强国建设和民族复兴,力在凝聚。在2024年全国教育大会上,习近平总书记指出:"我们要建成的教育强国,是中国特色社会主义教育强国,应当具有强大的思政引领力、人才竞争力、科技支撑力、民生保障力、社会协同力、国际影响力,为以中国式现代化全面推进强国建设、民族复兴伟业提供有力支撑。"③ 社会协同力,自古以来便是中华民族兴盛与教育昌明的重要支柱,它汇聚了集体智慧,共同书写着教育事业的辉煌篇章。教育强国这一伟大目标在中国式现代化的伟大征

---

① 宋斌:《民办高校思想政治教育协同机制研究》,人民出版社2020年版,第254页。

② 樊建平:《深化"四链融合"视角下的新型教育新使命新挑战:"科教融汇、产教融合"建设深圳理工大学》,载《中国科学院院刊》2024年第9期,第1529-1540页。

③ 习近平:《紧紧围绕立德树人根本任务 朝着建成教育强国战略目标扎实迈进》,载《人民日报》2024年9月11日第01版。

程中，深植于中华优秀传统文化的沃土，致力于教育的全面、和谐与可持续发展。我们注重顶层设计，坚决落实党中央关于建设教育强国的决策部署，坚持教育强国大方向；深化教育改革中社会协同力的作用途径，优化资源配置，力求教育质量之提升，旨在培育出既继承先贤智慧又富有创新精神与实践能力的时代英才；找准关键支点，通过增强共同体的凝聚力，可以使教育领域内的各个参与方更加紧密地携手合作，齐心协力为实现教育强国的宏伟目标添砖加瓦，进而推动教育事业不断攀登新的高峰。与此同时，以开放包容之心，海纳百川，加强国际交流与合作，借鉴世界先进教育经验，不断完善具有中国特色、时代特征、世界水平的现代教育体系。社会协同力既促进了教育资源的有效整合与优化配置，又激发了教育领域的蓬勃创新。

1. 社会协同力支撑强国建设的顶层设计

第一，坚决落实党中央关于建设教育强国的决策部署，坚持教育强国大方向。"教育强国的重心是以教育去强国。"[①] 这里要注意的是，教育强国不是一个名词，而是动词，即通过教育来强大国家[②]，另外，教育强国还强调了和其他领域的连锁反应——推进中国式现代化，既需要高素质人才支撑，也需要科技赋能，而教育的任务就是培养人才。二十届三中全会明确提出了将教育、科技、人才的一体推进作为提升国家创新体系整体效能的关键基石与支撑力量，并对此制定了深化教育综合改革的任务规划。随后召开的全国教育大会，进一步细化了落实党的二十届三中全会精神的路径，旨在实现党的二十大所描绘的中国式现代化宏伟蓝图，明确了教育事业发展的核心任务与战略部署。2024 年 9 月 26 日，国务院新闻办公室举行"推动高质量发展"系列主题新闻发布会，教育部部长怀进鹏出席发布会并介绍全面推进教育强国建设的有关情况，其中提及教育对支撑经济社会发展的重要作用，"高校是教育、科技、人才的集中交汇点，是基础

---

① 柯政：《教育强国的几个底层问题》，载《华东师范大学学报（教育科学版）》2024 年第 9 期，第 1 页。

② 参见冯建军《从"教育救国"到"教育强国"：教育与国家关系的话语演变》，载《清华大学教育研究》2024 年第 2 期，第 22 页。

研究的主力军、重大科技突破策源地,是国家最宝贵的资源"①。以中国式现代化全面推进强国建设、民族复兴,是我们目前最重要、最要紧的任务,那么具体到教育领域,怎样通过教育推进强国建设、民族复兴呢?"教育兴则国家兴,教育强则国家强。高等教育是一个国家发展水平和发展潜力的重要标志。"② 教育是构筑中国式现代化强国建设的坚固基石,是驱动民族复兴伟业的强大引擎,是贯穿全党中心任务的核心内容,也是顺应政治格局和发展趋势深刻变化的战略举措。

第二,教育强国建设是实现中华民族伟大复兴中国梦的关键。我国作为世界上唯一一个文明没有中断的国家,历史文化源远流长。增强民族凝聚力,"文化认同是最深层次的认同,是民族团结之根、民族和睦之魂"③。新时代背景下,教育不仅包括对知识的传授与技能的培训,还承担着意识形态教育的重任,特别是铸牢中华民族共同体意识,这是关乎国家长治久安、民族复兴伟业的战略选择。对内而言,教育的核心在于塑造学生正确的世界观、人生观及价值观,并培养其良好的道德品质,这样的教育不仅为学生个人的全面发展奠定坚实基础,更为国家培养出具备高尚品德、创新精神与实践能力的时代新人,为社会的进步与发展注入源源不断的活力;对外而言,教育成为展示国家形象、传播中华文化、增进国际理解与友谊的重要桥梁。通过加强国际交流与合作,提升我国教育的国际化水平,教育不仅促进了不同文明间的对话与互鉴,还向世界展示了中国教育的独特魅力与成就,增强了国际社会对中国的认知与认同,有效应对了外部意识形态领域的挑战,维护了国家文化主权与安全。这意味着要稳固地把握意识形态领域的主导权和话语权。更为重要的是,要坚持马克思主义在意识形态领域的指导地位。因此,教育在意识形态领域的作用,不仅是新时代教育现代化不可或缺的重要组成部分,更是推动实现中华民族伟大复兴中国梦的关键所在。它要求教育者不仅要具备深厚的专业知识功底,更要展现出高度的政治敏锐性和强烈的责任感。通过教育的强大力量,将中华民族共同体意识深深镌刻在每一个中华儿女的心中,汇聚起实

---

① 《统筹推进教育科技人才体制机制一体改革》,见中华人民共和国教育部网(http://www.moe.gov.cn/jyb_xwfb/gzdt_gzdt/moe_1485/202407/t20240722_1142212.html),引用日期:2024年7月20日。
② 习近平:《在北京大学师生座谈会上的讲话》,人民出版社2018年版,第4页。
③ 《习近平著作选读》(第一卷),人民出版社2023年版,第285页。

现民族复兴的磅礴力量，为建设教育强国进而推进民族复兴和强国建设提供坚实有力的中国力量。教育是人才培育与创新创造的基石，三者之间形成了紧密相依、不可分割的关系，凸显了教育在推动社会发展中的核心重要性。

第三，新时代坚持战略思维能力，在教育强国层面体现为坚持科教兴国战略、人才强国战略、创新驱动发展战略。"当前，中国正在实施科教兴国战略、人才强国战略、创新驱动发展战略，进行教育、科技、人才'三位一体、统筹部署'，最终都要统一于创新上。"① 创新的核心驱动作用参与推进中国式现代化的全过程。核心和关键都在创新。改革创新这一进程不仅是对教育实力的外在扩张，更是内在品质的深刻重塑即内部深化升级，从而实现从教育大国向教育强国的跨越，此间内生性动力——改革创新，成为驱动这一伟大转型的核心引擎。改革创新促使教育资源得到更广泛、更高效的配置。通过引入市场机制，鼓励社会资本参与教育投资，拓宽了教育经费的来源渠道，使得更多优质教育资源得以向基层、农村及边远地区倾斜，有效缓解了教育资源分布不均的问题。习近平同志在十九大报告中指出，要深化"产教融合"②。同时，信息技术的飞速发展也为教育改革提供了强大的技术支撑，远程教育、在线教育等新兴教育模式打破了地域限制，让更多孩子享受到高质量的教育资源，实现了教育公平的新跨越。改革创新作为鲜活的内生性动力，激发了教育系统的自我更新能力。它鼓励教育者不断探索、勇于尝试、与时俱进，形成了一种积极向上、勇于创新的良好氛围。这种氛围不仅促进了教师队伍的专业成长，也激发了学生的学习热情与创造力，为教育的持续进步注入了不竭动力。

2. 社会协同力支撑强国建设的作用

学校、家庭、社会的协同发力是推进教育强国建设的重要方法。习近平总书记在中共中央政治局第五次集体学习时强调，"学校、家庭、社会要紧密合作、同向发力，积极投身教育强国实践，共同办好教育强国事业"③。通过家校社协同育人机制，提高教育与经济社会发展的适配度以

---

① 卢晓中：《以教育现代化推进教育强国建设的理论内涵与模式创新》，载《中国高等教育》2024年第Z1期，第48页。
② 《习近平著作选读》（第一卷），人民出版社2023年版，第28页。
③ 习近平：《论教育》，中央文献出版社2024年版，第233页。

及人才与岗位的适配度。教育系统需致力于在全社会范围内搭建一个高效开放的沟通互动平台，该平台旨在深化教育机构、家庭、社区及企业等多元社会主体间的交流与合作。此平台应扮演信息互通、经验分享与合作探讨的关键角色，通过组织定期的研讨会、专业论坛以及项目合作等多种活动形式，促进教育理念与实际教学之间的双向交流和融合，从而确保教育资源能够精准对接社会发展的实际需求。同时，平台的建设还需特别注重信息化与智能化的提升，充分利用大数据、云计算等前沿信息技术，优化信息交流的流程，提升信息处理的效率与精确度，为家校社协同育人的深入实施提供更加稳固的技术支撑与保障。通过这些努力，旨在构建一个更加紧密、高效且富有活力的教育生态系统。通过这一机制的运作，不仅可以增进多元社会主体间的相互理解，减少误解与冲突，还能激发创新思维，共同探索解决问题的新路径。更重要的是，教育系统应促进各协同主体在互嵌、融合与协调的过程中实现双向赋能。这意味着，每个主体都应被视为社会协同力网络中的资源，其独特优势应得到充分尊重与利用。这一过程不仅有助于提升社会协同的整体效能，还能促进个体的全面发展，形成良性循环，进而提升国家文化软实力，引领社会思潮、凝聚社会共识。

3. 社会协同力支撑强国建设的关键支点

共同体意识是社会协同力的关键支点。共同体意识强化了各方对教育强国目标的认识与认同，使得各方能够围绕共同的目标展开行动，形成合力。"共同体意识是共同体中的个人或族群在共同的社会实践中所形成的凝聚意愿、共同理想和共善价值规范。在中华民族的语义场景中，共同体和共同体意识具有相对确定的内涵，二者是一种双向互构关系。"[①] 其一，在教育领域，共同体意识促进政府、学校、家庭以及社会各界之间的深度共识与紧密协作，这种共识与协同是教育资源得以合理配置、高效利用的重要前提。在 2024 年 11 月教育部、中央宣传部、中央网信办、科学技术部、公安部、民政部、住房和城乡建设部、中国科协等十七部门联合印发出台《家校社协同育人"教联体"工作方案》，这一具有前瞻性和战略性的政策文件，不仅为教育事业的未来发展勾勒出了清晰的蓝图，还明确了

---

① 陈飞：《共同体意识与中华民族共同体建设》，载《宁夏社会科学》2023 年第 3 期，第 15 页。

教育改革的目标导向、实施路径及保障体系。这些政策不仅体现了政府对教育本质的深刻理解，也彰显了其应对社会需求变化的前瞻性布局，为教育强国建设提供了可持续的政策导向。共同体意识作为社会协同力的关键支点，为社会协同力服务教育强国的发展提供了坚实的支撑。因此，在构建社会协同力的过程中，我们应高度重视共同体意识的培养和强化，以推动社会的和谐稳定与持续发展。其二，在教育强国理念的引领下，共同体意识作为维系社会聚合的坚固纽带，为共同体成员带来认同和归属，这种情感联结是社会协同力的基础。当个体认同并归属于某个共同体时，他们更倾向于将该共同体的利益置于个人利益之上，愿意为共同体的繁荣与发展贡献力量。其三，在共同体意识的引领下，成员们能够更顺畅地就共同体的长远目标、核心价值观及行为准则达成一致，进而形成高度统一的思想导向与行动步伐。共同体意识还深刻影响着资源的整合与配置过程。在共同体意识的驱动下，成员们展现出更强的资源共享与整合意愿，无论是资金、技术还是人才等关键资源，都能够在共同体内得到更为合理与高效的配置。这一过程不仅极大地增强了共同体的综合实力，而且为社会协同力的充分发挥提供了更为坚实与丰富的物质和技术基础。这种共识不仅能够有效缓解社会内部的冲突与分歧，还能显著提升社会协同力的运作效率与实际成效。共同体意识还促进了信息共享与沟通协作。教育资源共享、成员间紧密合作、相互依赖的这一共同体图景为实现教育强国的宏伟目标铺设了坚实的道路，使得这一理想拥有了切实可行的基础与实现的可能。同时，这种基于认同感的合作意愿，为社会协同力的形成提供了坚实的心理基础。通过强化共同体意识，使教育领域内的多元主体能够更紧密地团结在一起，"要在各族干部群众中深入开展中华民族共同体意识教育，特别是要从青少年教育抓起"①，多向发力，共同为实现教育强国的目标贡献力量，从而推动教育事业不断迈上新的台阶。通过建立多元主体共同认可的目标体系，形成协同行动意识，确保各方在具体实施中各司其职。我们不仅要动员社会各方继续支持教育发展，更要不断创新教育理念与实践，以更加开放的姿态拥抱未来，共同书写中国教育现代化的辉煌篇章。

---

① 习近平：《论教育》，中央文献出版社2024年版，第205页。

第七章　教育强国的国际影响力

建设教育强国，必须不断提升我国教育的国际影响力。统筹做好"引进来"和"走出去"两篇大文章，在用好世界一流资源的同时不断为世界贡献中国力量，使我国成为具有强大影响力的世界重要教育中心，是深入推动教育对外开放的重要内容和重大目标。立足新时代新要求，不断提升我国教育的国际影响力、竞争力和话语权。① 经过多年努力，我国教育对外开放政策系统性、整体性和协同性集成效应日益显现，已成为教育现代化的鲜明标识和推动力量，为推进教育强国建设提供了有力支撑。

一、教育强国国际影响力的科学内涵

教育强国国际影响力是衡量教育强国建设效果的最重要指标和最显著标志，是建设教育强国的国际要求，是其他"五个力"的延伸，并与其他力量彼此推动、互相促进。这种影响力源自我国自身知识体系和教育体系的领先性、教育实践的创新性以及教育成果的国际认可度。教育强国通过培养具有国际视野和竞争力的人才，推动了全球文化交流和知识创新；通过国际合作项目和教育援助，传递我国的教育理念和价值观，增强了国际社会对我国文化和制度的认同。此外，教育强国国际影响力还体现在以下三个维度：我国对全球教育治理的参与和贡献，在全球教育议题中的话语权和决策权，以及完备的教育对外开放政策。

教育强国国际影响力具有丰富的内涵和充实的内容，是建设教育强国的重要体现，具有重要的理论意义与现实价值。我们可以从本体论、认识

---

① 参见黄宝印《不断提升我国教育国际影响力》，载《光明日报》2024年11月12日第13版。

论、系统论和实践论四个方面对教育强国国际影响力的内涵做出深刻阐释。要将教育强国国际影响力放入中国对外开放的总体格局和世界百年未有之大变局中去理解,才能更加深刻地领悟到教育强国国际影响力的重要性。

一是从本体论角度认识教育强国国际影响力。教育强国国际影响力主要体现在我国教育自身"具备较强的教育国际竞争力、影响力和吸引力,使我国成为具有强大影响力的世界重要教育中心"①。在知识体系构建方面,我国不仅拥有中国特色的教育经验,产生由我国独创的原创性知识体系,而且在全球知识体系建设发展过程中占有重要位置。在科研激励和评价机制方面,我国能够吸引国际人才为我国的发展贡献自己的力量,产出优质科研成果;同时依据我国日趋完善的教育体系,能培养出具有国际竞争力的高素质人才;并且我国科研人员能在本国的科研土壤中得到更好的成长,成为相关领域的国际顶尖人才,这展现了教育强国在自身发展方面的国际影响力。在推动国家发展方面,教育成为推动我国经济社会发展的重要动力,为我国社会发展提供人才支撑,为我国国际地位的提升做出重要贡献,这展现了教育强国在应用方面的国际影响力。在国际交往方面,教育成为我国对外交往的一张带有中国特色的重要名片,具有标识性作用,这展现了教育强国在交往方面的国际影响力。

二是从认识论角度看教育强国国际影响力。教育领域的国际影响力是国内教育发展的外延。具体而言,在知识体系构建方面,我国不仅拥有中国特色的教育经验,产生由我国独创的原创性知识体系,而且在全球知识体系建设发展过程中占有重要位置。只有以"五力"为基础性支撑,中国的教育才能在更大程度上在更广舞台上发挥作用。从思想凝聚力方面来看,教育的作用不仅体现在对于知识的传播,更重要的是对于受教育者世界观、人生观、价值观的塑造,同时在意识形态领域也树立了坚定的中国立场,因此思政引领力为中国教育把握中国方向。从人才竞争力方面来看,通过培养高精尖科研人才和有影响力的社会科学领头人,增强了我国各基础学科和交叉学科的科研实力,提升了我国在全球自然科学和社会科学领域的话语权。从科技实力角度看,人才的雄厚实力促进了科学的发展与进步,提升了技术更新换代的速度与频率,强化了产品的质量和效能,

---

① 张志勇、张文静:《教育强国评价指标体系建构》,载《中国高校社会科学》2024年第4期,第35页。

有助于我们抢占全球科技制高点，提升我国教育的国际影响力。从民生保障力来看，我国的国家性质决定了教育为人民服务的属性，在为人民提供高质量教育服务的过程中，我国教育的综合实力也在逐步提升，各项指标也逐渐向世界列前茅的教育强国靠拢，教育的国际影响力也在这一过程中逐渐提升。从社会领域来看，我国社会各界对于教育的重视程度大幅度提升，有利于推动教育资源的优化配置和多元参与机制的形成，以全方位提升我国教育在国际领域的号召力。

三是从系统论角度理解教育强国国际影响力。教育强国国际影响力是一个由多个子系统构成的复杂系统，每个子系统都承载着特定的功能和目标，它们之间通过相互作用和协同效应共同推动整体系统的发展。这种系统内部的动态互动不仅增强了教育的内在活力，也提升了其在国际舞台上的竞争力和影响力。在这一系统中，教育强国国际影响力与国内的教育质量、教育公平、教育创新等多个方面紧密相连。教育质量的提升能够增强国家的人才培养能力，进而在全球人才竞争中占据优势，这直接关系到国家的科技创新力和经济发展力。教育公平的实现则有助于构建更加和谐的社会，减少社会矛盾，提升国家的整体形象，这对于提升国家的国际声誉和软实力具有重要作用。教育创新则为国家带来新的发展理念和模式，推动教育与科技、经济的深度融合，增强国家的核心竞争力。教育强国国际影响力还体现在其对全球教育治理的贡献上。通过参与国际教育政策的制定、国际教育标准的推广以及国际教育援助等活动，教育强国得以在全球教育领域中发挥引领作用，推动全球教育的公平和可持续发展。这种参与和贡献有利于提升教育强国国际地位。教育强国不仅在国内教育领域取得显著成就，其国际影响力还体现在其对国际教育合作的推动上。通过与其他国家开展教育合作项目，成功实现了教育资源的优化配置和教育质量的全面提升。这种合作不仅促进了教育的国际化，也为教育强国国际影响力提供了实践基础。

四是从实践论角度认识教育强国国际影响力。教育强国国际影响力突出展现在我国教育的对外开放政策方面。"中国开放的大门不会关上。"①这是习近平总书记对世界的庄严承诺。我国近年来逐步完善教育对外开放的政策，推动有关教育对外开放项目的贯彻落实。2020年6月，教育部等八个部门联合印发了《关于加快和扩大新时代教育对外开放的意见》（以

---

① 《习近平谈治国理政》，外文出版社2014年版，第114页。

下简称《意见》),《意见》对新时代教育对外开放作了总体性部署。教育部国际司负责人指出:"教育对外开放是教育现代化的鲜明特征和重要推动力。要坚持教育对外开放不动摇,主动加强同世界各国的互鉴、互容、互通,形成更全方位、更宽领域、更多层次、更加主动的教育对外开放局面。"① 2023年5月,习近平总书记在主持中共中央政治局第五次集体学习时指出,要完善教育对外开放战略策略,统筹做好"引进来"和"走出去"两篇大文章,有效利用世界一流教育资源和创新要素,使我国成为具有强大影响力的世界重要教育中心。截至2024年9月,我国已经"同183个建交国普遍开展了教育合作与交流,与59个国家和地区签署了学历学位互认协议。深入实施共建'一带一路'教育行动,加强同共建国家教育领域互联互通"②。教育领域的对外开放,不仅能展示我国教育综合实力的稳步增长,更能展现我国教育国际影响力的稳步提升。

在风云变幻的世界格局中,国际影响力发挥着十分重要的作用,不仅体现在国与国的对话交往中,更体现在国际各个领域中权威话语权由谁掌控的问题上。教育作为对内对外思想建设的窗口,其自身的发展也具有重要意义。在建设教育强国的路上,国际影响力始终是最具说服力的证明。因此,我们要重视教育强国国际影响力方面的建设。

二、教育强国国际影响力的主要特征

在知识经济不断发展的当代世界,教育对于经济、政治、社会等诸多领域的作用日益凸显,并且这种作用逐渐从隐性转变成显性,成为衡量一个国家文化软实力和综合国力的重要指标。教育强国国际影响力方面的特征也变得更显著。教育强国国际影响力的主要特征展现在以下六方面:教育的自主性强,自身教育体系趋于完善,各类教育成果丰硕,对全球教育

---

① 张烁:《加快和扩大新时代教育对外开放》,载《人民日报》2020年6月23日第16版。

② 《以高水平教育对外开放答好新时代命题——六年来我国教育事业发展成就述评之五》,见中华人民共和国教育部网(http://www.moe.gov.cn/jyb_xwfb/xw_zt/moe_357/2024/2024_zt16/dyjd/2024_zl13/202409/t20240908_1149669.html),引用日期:2024年9月8日。

起到领航作用,教育的开放性较高,对全球教育事业发展做出卓越贡献。

1. 教育的自主性强,有自己独立独特的教育思想与教育理论

从教育的自主性来看,我国教育的自主性近年来逐步增强。在基础教育领域,现阶段我国各级各类学校在党和政府的指导下,以习近平新时代中国特色社会主义思想为指导,坚持马克思主义理论指导和社会主义办学方向,对我国基础教育进行合理规划,教学内容有着鲜明的中国特色,教学理论有着明显的中国风格。在高等教育方面,我国坚持建设有中国特色的哲学社会科学体系。2016年5月12日,习近平总书记在哲学社会科学工作座谈会上首次提出"要按照立足中国、借鉴国外,挖掘历史、把握当代,关怀人类、面向未来的思路,着力构建中国特色哲学社会科学"①,为我国哲学社会科学领域增添了中国特色,也为中国学者的学术研究提供了更多的自主性空间,减少了用"削足适履"的方法来生搬硬套西方社会科学理论的学术研究。在自然科学方面,我国加大对自然科学领域的支持力度,在支持基础学科发展的同时,也支持新兴学科和交叉学科的发展,增强我国自然科学的整体实力和国际影响力,向世界展现我国的科研实力。在职业教育领域,我国制定了《现代职业教育体系建设规划(2014—2020年)》、举办职业教育活动周、印发《关于深化职业教育教学改革全面提高人才培养质量的若干意见》等助推职业教育高质量发展的政策和规划,助推"拿来主义"向"自给自足"转变。在继续教育领域,我国充分利用数字化技术,助推全民教育的建设。总体而言,我国教育的自主性稳步提升,成为推动我国教育发展的主流。

2. 教育体系逐渐完善,教育公平与质量稳步提升

我国教育体系日趋完善,教育质量逐步提升,教育公平建设工作成效更加显著。我国教育质量提升显著,得到了国际社会的广泛认可。基础教育在国际学生评估项目(PIAS)测验的排名与"经济合作与发展组织(OECD)国家平均达标率基本相当,整体达到排名前15位国家水平"②。在软科发布的2024年世界大学学术排名中,中国共有33所高校跻身全球前200名,比2022年增加了7所。教育成果对促进社会经济发展的贡献

---

① 习近平:《论教育》,中央文献出版社2024年版,第116页。
② 高毅哲:《新一轮教育强国指数测算结果发布》,载《中国教育报》2024年5月30日第03版。

力正逐步提升。"中国每年科学、技术、工程、数学专业（STEM）毕业生的数量超500万"①，处于全球领先水平，为我国经济社会发展注入强劲动力。同时职业教育和继续教育也逐渐在我国发展兴盛。我国近年注重落实以人民为中心的教育思想，促进教育资源的优化配置，缩小地区、城乡、学校之间的差距。随着近年来我国教育数字化水平的提升，大大增加了优质教育资源在全国范围内的供给量。我国已经建立了世界上规模最大的教育体系。"2023年，2895个县级行政单位全面实现义务教育基本均衡，九年义务教育巩固率达95.7%。"②除此之外，我国财政还着重向中西部地区倾斜，助推中西部地区教育水平大幅度提升。我国也注重满足特殊人群的教育需求，对于人口在30万以上的县，国家均设立了特殊教育学校。通过这种全方位、宽领域的方式推进我国教育事业均衡发展，为我国所有公民提供教育机会。可见，我国的教育体系已经逐渐向高质量和均衡性发展，并且逐渐受到国际社会的广泛认可。

3. 人才聚集，科研成果丰硕

近些年我国各类教育成果产出极为丰富，在国际领域广受好评。教育成果的取得离不开人才的引领性作用。"我国科学家占全球高被引科学家比例逐年提高，目前居世界第2位，仅次于美国。"③我国的科技人才队伍也在不断壮大，其中受过高等教育的适龄劳动力人数甚至超过了美国。在高精尖人才的带领下，我国在诸多领域都取得了丰硕的成果。在深空探测方面，2020年"嫦娥五号"成功带回了月背月壤；2021年10月，我国成功发射首颗太阳探测科学技术试验卫星"羲和号"，并由此正式进入太阳探测时代。在深海探测方面，2020年11月10日，"奋斗者"号载人潜水器在马里亚纳海沟成功触底，潜入深度达到了10909米。我国还建成了世界上最大的单口径射电望远镜，在设计上突破了百米级望远镜的技术限制，并为建造大型射电望远镜开辟了新的方法。在生物学领域，我国揭示了人类遗传物质传递的关键步骤，对理解癌症发生发展机制具有重要意

---

① 邱海峰：《每年超500万STEM毕业生，全球领先!》，载《人民日报海外版》2024年4月1日第01版。

② 姜洁、吴丹、黄超等：《向教育强国稳步前行》，载《人民日报》2024年9月8日第01版。

③ 高毅哲：《新一轮教育强国指数测算结果发布》，载《中国教育报》2024年5月30日第03版。

义，为癌症早期的预防和筛查做出卓越贡献。在材料科学方面，我国研发出具有超高压电性能的透明铁电单晶，开辟了新的应用领域。在我国教育强国建设战略的推动下，我国的科研能力已经在世界上广受认可，成为展现我国教育强国国际影响力的重要窗口。

4. 领衔世界高等教育的发展

我国教育建设发展取得的丰硕成果，不仅在国内产生了深远影响，也使我国在世界教育领域获得了"领航员"的地位。在科学论文发表方面，2021年我国的国际表现尤为突出。根据《2024年中国科技论文统计报告》，我国在国际三大检索工具《科学引文索引》（Science Citation Index，SCI）、《工程索引》（Engineering Index，EI）和《科技会议录索引》（Conference Proceedings Citation Index-Science，CPCI）中的收录情况显示了我国科研论文数量的庞大规模和国际领先地位。2024年9月18日，国家统计局网站发布的《创新驱动发展成效显著 科技强国建设有力推进——新中国75年经济社会发展成就系列报告之十二》显示："SCI收录了我国科研论文61.2万篇，EI收录了36.8万篇，CPCI收录了3万篇，这些数字不仅显示了我国科研论文数量的庞大规模，而且分别在世界排名中位于第一、第一和第二位。"以上数据体现了我国在全球科研领域中占据的领先地位。此外，我国科技论文的质量也得到了显著提升。2022年，我国科技论文被引用次数排名世界第二位，这一跃升不仅反映了我国科研成果的国际影响力，也体现了我国科研水平和创新能力的显著增强。这些成就共同证明了我国在基础科学领域的投入和努力正在转化为全球科研领域中的实质性进展。"2023年，中国在各学科高影响力和最具影响力期刊上发表的论文数为14227篇，占世界总量的27.7%，排在世界第一位。按第一作者第一单位统计分析的结果显示，中国发表高水平国际期刊论文11.85万篇，占世界总量的33.6%，被引用次数为81.89万次，论文发表数量和被引用次数均排在世界第一位。"[1] 这些成果的取得，是我国科研实力不断增强和国际科研合作不断深化的直接体现，也是我国教育建设发展取得丰硕成果的有力证明。

---

[1] 赵永新：《我国高水平国际期刊论文数量保持世界第一》，载《人民日报》2024年10月14日第19版。

5. 教育对外开放水平提高

新时代，我国教育对外开放程度显著提升，对外开放领域不断拓展。我国教育对外开放的政策体系不断完善。2020年6月，我国出台了《关于加快和扩大新时代教育对外开放的意见》，教育对外开放总体布局不断优化。这些政策文件为我国教育对外开放提供了明确的指导和支持，推动了教育国际合作与交流的深入发展。我国教育对外开放的重点区域发展正在快速推进。"教育部支持粤港澳大湾区建设国际教育示范区，支持长三角地区打造国际合作教育样板区和国际人文交流汇聚地，支持海南自贸港建设国际教育创新岛。"① 这些举措进一步推动了我国教育对外开放的实践和创新。将教育对外开放与我国"一带一路"的外交策略相结合，加强了与沿线国家在教育领域的共建共治，提升了我国教育对外开放与国家战略的融合度，扩大了教育"走出去"的范围。我国教育的"朋友圈"不断扩大，"我国已与183个建交国普遍开展了教育合作与交流，与59个国家和地区签署了学历学位互认协议"②。为培养具有国际视野和全球竞争力的人才提供了有力的保证。此外，我国还成了亚洲第一、全球第三的留学国家。这表明我国教育对外开放的深度在不断拓展，国际合作与交流日益频繁。我国教育对外开放在人才培养方面更是取得了显著成效。通过引进国际优质教育资源，开展中外合作办学，丰富了我国教育供给，创新了人才培养模式，提升了我国对国际教育资源的吸收利用效率。

6. 为全球教育事业做出杰出贡献

我国为全球教育事业做出了卓越贡献。我国积极为全球教育事业发展贡献中国力量，助推全球教育脱贫事业的发展，促进全球人口素质的提升。截至2022年，我国"514.05万名建档立卡贫困学生接受了高等教育、800多万名贫困家庭学生接受了中高等职业教育"③。我国在国际教育合作项目中同样发挥了重要作用，不仅助推全球在线教育平台的搭建，而

---

① 张欣：《以高水平教育对外开放答好新时代命题——六年来我国教育事业发展成就述评之五》，载《中国教育报》2024年9月8日第01版。
② 张欣：《以高水平教育对外开放答好新时代命题——六年来我国教育事业发展成就述评之五》，载《中国教育报》2024年9月8日第01版。
③ 王若熙、杨桂青：《中国教育国际影响力持续提升》，载《中国教育报》2022年10月18日第05版。

且助推线下教育的发展。我国在159个国家和地区设立了孔子学院（孔子课堂），在亚洲、欧洲和非洲设立了30多个鲁班工坊，提升了中国理念和中国思维的影响力。我国积极参与全球教育治理。"围绕教育减贫、抗击疫情等全球性议题，我国持续加强与有关国际组织合作，共同实施了农村义务教育全面普及和质量提升、新冠肺炎疫情'安全返校行动'等项目。"[①] 为全球教育事业的发展建言献策，成为助推全球教育事业进步的坚定力量。我国与联合国教科文组织共同设立了一些旨在保障女童和妇女的受教育权的奖项，同时还设立了"孔子教育奖"，旨在奖励对于全民教育领域有杰出贡献的个人和团体。以上两种奖项的设置有利于推动全球教育的进步，增强了我国对全球教育进步的贡献度。

我国教育国际影响力的主要特征突出且明显，展现了我国教育逐渐增强的实力和国际竞争力，为我国成为人才强国和科技强国奠定坚实的根基。

三、教育强国国际影响力的价值功能

教育强国国际影响力的价值功能是指一个国家在教育领域对全球产生的积极影响和作用。在全球化的背景下，教育不仅是国内发展的基石，也是国家软实力的重要组成部分。一个国家的教育水平和国际合作能力，直接影响其在全球舞台上的形象和地位。中国通过教育强国的建设与发展，在向国际领域展现中华优秀传统文化的魅力、展示中国治国理政思想的优越性、提升教育的对外开放与交流程度以及增强我国硬实力和软实力这几个方面都彰显了极高的价值。

第一，教育强国促进中华优秀传统文化的传播，传播中国声音，提高中国教育国际影响力。建设教育强国，不仅可以提升中国在国际社会的影响力，更能提升中华文化在国际社会的影响力，促进中华优秀传统文化的国际性传播，为营造良好的国际形象贡献力量。教育作为文化传承的重要

---

① 《教育部：我国已与58个国家和地区签署了学历学位互认协议》，见中华人民共和国教育部政府门户网（http：//www.moe.cn/fbh/live/2022/54849/mtbd/202209/t20220920_663310.html），引用日期：2022年9月20日。

途径，在弘扬和促进传统文化发展方面发挥着基础性作用。在全球文化交流中，教育成了传播中国文化、提升国家软实力的关键渠道。

通过课程设置和教学内容的规划，将中华优秀传统文化融入学生日常的学习生活中。在基础教育、高等教育、职业教育和继续教育领域，都可以在课程设置中融入中国优秀传统文化。教学内容和方式灵活多元，既可以通过学科课程又可以通过课外活动，使学生在学习过程中自然接触并理解传统文化的价值和意义。通过这种方式，中国优秀传统文化得以在教育中得到传播和发展。

放眼国际教育领域，"数据显示，截至2023年底，全球已有85个国家将中文纳入国民教育体系，190多个国家开展中文教育，全球除中国外正在学习中文的人数超过3000万"[①]。中文教育在世界范围内的扩展和应用，为展现我国文化的包容开放性做出了卓越贡献，也为凸显我国教育国际影响力提供了重要支撑。除了进行正式的课程教育，非正式的课外活动，比如举办文化交流年、文化旅游年、中华文化进校园等活动，也都展现了我国传统文化的别样魅力，以及教育对于促进中华文化对外传播的积极价值。

第二，教育强国展现中国特色社会主义的优越性。讲好中国故事，提高中国教育国际影响力。"百年大计，教育为本。"[②] 我国教育在促进我国经济社会发展的过程中，更为直接地向国际社会传播中国的治国理念和治国方略，充分展现了我国社会制度的优越性，增强了国际社会对中国的理解和认同。一是中国教育发展获得认可，多举措展现大国担当。我国教育的发展逐渐得到国际社会的认可，为全球扫盲运动和教育事业做出了积极贡献，这不仅展现了我国主动承担国际责任的负责任大国的形象，更展示了我国治国理政思维中的"美美与共"理念。孔子学院的全球布局，已经成为向外展示我国教育事业的一张名片。我国积极参与全球教育治理体系的构建与革新，展现中国视角、提出中国策略、提供中国支持，通过"深入参与《承认高等教育相关资历全球公约》《开放式教育资源建议书》《开放科学建议书》《人工智能伦理建议书》等一系列重要国际规则制定

---

① 刘楚群、黄玲玲：《推动国际中文教育高质量发展》，载《人民日报海外版》2024年11月29日第11版。

② 习近平：《论教育》，中央文献出版社2024年版，第209页。

工作，发布《联合国教科文组织工程报告》"①，为全球文化治理贡献中国力量，展示中国的参与和贡献。一系列的外交举措与教育措施不仅传播了中国的文化，而且展现了中国式现代化的建设成果，传递了国家的政治理念，增强了国际社会对中国的理解和认同，为讲好中国故事奠定了坚实的基础。二是中国以教育推动人类命运共同体建设发展。自人类命运共同体思想提出伊始，我国就十分重视其建设和发展，并致力于构建开放包容、互利共赢、共同繁荣的世界。我国在教育领域倡导利用数字平台互通各国的教育资源，充分展现了我国在国际教育领域的担当和作为。我国在国际教育领域的倡议，为我国外交领域的倡议提供了实施的空间，为人类命运共同体理念增加了世界共识，增强了我国教育事业与外交事业的融合度。2012—2022 年，我国依托人类命运共同体思想和"一带一路"国家战略，"聚力构建'一带一路'教育共同体，全面支撑共建'一带一路'，助力中国建设高质量教育体系"②。教育共同体的构建，不仅是我国教育"走出去"成果的展示，而且是人类命运共同体思想在文化领域的应用，同时也展示了我国以和为贵的国家形象，充分体现了中国特色社会主义的国际责任感和全球视野。我国教育事业的建设发展，为我国对外讲好中国故事提供了一个分享中国治国理政经验的平台。依托这一平台，我国可以更为客观地展示我国的执政理念和治国方略，讲好中国故事，树立可亲可近的国际形象。

第三，教育强国增强教育的国际合作与交流，为科技进步贡献中国力量，提高中国教育国际影响力。在当今全球化的洪流中，开放是国家和地区实现繁荣发展的关键途径，也是适应全球化浪潮的必然选择。对外开放是我国的一项基本国策，体现了中国特色社会主义现代化的显著特征。教育强国的国际影响力主要体现在教育各领域的发展进程中。通过教育的国际化战略，不仅推动了中国各阶段教育的改革与创新，展现了教育强国国际影响力的价值，还为全球教育事业贡献了中国的智慧和力量。一是中国基础教育成果获国际认可。在基础教育领域，2018 年我国基础教育在 PISA 中获得优异成绩，说明我国基础教育的发展水平得到了国际社会的广泛认可。"2016 年，在全国'上海中小学数学教育改革经验'交流会，上

---

① 张欣：《以高水平教育对外开放答好新时代命题——六年来我国教育事业发展成就述评之五》，载《中国教育报》2024 年 9 月 8 日第 01 版。

② 王若熙、杨桂青：《中国教育国际影响力持续提升》，载《中国教育报》2022 年 10 月 18 日第 05 版。

海的数学教学同样吸引了全国同行的目光。不仅如此，这里的经验做法也赢得国际社会的瞩目，英国政府斥资开展中英数学教师交流项目，借中国的智慧提高国民的数学素养。"① 可见我国基础教育的发展水平受到了其他国家的认可，这促进了我国基础教育以更加自信的姿态"走出去"。二是中国高等教育国际化成效显著。在高等教育方面，随着我国"双一流"高校建设工程的推进，我国众多高校进入了世界第一梯队，甚至引领了相关学科的发展。同时，我国高校参与国际重大科研项目的深度和广度也在增加，"中国高校教师走出国门，深度参与国际热核聚变实验堆、大洋钻探等国际大科学计划。中国科学技术大学潘建伟团队的量子信息实验研究成为近年来世界物理学发展最迅速的方向之一"②，在更广阔的平台上展现我国高等教育的发展水平。中外合作办学的教育模式不断发展，为我国经济建设发展吸引了更多的优质资源。"2018年以来，经教育部批准设立的本科以上合作办学机构和项目共473个，其中包含2所合作大学。……境外办学者既包括综合实力强的世界一流名校，也包括在特定专业领域具有显著优势的高水平院校，理工农医类合作办学占合作办学总数的71%。"③ 中外合作办学能力的持续提升，为我国参与全球科学发展事业贡献了力量。三是中国职业教育国际化成果丰硕。在职业教育领域，我国积极参与全球职业教育治理体系建设，与世界各地的职业教育组织建立广泛的联系网，共同参与制定国际职业教育标准，展现了我国在国际舞台上的活跃形象和影响力。中国不仅主动承办和参与国际职业教育展览会、世界性职业技能大赛、职业教育国际论坛等活动，还通过这些平台提升了自身的国际知名度和影响力。这些活动不仅为中国职业教育提供了展示自身成果的机会，也为国际合作和交流搭建了桥梁，促进了教育资源的共享和经验的交流。通过这些举措，中国职业教育正逐步构建起具有国际影响力的职业教育品牌，推动了中国职教国际化水平的提升。此外，中国职业教育还注重开发国际通用的职教标准，做大做强中国职教标准体系，进一步增强了中国职业教育在国际上的竞争力和话语权。

---

① 董少校：《政府投上千万英镑，引进上海数学教学经验——英国为何三次派教师赴上海取经》，载《中国教育报》2016年11月11日第05版。

② 王若熙、杨桂青：《中国教育国际影响力持续提升》，载《中国教育报》2022年10月18日第05版。

③ 张欣：《以高水平教育对外开放答好新时代命题——六年来我国教育事业发展成就述评之五》，载《中国教育报》2024年9月8日第01版。

通过在教育各领域的通力合作，我国吸引了更为广泛的国际资源，包括高精尖人才和高水平科技，促进了世界科学技术的发展与进步，促进教育资源的双向流动，彰显了我国教育强国建设的国际影响力，展示了我国教育强国国际影响力在助推全球教育事业发展方面的价值。

第四，教育强国培育高精尖人才，展现教育强国国际影响力的人才力量。在全球化迅猛发展的今天，培育高精尖人才已成为展现一个国家教育实力和国际影响力的重要价值指标。我国作为教育大国，正通过培养具有国际视野和创新能力的高精尖人才，展现教育强国国际影响力。我国高等教育体系的不断完善，为高精尖人才的培养提供了坚实的基础。通过实施"双一流"建设，高校在人才培养、学科建设、科研创新等方面取得了显著成效。"人才自主培养能力显著增强，2016年以来，建设高校培养了全国超过50%的硕士和80%的博士，学科专业设置不断优化。"[1] 这些高校不仅在国内享有盛誉，而且在国际上也获得了广泛认可，成为吸引全球优秀学生和学者的重要平台。中国在科研投入上的持续增加，为高精尖人才的成长创造了良好的环境。"2023年，我国择优资助1572个依托单位各类项目52547项，资助经费（含联合资助方经费）约318.79亿元。"[2] 国家对基础研究和应用研究的大力支持，使中国在人工智能、量子信息、生物技术等前沿技术领域取得了一系列突破性成果，这些成果不仅推动了国内科技进步，也提升了中国在全球科技竞争中的地位。

中国高校与国际顶尖高校的合作交流日益频繁，为提升高精尖人才的国际视野和跨文化交流能力提供了机会。通过联合培养项目、学术交流、国际会议等形式，中国学生和学者能够与世界各地的同行进行深入交流，共同探讨学术问题，这不仅拓宽了他们的视野，也增强了他们的国际竞争力。中国政府对留学生教育的重视，也为展现教育强国国际影响力做出了贡献。通过提供奖学金、优化留学服务等措施，吸引了越来越多的国际学生来华学习，"中国政府奖学金累计录取来华留学生8.9万人，年度资助

---

[1] 林焕新：《"双一流"建设8年取得显著成效 怀进鹏向全国人大常委会报告建设中国特色、世界一流的大学和优势学科工作情况》，载《中国教育报》2024年11月6日第01版。

[2] 甘晓：《国家自然科学基金2023年资助经费达318.79亿元》，载《中国科学报》2024年4月1日第01版。

超6万人在华学习"①。这不仅促进了文化的交流和理解,也提升了中国教育的国际声誉,展现了我国教育强国国际影响力在培养具有国际化视野人才方面的重要价值。

四、教育强国国际影响力的创新发展

身处世界百年未有之大变局中,教育对于国家国际影响力的作用逐渐凸显,对国家进步的推动力正在逐步增强。教育强国国际影响力提升,不仅关乎国家形象和软实力的塑造,更是推动全球教育发展和文化交流的关键。随着国际竞争的日益激烈,如何通过方法创新来增强教育的国际影响力,已成为各国教育政策制定者和实践者共同关注的焦点。对此,我国可通过"六力"框架构建、体制机制改革和国际合作模式创新三个维度,探索创新教育强国国际影响力提升的有效路径,旨在为构建全球教育共同体贡献中国智慧和中国方案。

第一,促进"六力"全面发展为教育强国系统化发展提供统筹思路。一是"六力"协同促进教育综合实力的提升。从"六力"相互协调的角度来看,教育强国国际影响力是一个多维度、多层次的复杂系统,它涉及教育系统内部各要素之间相互作用和与外部环境的互动。在这个系统中,教育的国际影响力与其他影响力不是孤立存在的,而是相互依存、相互促进的。"思政引领力为教育强国提供政治保障、价值导向与文化传统。在此基础上,人才竞争力通过培育国家栋梁得到持续增强。科技支撑力促进教育质量与创新能力的提升,与人才竞争力互为表里,共同提升国家现代化水平。民生保障力确保教育公平,为社会协同力打下坚实基础,促进社会和谐。社会协同力通过跨领域合作增强教育实效,促进全体人民共同富裕。国际影响力提升我国教育话语权,吸引国际资源,增强人才和科技实力。"②要把"六力"看成一个整体,以"六力"为核心,向更广领域拓展,促进我国教育综合实力的提升。二是构建教育强国需重视政策与资源

---

① 生建学:《学习贯彻党的二十大精神,推动公费留学创新发展》,载《中国教育报》2022年12月27日第01版。
② 刘复兴、惠文婕:《"六力"构建教育强国建设框架》,载《光明日报》2024年10月8日第15版。

第七章
教育强国的国际影响力

配置。在构建教育强国的过程中,政策制定和资源配置是两个关键环节,它们对于实现"六力"框架下的全面发展至关重要。政策制定不仅要关注教育本身的质量提升,还要深入考虑教育如何与社会经济发展、文化传承等其他领域相互作用,形成协同效应。因此,我们需要具备宏观视野,将教育政策与国家的宏观经济政策、社会政策、文化政策等各领域政策紧密联系起来。比如在经济领域倡导教育教学与产业发展的融合,"比亚迪全球最大、国内建设速度最快的电池生产基地在南宁,新能源电池所需的铝精深加工又是南宁特色产业。南宁市智能制造产教联合体由南宁职业技术大学和南南铝业股份有限公司共同牵头"[①]。确保教育政策能够与其他政策形成合力,共同推动国家的整体进步。在资源配置方面,根据"六力"框架的要求,需要对教育资源进行科学合理的分配。这包括对基础教育、高等教育、职业教育等不同教育阶段的投资,以及对城市和农村、东部和西部等不同地区教育资源的均衡分配。资源配置还需要考虑教育的长远发展和规划,对教育基础设施建设、教育信息化、教师队伍建设等关键领域进行重点投资,以确保教育系统的可持续发展;同时在资源配置过程中还应注重效率和效果的双重考量,通过建立有效的评估和反馈机制,对教育资源的使用效果进行监控和评价,确保资源能够被用在最需要的地方,发挥最大的效益。这种基于效果的资源配置方式,有助于提高教育投资的回报率,促进教育资源的高效利用。要用宏观视角认识教育强国国际影响力与其他"五力"的关系,以联系和发展的观点全面把握和认识它们之间的潜在联系,这样才能在整体构建时拓展思路、创新方法,促进落实。

第二,推动现有教育体制机制创新,适应教育强国发展的时代需要。针对教育领域体制机制创新要求,我们应对现有的基本制度和组织形式进行必要的改革,以适应新的发展需求和环境变化。通过对体制下的具体运作方式和流程进行创新和优化,以提高效率和效果。通过体制机制的创新,使我国现有的教育系统不断完善,能够更好地适应外部环境的变化,提高竞争力和创新能力。一是中国教育对外开放政策推动国内改革和国际合作。2020年,针对当前我国教育的国际发展局势,教育部等八部门联合印发的《意见》为我国教育领域的对外开放做出高屋建瓴的指导。"《意见》提出着力破除体制机制障碍,加大中外合作办学改革力度,改

[①] 欧媚:《加速实现教育与产业"双向奔赴"——透视6家新建国家市域产教联合体》,载《中国教育报》2024年11月15日第03版。

进高校境外办学，改革学校外事审批政策，持续推进涉及出国留学人员、来华留学生、外国专家和外籍教师的改革，着力推进相关领域法律制度更加成熟定型。"① 在具体落实如法律法规方面，制定支持国际教育合作与交流的专项法律法规，明确政府、高校、社会力量在国际教育中的职责与权责分配，形成资源共享与统筹发展的格局。在财政支持方面，为国内高校参与国际化竞争提供财政支持、税收优惠、专项经费等激励政策。除了对内改革，我国还要注重对国际教育治理机制的建设。通过教育外交推动合作，在联合国教科文组织等国际机构中提升中国话语权，"2023年11月，联合国教科文组织第42届大会通过了在中国上海设立教科文组织国际STEM教育研究所"②，让中国在国际教育领域拥有更多制定标准的机会，以此来助推国际领域教育体制机制的发展，为中国教育"出海"打通道路。在国际教育领域积极推行中国标准，助推中国标准更好的"走出去"，比如在职业教育领域，"中国职业教育标准进入鲁班工坊合作国家国民教育体系"③ 提升了中国标准在国内外的实施效率。二是数字化时代完善在线教育平台体制机制。在数字化时代，在线教育平台依托互联网发展而方兴未艾。针对这一新兴产业，许多体制机制还不够完善，需要依托政策引导和行业自律来逐步建立和完善。对于在线教育平台出现的问题，有针对性地对现有的管理体制和运行机制进行优化。同时对组织结构、管理方式、决策流程等进行调整，以提高管理效率和效能。针对在线教育组织内部的工作流程、协调机制、激励机制等方面进行改革，可以建立行业标准以规范内部运行的规范性和响应速度。此外，还需要加强监管，我们在《北京共识》中指出："确保人工智能促进全民优质教育和学习机会，无论性别、残疾状况、社会和经济条件、民族或文化背景以及地理位置如何。教育人工智能的开发和使用不应加深数字鸿沟，也不能对任何少数群体或弱势群体表现出偏见。"④ 高屋建瓴地对教育人工智能的发展，对公

---

① 张烁：《加快和扩大新时代教育对外开放》，载《人民日报》2020年6月23日第16版。

② 张欣：《以高水平教育对外开放答好新时代命题——六年来我国教育事业发展成就述评之五》，载《中国教育报》2024年9月8日第01版。

③ 钟曜平：《为全球教育发展贡献中国智慧》，载《中国教育报》2024年9月7日第01版。

④ 联合国教科文组织：《北京共识——人工智能与教育》，载《中国教育报》2019年8月29日第03版。

第七章
教育强国的国际影响力

平性做出规划。同时也要加强监管,确保在线教育平台的运营合规,防止虚假宣传和不正当竞争。

第三,创新教育强国的国际合作方式,展现教育强国长期规划。我国教育在国际合作领域从最初的"引进来"到现在的"引进来"与"走出去"多措并举,体现了我国教育对外开放的程度向纵深发展,为我国教育向世界拓展构建顶层规划。我国教育国际合作的战略规划更加注重全局性和前瞻性,旨在构建一个全方位、多层次、宽领域的教育对外开放新格局。这种顶层规划不仅关注引进国际优质教育资源,提升国内教育水平,也强调将中国教育的影响力扩展至全球,推动中国教育模式和理念的国际化。通过这种顶层设计,我国教育的国际合作不再是单一方向的交流,而是双向互动、互利共赢的合作模式,这不仅有助于提升我国教育的国际竞争力,也为全球教育的发展贡献中国理念。一是中国教育"引进来"的多元举措。在"引进来"领域,我国不断提升对国外高精尖人才的吸引力,从单纯的经济支持到通过科研布局、职称评选、社会保障等进行全方位宽领域的支持;同时,吸引本国海外留学人才回国就业,也成为引进人才的重要组成部分。习近平总书记指出:"党和国家尊重广大留学人员的选择,回国工作,我们张开双臂热烈欢迎;留在海外,我们支持通过多种形式为国服务。"[1] 这既展现了我国教育对于本国具有国际化人才的吸引力,也彰显了党中央对引进归国留学人才的高度重视。我国积极与世界一流高校开展合作,针对我国发展急需的各领域人才,进行联合培养,从国家层面直接给予国内"双一流"高校部分权力,以引进更多优质资源,实现对于国外优质教育资源的高效利用。二是我国教育"走出去"的多方举措。在"走出去"方面,出台相关文件,支持我国高校在境外办学,展现我国对于中国教育"走出去"的长期规划,实现我国对于各类资源的充分整合和利用。2019 年 9 月,教育部发布《高等学校境外办学指南》,指导学校重点分析"一带一路"建设的人才需求,注重为中国"走出去"企业培养合格人才,着力探索在"一带一路"沿线地区办学[2]。支持我国积极组建全球高校联盟,扩大我国高校的"好友圈",增进彼此的理解,减少矛盾冲突。通过这些联盟,我国高校能够与世界各地的高等教育机构共享资

---

[1] 习近平:《论教育》,中央文献出版社 2024 年版,第 42 页。
[2] 《关于政协十三届全国委员会第三次会议第 0184 号(教育类 012 号)提案答复的函》,见中华人民共和国教育部网(http://www.moe.gov.cn/jyb_xxgk/xxgk_jyta/jyta_gjs/202012/t20201203_503267.html),引用日期:2020 年 10 月 28 日。

源、交流经验，共同提升教育质量和科研水平。提出国际产学研融合发展的战略，结合实际需求，将教育与产业创新对接，实现国际化人才培养与全球产业链融合，为中国教育"走出去"铺好更宽广的应用道路，为全球教育的进步提供了中国的思路和方案，凸显了我国教育国际地位的显著增强。我国教育在"走出去"方面实现了对教育资源的充分整合和利用，推动了教育对外开放的深入发展，展现了我国教育对外开放的活力和自信。我国教育的国际影响力正日益彰显，得益于我们在方法创新上的不懈努力。我们将"六力"融为一体，从统筹化发展角度，对教育对外开放做出规划。促进体制机制创新，不断探索教育科技前沿，为全球教育改革提供了新的思路和方案。通过"引进来"策略，我们构建全球教育伙伴网络，不仅促进了教育资源的跨国流动，还推动了教育理念与实践的国际对话。我们积极践行"走出去"思维，将中国教育的影响力延伸至世界各地，与合作国家一起培养大批急需人才；同时，我们将继续坚持开放包容、合作共赢的原则，深化国际教育交流与合作，为世界教育的繁荣发展贡献力量。

五、国际影响力服务教育强国的基本方略

开放是中国式现代化的鲜明标识，教育的国际影响力是教育强国的显著标志。"深入推进高水平教育开放，要不断完善教育对外开放战略策略，稳步扩大制度型开放，处理好'规范有序和激发活力'的关系。"① 深入推进高水平教育开放，要统筹做好"引进来"和"走出去"两篇大文章，有效利用世界一流教育资源和创新要素，处理好"扎根中国大地和借鉴国际经验"的关系，不断扩大教育的国际影响力，从而促进教育强国的建设。这需要把握必需的方略。

1. 坚持党对教育事业的全面领导

习近平总书记围绕教育发表一系列重要论述，科学回答了"培养什么

---

① 邓晖、周世祥、宋魏：《肩教育之责，谱强国新章》，载《光明日报》2024年9月12日第14版。

人、怎样培养人、为谁培养人"的根本问题，深刻回答了新时代新征程为什么要建设教育强国、建设什么样的教育强国、怎样建设教育强国等一系列重大问题，为建设教育强国指明了前进方向、提供了根本遵循。建设教育强国，必须扩大教育的国际影响力，而教育的国际影响力对建设教育强国也具有重要的意义，二者之间具有内在的逻辑关系。教育的国际影响力服务教育强国建设，必须坚持正确的政治方向，坚持党对教育事业的全面领导，紧紧围绕立德树人根本任务，培养德智体美劳全面发展的社会主义建设者和接班人。

党是领导一切的。习近平总书记指出："办好我国高等教育，必须坚持党的领导，牢牢掌握党对高校工作的领导权，使高校成为坚持党的领导的坚强阵地。这一点任何时候都不能有丝毫动摇。"① 我们党在马克思主义的指导下，能更清醒地认识时代格局，能更精准地把握世界发展潮流，让"科学社会主义在二十一世纪的中国焕发出新的蓬勃生机"②。马克思主义指导我们要具体问题具体分析，要做到推陈出新，真抓实干，以建设共产主义社会为最高目标，坚持为全人类解放做出贡献。马克思主义为中国在国际舞台上表达自身观点和主张提供了科学的理论基础。中国以马克思主义为指导，能够从历史唯物主义和辩证唯物主义的高度，深入分析国际问题的本质和发展规律，从而提出更具深度和前瞻性的见解，使中国在国际话语体系中占据更有利的位置，发出更响亮、更有说服力的声音。在马克思主义指导下的中国共产党，致力于实现中华民族伟大复兴中国梦，也致力于实现世界人民伟大繁荣。坚持马克思主义，为我国实现教育强国建设提供了最为重要的思想指引，为我国综合国力提升发挥了重要的作用。

中国共产党是推动中国从积贫积弱走向伟大复兴的决定性力量。我国在党的领导下，取得了国家实力高速高质发展的奇迹。中国共产党的领导为国家发展提供了明确的政治方向和稳定的政治环境，这对于国际社会来说是一个积极的信号，增强了外界对中国政策连续性和稳定性的信心，为我国长期贯彻落实教育强国战略奠定了坚实的基础。在党的领导下，中国实施了一系列改革开放政策，促进了经济的快速增长，使中国成为世界经济增长的主要引擎之一，从而提升了中国在全球经济中的影响力，为中国

---

① 习近平：《论坚持党对一切工作的领导》，中央文献出版社 2019 年版，第 162 页。
② 《习近平著作选读》（第一卷），人民出版社 2023 年版，第 13 页。

支持教育强国事业发展提供了财力支持。中国共产党高度重视中华优秀传统文化的传承和弘扬，将其作为中华民族的精神命脉。通过加强文化遗产保护、推动传统文化创造性转化和创新性发展，中华优秀传统文化在新时代焕发出新的生机与活力。中国丰富的文化遗产、独特的文化魅力吸引着世界各国人民的关注和喜爱，增进了中外文化交流与互鉴，提升了中国文化的国际影响力，为我国教育理念的"漂洋过海"扬起思想之帆。

中国共产党始终是助力中国自信地走向世界舞台的最根本力量，坚持党的领导是提升我国国际影响力的坚实基础。习近平总书记指出："加强党的领导是做好教育工作的根本保证。必须牢牢掌握党对教育工作的领导权，……使教育领域成为坚持党的领导的坚强阵地。"① 只有坚持党的领导，才能促进我国教育强国国际影响力的稳步提升，助推我国教育强国建设行稳致远。

在习近平新时代中国特色社会主义思想的指导下，我国综合国力稳步提升，走出了区别于西方的中国式现代化新道路。党的二十大报告指出："中国式现代化为人类实现现代化提供了新的选择，中国共产党和中国人民为解决人类面临的共同问题提供更多更好的中国智慧、中国方案、中国力量，为人类和平与发展崇高事业作出新的更大的贡献！"② 中国在国际社会的影响力稳步提升，在全球各领域的话语权也在稳步提升。面对复杂的国际局面，"我们展现负责任大国担当，积极参与全球治理体系改革和建设，全面开展抗击新冠肺炎疫情国际合作，赢得广泛国际赞誉，我国国际影响力、感召力、塑造力显著提升"③。我国的国际影响力稳步提升，为我国教育强国建设奠定了坚实的物质基础，构建了完整的框架结构。

2. 教育强国建设必须融入中华优秀传统文化，扩大优秀传统文化在教育中的影响力

中国有着五千年的历史和独特的文化，在中国逐渐走向世界舞台中央的过程中，这些文化时至今日依然在深刻影响着中国和世界。近年来，随着我国国际影响力的不断提升，中国传统文化中的各种思想也得到了更为广泛的认可与研究。其中各类教育思想也成为海内外学者研究的主题之一，儒家提倡"有教无类""因材施教"，道家认为应该"行不言之教"，

---

① 习近平：《论教育》，中央文献出版社2024年版，第3页。
② 《习近平著作选读》（第一卷），人民出版社2023年版，第13页。
③ 《习近平著作选读》（第一卷），人民出版社2023年版，第11页。

墨家强调实用主义，等等，这些流传至今的教育思想，不仅成为中华优秀传统文化的重要组成部分，更成为展现中国独特魅力的重要标识。这些古老的教育智慧收获了更广泛的世界认同，成为提升中国教育影响力，建设教育强国的重要思想来源。

传统文化不仅成为中国展现自我的渠道，更成为中西方对话的窗口。随着我国国际影响力的逐渐增强，我们不可避免会与世界各国的教育界进行对话协商。在与国外教育界进行深入接触的过程中，我们可以从传统的东方教育理念入手，与近现代各国教育思想进行对接，比如，孔子所提倡的因材施教与西方教育体系中的重视个体差异不谋而合。受我国国际地位提升的影响，我国传统的教育理念拥有了更为广阔的施展空间，进而为我国教育理念的国际化做出了卓越贡献，为教育强国建设展现国际影响力发挥了独特作用。

3. 国际影响力对教育强国建设的基本遵循

在推动我国教育强国建设过程中，国际影响力发挥着重要作用。在建设过程中要遵守一些基本的原则，确保我国强国建设行稳致远。

一要坚持教育的中国特色。中国在现代化进程中走出了一条与西方资本主义国家截然不同的道路，这一道路深深植根于中国特色社会主义制度。这一制度不仅为中国的社会建设提供了坚实的总体框架，而且确保了国家的持续稳定与发展。在这一制度的引领下，中国的社会建设得以稳步推进，国际影响力也随之不断增强。中国特色社会主义制度的优势在于其能够集中力量办大事，有效整合资源，推动国家在经济、科技、文化等各领域实现跨越式发展。在国际舞台上，中国所取得的成就越来越受到世界的关注和认可。中国特色社会主义制度的实践证明，它能够适应中国国情，推动社会全面进步和人民生活水平的显著提高。在教育领域，这一制度为中国教育理念的国际推广提供了坚实的基础，使得中国的教育模式和经验能够被更多国家所了解和借鉴。中国特色社会主义制度的优越性，正在被越来越多的国家所认识和重视。中国传统文化历来重视品德培养，随着国家国际地位的提升，这种教育理念在当下的教育体系中变得越来越重要。教育应更加注重培养学生的家国情怀、社会责任感和全球视野下的道德担当。2019 年，中共中央、国务院印发《中国教育现代化 2035》。该文件指出，"把立德树人的成效作为检验学校一切工作的根本标准，以文化人、以德育人，不断提高学生思想水平、政治觉悟、道德品质、文化素养",使学生不仅具备专业知识,更有正确的价值观和道德准则,能够在国际交往中展现中国的良好形象和文化底蕴。在全球化背景下,中国教育应更加注重培养学生的全球视野和跨文化交流能力。该文件强调,要"激励学生敏于求知、勤于学习、敢于创新、勇于实践,自觉促进终身学习与可持续发展能力的提升,成为具有中国情怀和全球视野的人才"。教育内容中增加了国际政治、经济、文化等方面的知识,以及不同国家和民族的历史、文化、社会等内容,旨在帮助学生了解世界多元文化,提高跨文化沟通和理解能力,培养学生成为具有国际竞争力的人才,以更好地适应国际交往和合作的需要。不仅如此,我们依据国际形势的变化,对我国各级各类教育的教学内容、评价模式、教育合作交流模式等方面做了符合我国社会发展规律的调整,为我国教育强国建设增添时代化的新内容。

二要坚持教育优先发展的原则。随着我国综合国力的不断增强,我国在国际社会中逐渐占据了举足轻重的地位。在国际事务的处理中,在全球发展问题的应对上,世界都在关注着中国的行动和主张。中国方略、中国思想蕴含着古老的东方智慧,并与现代发展理念相融合,对于解决全球问题有着独特价值。然而,要将这些宝贵的思想和方略在世界范围内广泛传播并获得理解与认同,急需大量专业且优秀的人才。这些人才不仅要对中国文化、国情有深刻认知,还需具备出色的跨文化交流能力和国际视野。在此形势下,我国深刻意识到教育的关键作用,只有将教育放在优先发展的位置,才能培养出符合要求的高质量人才,让中国的声音在国际舞台上更加响亮,让中国智慧更好地造福世界。在全球化的经济格局下,国际竞争日益激烈,但是"当今世界,综合国力的竞争归根到底是人才的竞争、劳动者素质的竞争"①。我国要在国际经济中占据有利位置,必须优先发展教育,培养具备创新力、国际视野和跨文化交流能力的高素质人才。这有助于推动产业升级和经济结构调整,提升我国在全球供应链中的地位。随着我国企业国际化步伐加快,需要大量了解国内外市场、熟悉国际规则、具备良好语言能力和专业素养的人才。教育优先发展能为企业国际化提供人才支持,助力我国在国际经济合作中获得更多利益。文化是国家软实力的重要组成部分,教育在文化传承和传播中发挥着重要的桥梁作用。通过教育,我们可以培养具有深厚文化底蕴和文化自信的人才,让他们能够更好地向世界传播中国文化,增进各国人民对中国的了解和认同。同

---

① 习近平:《论教育》,中央文献出版社2024年版,第66页。

时，教育也能够促进不同文化之间的交流与互鉴，使我国在国际文化交流中占据主动地位，提升我国的文化软实力和国际形象。

三要坚持以人民为中心，办好人民满意的教育。习近平总书记指出："教育方面人民群众获得感明显增强，我国教育的国际影响力加快提升，十三亿多中国人民的思想道德素质和科学文化素质全面提升。"①我国国际影响力的提升，为我国吸引到了更优质的国际教育资源，为满足人民群众日益增长的高质量教育需求助力。越来越多的国际教育机构和企业愿意与我国合作，投资教育领域。例如，一些国外知名高校与我国高校联合办学，带来了先进的教育理念、教学方法和课程体系，丰富了我国教育资源，为人民群众接受优质教育提供了更多的选择。同时国际影响力的增强促使我国教育服务贸易不断发展，教育相关产业如在线教育、教育科技等蓬勃兴起。这不仅创造了更多的就业机会，也为人民提供了更加多样化、个性化的教育产品和服务，满足了不同层次、不同年龄段人群的学习需求。在由《时代》杂志发布的2024年全球顶尖教育科技公司的排行榜中，中国有25家公司上榜，其中不少都是在线教育品牌。这些平台的发展，延伸了我国教育的覆盖范围，能更好地满足人民群众的多样化需求。

国际影响力的提升使我国在国际教育合作与交流中扮演着越来越重要的角色，这促使我国政府不断优化教育政策，以更好地适应教育国际化的发展趋势。例如，出台鼓励出国留学、引进海外人才、加强国际教育合作等政策措施，为教育提供了更广阔的发展空间和机会。教育作为国家发展的重要支撑，其战略地位也得到了进一步提升。政府更加重视教育事业的发展，加大对教育的投入，改善教育基础设施，提高教师待遇，推进教育公平，这些政策举措都直接或间接地服务于人民，使人民能够享受到更好的教育条件和教育机会。贯彻为人民服务的教育理念，既符合我国的国家性质，又为我国国际影响力的提升奠定了坚定的群众基础。《中国教育现代化2035》中强调："以凝聚人心、完善人格、开发人力、培养人才、造福人民为工作目标，培养德智体美劳全面发展的社会主义建设者和接班人，加快推进教育现代化、建设教育强国、办好人民满意的教育。"

4. 国际影响力助力教育强国建设的方略

随着我国国家竞争力的不断提升和我国外交事业的进一步拓展，中国

---

① 习近平：《论教育》，中央文献出版社2024年版，第3页。

逐渐从边缘走向了中心，中国的理念得到了更多的认同，中国的声音得到了更广泛的传播，中国的"好友圈"更是得到了深度拓展。我们在"走出去"的过程中，逐渐接触到了更优质的教育资源，为推动我国教育强国建设规划如期实现打下外部资源基础。

一是树立教育对外开放的理念。面对当前的国际局势，树立我国教育要坚持对外开放的理念，坚持"引进来"与"走出去"相结合。习近平总书记指出，"要根据国际形势发展变化，完善教育对外开放战略策略，统筹做好'引进来'和'走出去'两篇大文章"①，要树立教育对外开放的理念，将中国教育发展主动融入世界教育发展的洪流中，来实现中国教育新的飞跃。中共中央办公厅和国务院办公厅印发《关于做好新时期教育对外开放工作的若干意见》《推进共建"一带一路"教育行动》等指导性意见，对于加速推进我国教育强国建设大有裨益。下一阶段，要从更高视野对我国教育对外开放事业提出更多指导性意见和建议，充分利用我国的国际影响力，实现我国教育的全球性发展；要针对承担教育领域对外交流职能的部门（比如中国教育国际交流协会），细化并完善其管理职能，同时依据国际局势和我国教育发展需要适当扩展或者削减其职能，为我国教育强国建设的发展提供更为完善的服务。

二是加强教育国际交流与合作。与世界各国的顶尖教育机构建立广泛的合作关系，共同开展科研合作项目、联合培养学生、互派教师交流等，深化双方交流与合作。"引导高校通过国际合作与交流推进'双一流'建设，依托国家公派留学助力高校教师队伍建设和国际化人才培养，支持组建国际高校联盟，参与国际学术组织，推进跨学科交叉融合和跨领域、跨国界的科研合作。"② 定期举办具有国际影响力的教育论坛和研讨会，邀请国内外教育专家、学者、政策制定者等共同探讨教育领域的前沿问题和发展趋势，如每年举办"世界教育创新峰会"，为国内外教育界搭建交流平台，分享教育改革与发展的经验和成果，提升我国在国际教育话语体系中的地位。积极发起并参与建立教育领域的国际组织或联盟，如牵头成立"亚洲教育合作组织"，加强与周边国家和地区在教育政策、资源共享、质量保障等方面的合作与交流，共同推动区域教育一体化发展，扩大我国在国际教育领域的影响力和话语权。

---

① 习近平：《论教育》，中央文献出版社2024年版，第3页。
② 张欣：《以高水平教育对外开放答好新时代命题——六年来我国教育事业发展成就述评之五》，载《中国教育报》2024年9月8日第01版。

三是引进国际优质教育资源。制定更加优惠的政策和措施，吸引世界一流的教育专家、学者和优秀教师来我国高校任教、开展科研合作。在《中共教育部党组关于加快直属高校高层次人才发展的指导意见》（教党〔2017〕40号）中要求："充分发挥海外高层次人才作用。坚持充分尊重、积极支持、放手使用的方针，鼓励海外高层次人才在参与专业决策、领衔重大项目、开展教育教学改革和扩大对外交流等方面发挥更大作用。"同时，鼓励他们在我国高校开设前沿课程、指导研究生、组建科研团队，带动我国教育教学和科研水平的提升。引进国际先进教育理念、课程体系和评估机制。鼓励国内学校积极引进国际先进的教育理念、课程标准和教材，结合我国国情进行本土化改造和应用。如在中小学阶段引进国际通用的STEM教育理念和课程资源，培养学生的创新思维和实践能力。在《教育部等十八部门关于加强新时代中小学科学教育工作的意见》（教监管〔2023〕2号）中指出："各地要完善试题形式，坚持素养立意，增强试题的基础性、应用性、综合性、创新性，减少机械刷题，引导课堂教学提质增效，培养学生科学精神。加强实验考查，提高学生动手操作和实验能力。"在高等教育和职业教育领域优化专业设置和人才培养方案，提高专业教育的国际化水平。要主动与国际知名的教育评估机构开展合作，借鉴其先进的评估理念、方法和标准，完善我国教育质量评估体系。同时，推动我国部分高水平学校参与国际教育质量认证，如申请国际工程教育专业认证（ABET）、欧洲质量发展认证体系（EQUIS）等，提升我国教育质量在国际上的认可度和公信力。

四是推广中国教育模式与经验。在海外设立一批具有示范引领作用的中国学校和教育机构，传播中国教育理念、教学方法和管理经验。可以在"一带一路"沿线国家和海外华人聚居地，创办以中文教学为特色、同时融合当地文化和教育需求的国际化学校，为当地学生提供优质的教育服务，增进中外教育交流与互鉴。"要大力促进中国教育'出海'，通过建立独立海外分校、合作办学、联合培养等形式，推进中国教育开展多类形式、多种内容的海外办学。"① 传播好中国经验，提升中国教育的国际知名度。开展教育援助与培训项目。通过教育援助计划，向发展中国家提供教育物资、资金支持以及教师培训等帮助，提升这些国家的教育发展水

---

① 黄宝印：《不断提升我国教育国际影响力》，载《光明日报》2024年11月12日第13版。

平，比如实施"中非教育合作援助计划"，为非洲国家培训骨干教师、捐赠教育教学设备、援建学校等。同时，我国教育部还积极在全球推进我国的职业教育合作项目，"与非洲、中亚、东南亚、欧洲等国家和地区开展了'中国—东盟职业教育联合会''未来非洲职业教育合作计划'等重点职教合作项目"①。在促进其他国家或地区教育发展的同时，展示中国教育的实力和担当，提升中国教育模式的国际认可度。推动汉语国际推广与文化传播。进一步加强孔子学院和汉语国际推广中心的建设，优化汉语教学资源和课程体系，培养更多优秀的汉语教师志愿者，在全球范围内推广汉语和中国文化。通过举办世界中文大会、"汉语桥"世界大学生中文比赛、"全球汉语大会"等活动，激发各国学生学习汉语的热情，增进对中国文化的了解和认同，为中国教育的国际化发展创造良好的文化氛围。

五是提升教育质量，打造中国教育品牌。扩大来华留学教育规模。进一步优化来华留学环境，提高留学教育质量和管理服务水平，吸引更多海外学生来我国学习深造。加大政府奖学金投入力度，设立多种类型的专项奖学金，鼓励高校开发具有特色和优势的专业与课程，打造全球领先专业，建立一批"留学中国"品牌学校，提升中国高等学府在国际教育领域的知名度。另外，为留学生提供丰富多样的教学活动，如"尚合青年高水平研修生""'中国学堂'LEAP中美青年暑期学校"和"'感知中国'系列活动"等，加深不同国家和地区的学生对中国的了解。拓展教育服务出口领域。除了传统的学历教育服务出口，积极拓展非学历教育服务领域，比如数字教育、职业培训、教育咨询等。由清华大学研发的"学堂在线"中文慕课平台汇集了国内外顶尖学府的超过3000门精品课程，这些课程来自清华大学、北京大学、复旦大学、中国科学技术大学等国内名校，以及麻省理工学院、斯坦福大学、加州大学伯克利分校等国际知名大学，覆盖了13个主要学科领域。同时鼓励国内教育机构和企业开发具有自主知识产权的优质在线教育课程和教育技术产品，依托网络平台向全球用户输出优质教育资源和服务，助力我国"慕课出海"战略深入实施。我国各级各类的学校和教育机构要加强与国外企业和机构的合作，比如，"西南交通大学落实共建'一带一路'倡议，开展课程、教材建设，培养了来自80余个国家的5000多名轨道交通人才，辐射海内外200余所高校、10万

---

① 欧媚：《拓展职教"朋友圈"提升国际贡献力》，载《中国教育报》2024年11月15日第01版。

第七章
教育强国的国际影响力

多名线上学习者"①。开展定制化的职业培训项目，为海外企业培养急需的专业技术人才。

六是参与全球教育治理。积极参与国际教育规则制定，加强对国际教育组织和多边、双边教育合作机制的参与度，选派优秀教育专家参与国际教育规则和标准的制定工作，发出中国声音，贡献中国智慧。例如，在联合国教科文组织、世界贸易组织等国际组织中，积极参与教育政策、教育质量保障、学历学位互认等方面的规则制定，我国提出"诸如'CIPP'（背景—投入—过程—结果）评价模型和'PISA'学生素养评价等先进评价理念和项目，能够引领国际教育评价方向，影响各国教育政策制定"②，以推动建立更加公平、合理、包容的全球教育治理体系。同时在各项教育规则制定的过程中，要坚守中国原则，展现中国特色，彰显中国风格。推动教育理念与实践的国际传播，通过国际会议、学术期刊、社交媒体等多种渠道，积极传播中国的教育理念、教育改革成果和成功经验，促进全球教育思想的交流与融合。我们不仅要拥抱外国期刊，鼓励国内教育学者在国际权威学术期刊上发表高水平研究成果，更要提高我国期刊的国际认可度和发展水平，展示中国教育研究的实力和影响力。出台扶持鼓励政策，加快评价体系改革，在国家层面的学科评估、平台建设、项目申报和相关奖项评选中，加入"科研成果发表在中文期刊"指标，引导和鼓励科研人员将高质量科研成果，尤其是受国家基金资助的成果优先发表在中文学术期刊上。利用新媒体平台，打造一批具有国际影响力的教育品牌账号，如同济大学"推动建设中德、中法、中西、中芬等12个国际合作平台学院，指导、支持各专业学院与国际伙伴开展跨学科、跨文化人才培养和科学研究"（教育部简报〔2023〕第42期），向世界展示中国教育成果，传播中国教育正能量。积极开展教育外交与人文交流活动，"在人文交流机制框架下，美国青年使者交流计划（YES项目）、知行中国、千校携手、中美青年创客大赛、中俄同类大学联盟、中法百校交流计划、中南（非）职业教育联盟等教育品牌项目"③，将教育作为外交工作的重要组成部分，加

---

① 吴丹：《推动"慕课出海"迈向"2.0"》，载《人民日报》2024年4月23日第05版。

② 本刊编辑部：《新时代教育评价改革向更深远处迈进》，载《人民教育》2023年第20期，第14页。

③ 张欣：《以高水平教育对外开放答好新时代命题——六年来我国教育事业发展成就述评之五》，载《中国教育报》2024年9月8日第01版。

强同各国政府、教育机构和民间组织的教育外交与人文交流。通过签订教育合作备忘录、开展教育高层互访、举办教育文化年等活动，深化中外教育合作与友谊，增进各国人民之间的相互了解和信任，为我国教育强国建设营造良好的外部环境。

六、国际影响力支撑教育强国建设的实践进路

马克思说："在科学上没有平坦的大道，只有不畏劳苦沿着陡峭山路攀登的人，才有希望达到光辉的顶点。"① 马克思的这句名言深刻地揭示了科学探索的艰辛和教育发展的必要性。国际影响力如同一张巨大的网，将各国教育体系紧密相连。积极拓展国际影响力，意味着我们能够在更广阔的国际教育舞台上汲取资源。一方面，吸引国际教育精英和前沿理念，为教育强国建设注入新鲜血液；另一方面，通过国际教育交流与合作，输出本国优质教育成果。这一系列实践活动，都是在复杂的国际社会关系中展开，有力地推动教育强国建设，进而为民族复兴铺就坚实之路。在推动教育强国建设的过程中要从顶层设计、作用途径和关键支点三个方面对国际影响力促进民族复兴的进程做出规划。

1. 国际影响力支撑强国建设的顶层设计

中国在国际社会上逐渐崭露头角，中国的发展经验逐渐得到世界各国的重视，归根到底是因为有中国特色的社会主义制度优势。教育强国建设是我国文化体系中的重要战略，是其中最为基础的一环。必须以中国特色社会主义制度为根本出发点和落脚点，扎根中国沃土，延展向世界各地。从教育目标来看，社会主义制度决定了我们培养的是德智体美劳全面发展的社会主义建设者和接班人，为国家发展、民族复兴和人类解放服务。在教育资源分配上，依据社会主义公平原则，确保教育资源向偏远地区和弱势群体倾斜，促进教育公平。从教育内容上，要让社会主义核心价值观贯穿其中，使教育具有深厚的思想内涵和价值引领作用，同时在国际领域展现古老的中国教育智慧。总之，只有立足中国特色社会主义制度，我国教

---

① 《马克思恩格斯全集》（第二十三卷），人民出版社1972年版，第26页。

育强国建设才能沿着正确的道路蓬勃发展。

第一，完善教育规章制度和政策，规范教育国际交流与合作。我国在坚持对外开放基本国策的基础上，不断完善并出台了一系列教育对外开放政策。不仅出台了中共中央办公厅和国务院办公厅印发的相关文件，教育部等八部门还印发了《关于加快和扩大新时代教育对外开放的意见》，要求坚持扩大开放，做强中国教育，凸显了教育对外开放在我国教育事业和全面开放新格局中的地位和作用。政府应出台一系列全面且具有针对性的政策，鼓励各级各类教育机构积极开展国际交流与合作，如设立专项基金，资助高校与国外高水平大学开展联合科研项目、教师互访交流、学生交换学习等活动；对开展国际化教育项目的学校给予税收优惠、用地政策支持等，激发教育机构参与国际教育竞争的积极性。要优化教育法规体系，构建健全的教育国际化法律法规框架，规范国际教育合作与交流的各个环节，包括明确境外教育机构在国内办学的资质审批、监管机制，保障中外师生的合法权益；制定教育服务贸易相关法规，促进教育国际化市场的健康有序发展，为教育领域的国际合作提供稳定、透明的法律环境。为我国教育的对外开放营造安全有序的大环境，助推我国教育强国建设更好、更快地发展。

第二，优化各层级教育目标和制定教育评估的中国标准。要促进教育与国家政策和国际局势相衔接，需紧密围绕强国建设和民族复兴的战略目标，明确教育在提升国家国际竞争力、传播中华文化、促进国际合作与交流等方面的重要使命，将教育国际化作为增强国家综合实力的关键支撑点。在现阶段的国际科技竞争中，对于创新创造的要求越来越高，因此"把培育学生的核心素养尤其是创新能力作为首要目标，实现教育目标的转型升级，由'分数挂帅'走向'创新为王'"[①]。高等教育作为科技创新的"桥头堡"，是我国与国际沟通的一张名片，也是我们与国际频繁接轨的前沿区域。因此要注重对于尖端人才的培养，细化严化培养目标。要注意高等教育与各类教育之间的关联性，设置更加符合我国要求和国际需求的人才培养目标。接轨国际教育质量标准，借鉴国际先进的教育质量保障理念和方法，构建符合国际标准、具有中国特色的教育质量保障体系。推动专业认证、课程认证等与国际通行的认证体系对接，促进教育质量的提

---

① 参见褚宏启《教育强国建设的底层逻辑与顶层设计——教育如何助推中国成为世界强国》，载《教育研究》2024年第1期，第9页。

升和国际认可度的提高。同时,鼓励教育机构参与国际教育质量评估项目,及时了解国际教育质量动态,发现自身优势与不足,不断改进教育教学质量。建立健全教育质量监测与评估机制,加强对教育国际化项目和机构的质量监管。制定科学合理的评估指标体系,对教育机构的国际化办学水平、师资队伍质量、学生培养质量等进行定期评估和监测,确保教育国际化的健康发展;将教育质量监测结果与教育资源配置、政策支持等挂钩,引导教育机构不断提高国际化教育质量。

2. 国际影响力支撑教育强国建设的途径

在全球化时代背景下,国际影响力对教育强国建设的作用日益凸显。它不仅是衡量一个国家教育水平和国际地位的重要指标,更是推动教育改革与发展的关键动力。国际影响力能够促进教育资源的全球流动,为我国教育体系注入新鲜血液,提升教育质量和国际竞争力。通过深化国际合作与交流,我们能够吸收借鉴国际先进教育理念和实践经验,推动我国教育体制机制创新,比如推动我国课程、教学和评价考试制度的优化,培养具有全球视野和国际竞争力的教师队伍。因此,我们必须积极构建开放包容、互学互鉴的教育国际合作交流新格局,以国际影响力为杠杆,撬动教育强国建设的全面进步。

第一,深化课程与教学改革,不断提高教学质量。在基础教育领域,教育部办公厅在《基础教育课程教学改革深化行动方案》中要求,在"义务教育阶段确保全面落实国家课程,注重与地方课程和校本课程的统筹实施;普通高中保证开齐开好必修课程……"同时,依据各地发展实际和各学龄段学生的兴趣设置一些能够展现世界性特征的课程,让学生形成对于世界的初步认知和理解。在各级各类教育中,构建融合国际元素的课程体系。在高等教育课程中,增加有关国际前沿学科的课程和助推我国教育"走出去"的专业。在职业教育中,引入国际职业资格认证标准相关内容,提升学生在国际就业市场的竞争力。在继续教育领域,充分利用好数字化资源,引进国际优质课程。在教学的各个阶段,除了深入传授基础理论和国内各领域的知识,还应当增设涉及国际各行各业、包含具体案例的课程,以帮助学生掌握国际规范和习惯做法。

第二,优化教育评估体系,形成教育的中国特色。国际上先进的教育评价理念,如强调能力素养、过程性评价等,通过国际交流和影响力的传播,促使我国教育考试评价体系从传统的以知识记忆为主向更注重综合能力和素质的评价转变。国际普遍认可的项目式学习评价方法，促使我国在实践课程考核中更加注重培养学生解决实际问题的能力。国际影响力使得我国可以借鉴国际上成熟的评价方法，像国际教育领域中常用的表现性评价、档案袋评价等方法逐渐在我国教育考试评价体系中得到应用和探索。表现性评价可以更好地评估学生在真实情境下运用知识的能力，档案袋评价则能全面呈现学生的学习过程和发展轨迹。

国际上先进的考试技术手段，如计算机自适应测试等，在国际影响力的作用下进入我国视野。这种技术手段能根据考生的答题情况动态调整试题难度，更精准地测量考生的水平，为我国教育考试评价体系在提高评价效率和准确性方面提供了新的思路和方向。"要深化考试招生制度改革，真正实现学生成长、国家选才、社会公平的有机统一。教材建设是育人育才的重要依托。"① 深化考试招生制度改革，实现学生成长、国家选才、社会公平的有机统一，是我国教育发展的重要方向。教材建设作为育人育才的重要依托，也需与时俱进，与国际先进理念和技术相结合，共同推动我国教育事业的全面发展。

第三，培养更多的优秀教师投身教育强国建设。习近平总书记强调："坚持把教师队伍建设作为基础工作。教师是立教之本、兴教之源。必须从战略高度认识加强教师队伍建设的重大意义。"② 国际上一些国家在教师培养方面有着成熟的模式和经验，如教师教育的一体化模式、临床实践模式等。通过研究和借鉴这些国际经验，可以优化我国的教师培养模式，完善教师教育课程体系，加强实践教学环节，提高教师培养的质量和适应性。促使我国教师培养模式向多元化方向发展，除了传统的师范院校培养模式外，还可以借鉴国际上的综合大学培养模式、专业发展学校模式等，为不同类型和层次的教师提供多样化的培养途径，满足不同教育阶段和学科领域对教师的需求。

国际交流合作使教师有机会学习国外先进的教学方法和教学技术，如多媒体教学、在线教育、虚拟现实教学等，提高教学效果和质量。国际影响力在推动教师培养过程中更加重视国际化视野的培养，使教师能够理解和适应全球化的教育趋势和需求，为我国培养跨文化交流的使者奠定坚实

---

① 中共中央党史和文献研究院：《建设教育强国的强大思想武器和科学行动指南》，载《人民日报》2024年9月25日第06版。

② 习近平：《论教育》，中央文献出版社2024年版，第5页。

的基础。积极"支持教师海外进修学习,参与国际科研合作,进入国际组织、学术性协会和国际学术期刊等任职的政策体系,以战略思维持续推进中国深度参与全球教育治理"①。国际影响力对我国教育教师培养意义非凡。在其作用下,教师得以汲取国外优质教育资源,提升教学水平,拓展国际视野,进而培养出适应全球化的人才。我们应持续深化国际交流合作,完善相关政策,让教师培养为全球教育发展贡献更多力量。

3. 坚持"以我为主,为我所用"作为教育强国的关键支点

国际影响力对于教育强国建设的影响,最主要体现在我国对于国际教育资源的吸收与利用上。然而,在吸收和利用国际教育领域成果时,必须保持清醒的头脑,仔细辨别其中可能存在的意识形态风险。不同国家有着不同的历史文化、社会制度和价值观念,国际教育资源中也可能夹杂着与我国主流意识形态不符的内容。若不加辨别地全盘接受,可能会对我国教育的社会主义方向以及学生的思想观念产生误导,影响教育的育人功能和社会稳定。习近平总书记强调:"中国的事情必须按照中国的特点,中国的实际办。必须坚持中国特色社会主义教育发展道路,扎根中国、融通中外、立足时代、面向未来,发展具有中国特色、世界水平的现代教育。"②我国国际影响力的提升对教育发展的助推力巨大,如吸引更多国际教育资源流入、促进教育交流合作等,但同时也带来了诸多挑战,如文化冲突、教育主权维护等问题。因此,我们要深植中国大地,厚植中国沃土,立足国情和教育实际,将国际上的先进技术和理念进行本土化改造,使其与我国的教育体系和文化传统相融合,从而打造具有中国特色的教育强国,为实现中华民族伟大复兴的中国梦提供坚实的人才支撑和智力保障。

同时,我们必须积极主动地提升我国在国际教育领域的话语权。在全球化的浪潮下,国际教育舞台上的声音纷繁复杂,而我们要让中国的声音清晰而响亮地传播出去。这意味着我们要全方位、多渠道地向世界展示中国教育的理念、模式和成就,增进世界对于中国的深入理解,让世界听见中国声音,真正了解中国教育背后所蕴含的文化底蕴、价值观念和发展思路,从而打破一些西方国家因敌对意识形态而对我们进行的无端抹黑和歪

---

① 黄宝印:《不断提升我国教育国际影响力》,载《光明日报》2024 年 11 月 12 日第 13 版。

② 习近平:《论教育》,中央文献出版社 2024 年版,第 4 页。

第七章
教育强国的国际影响力

曲。向外展示真实、全面的中国教育，为我国建设有中国特色的社会主义教育强国奠定坚实的国际舆论基础。在这一展示过程中，我们如同在国际教育的大花园中寻觅志同道合的伙伴。这些伙伴认同我们的发展理念，尊重我们的教育文化，他们与我们共同探索教育创新之路，携手开展教育合作项目。而且，我们也更容易发现那些符合我国发展思维的人才，这些人才不仅具备优秀的专业素养，更重要的是他们能理解并认同中国的教育理念和发展模式。如此一来，我们在国际教育合作与交流中能够减少因观念差异、意识形态对立所导致的矛盾和摩擦，为我国教育强国建设营造一个和谐、积极的国际环境，进而极大地提高我国教育强国建设的效率，推动教育事业朝着更有特色、更具影响力的方向蓬勃发展。

在教育对外开放的过程中要做到积极鉴别，始终以中国为中心，做到以我为主，深化文化自信，充分利用国际资源推动我国教育强国的建设发展。为了实现这一目标，我们首先要坚定文化自信，这是推动教育强国建设的精神支柱。文化自信不仅包含对中华民族五千多年文明的自信，也包含对新时代中国特色社会主义文化发展的自信。这种自信贯穿于教育体系的方方面面，影响着中国教育事业的方向和质量。通过发展社会主义先进文化，弘扬革命文化，传承中华优秀传统文化，我们培养学生对中华文化的认同感和自豪感，这是实现文化自信的关键环节。同时，我们也要借鉴国外有益经验，"广泛吸纳融合一切外来优秀教育成果，在学习、消化、吸收、再创造中锻造出独特的中国教育模式。中国基础教育要在吸收世界优秀教育成果的基础上，有选择地、兼容并包地与本土的实际情况相结合，使中国教育的特色更加鲜明"[①]。这样，我们既能保持教育的中国特色，又能吸收国际教育的精华，实现教育的创新发展。

因此，建设教育强国需多方协同发力。政府应高瞻远瞩，优化顶层设计，完善政策法规，推动教育改革创新；教育机构应积极进取，加强国际交流合作，提升教育质量；教师要不断提升自我，融合国际先进经验，培育时代新人。我们应坚定信念，在全球化的舞台上，以自信之姿展现中国教育的独特魅力；持续提升教育强国国际影响力，吸引全球资源，促进文化交流；让教育成为连接世界的桥梁，为人类命运共同体的构建贡献智慧与力量，推动中华民族伟大复兴的巨轮破浪前行，驶向辉煌彼岸。

---

① 王嘉毅：《坚定教育自信 扎根中国大地办好基础教育》，载《学习时报》2024年1月3日第01版。

参考文献

[1] 习近平. 习近平谈治国理政：第一卷 [M]. 北京：外文出版社，2018.

[2] 习近平. 习近平谈治国理政：第二卷 [M]. 北京：外文出版社，2017.

[3] 习近平. 习近平谈治国理政：第三卷 [M]. 北京：外文出版社，2020.

[4] 习近平. 习近平谈治国理政：第四卷 [M]. 北京：外文出版社，2022.

[5] 习近平. 习近平著作选读：第一卷 [M]. 北京：人民出版社，2023.

[6] 习近平. 习近平著作选读：第二卷 [M]. 北京：人民出版社，2023.

[7] 习近平. 论教育 [M]. 北京：中央文献出版社，2004.

[8] 郑永廷. 思想政治教育方法论 [M]. 修订版. 北京：高等教育出版社，2021.

[9] 王仕民. 德育文化论 [M]. 广州：中山大学出版社，2007.

[10] 王仕民. 德育功能论 [M]. 广州：中山大学出版社，2005.

[11] 黄钊. 儒家德育学说论纲 [M]. 武汉：武汉大学出版社，2006.

[12] 张耀灿，郑永廷，等. 现代思想政治教育学 [M]. 北京：人民出版社，2006.

[13] 韦吉锋. 网络思想政治教育研究 [M]. 北京：新华出版社，2005.

[14] 曾令辉. 虚拟社会人的发展研究 [M]. 北京：人民出版社，2009.

[15] 胡守棻. 德育原理 [M]. 北京：北京师范大学出版社，1989.

[16] 胡厚福. 德育学原理 [M]. 北京：北京师范大学出版社，1997.

[17] 褚培军. 德育论 [M]. 福州：福建教育出版社，1997.

[18] 鲁洁，王逢贤. 德育新论 [M]. 南京：江苏教育出版社，2010.

[19] 张澍军. 德育哲学引论 [M]. 北京：中国社会科学出版社，2008.

[20] 檀传宝. 德育原理 [M]. 北京：北京师范大学出版社，2007.

[21] 蒋笃运. 德育系统论 [M]. 2版. 郑州：郑州大学出版社，2007.

[22] 班华. 现代德育论 [M]. 合肥：安徽人民出版社，2001.

[23] 王玄武. 比较德育学 [M]. 武汉：武汉大学出版社，2001.

[24] 余立. 教育衔接若干问题研究 [M]. 上海：同济大学出版社，2003.

[25] 刘素芬. 思想政治理论课改革衔接 [M]. 北京：社会科学文献出版社，2009.

[26] 王瑞荪. 比较思想政治教育学 [M]. 北京：高等教育出版社，2001.

[27] 熊建生. 思想政治教育内容结构论 [M]. 北京：中国社会科学出版社，2012.

[28] 沈壮海. 思想政治教育有效性研究 [M]. 武汉：武汉大学出版社，2001.

[29] 佘双好. 现代德育课程论 [M]. 北京：中国社会科学出版社，2003.

[30] 吴铎. 德育课程与教学论 [M]. 杭州：浙江教育出版社，2003.

[31] 万光侠. 思想政治教育的人学基础 [M]. 北京：人民出版社，2006.

[32] 鞠忠美. 大中小学德育衔接工作创新研究 [M]. 北京：中国书籍出版社，2015.

[33] 胡斌武. 社会转型时期学校德育的现代化 [M]. 北京：中央编译出版社，2006.

[34] 黄富峰. 德育思维论 [M]. 北京：人民出版社，2006.

[35] 袁桂林. 当代西方道德教育理论 [M]. 福州：福建教育出版社，1995.

[36] 朱小蔓. 中小学德育专题 [M]. 南京：南京师范大学出版社，2002.

[37] 高德胜. 知性德育及其超越 [M]. 北京：教育科学出版社，2003.

[38] 鲁洁. 德育社会学 [M]. 福州：福建教育出版社，1998.

[39] 王逢贤. 优教与忧思 [M]. 北京：人民教育出版社，2004.

[40] 黄向阳. 德育原理 [M]. 上海：华东师范大学出版社，2000.

[41] 刘济良. 德育原理 [M]. 北京：高等教育出版社，2010.

[42] 冯文全. 道德教育原理 [M]. 北京：北京师范大学出版社，2013.

后　　记

　　习近平总书记在全国教育大会上指出：教育是强国建设、民族复兴之基。建成教育强国是近代以来中华民族梦寐以求的美好愿望，是实现以中国式现代化全面推进强国建设、民族复兴伟业的先导任务、坚实基础、战略支撑，必须朝着既定目标扎实迈进。新时代建设教育强国是一项复杂的系统工程，需要发挥思政引领力，紧紧围绕立德树人这个根本任务，不断加强和改进新时代学校思想政治教育，不断加强和改进学校思想政治理论课教学，教育引导青年学生坚定马克思主义信仰、中国特色社会主义信念、中华民族伟大复兴信心，立报国强国大志向，勤奋努力有担当。新时代思想政治教育要注重运用新时代伟大变革成功案例，充分发挥红色资源的育人功能，不断拓展实践育人和网络育人的空间与阵地。新时代建设教育强国需要不断提高人才的竞争力。人才是国家建设的主力军，是中国式现代化的关键。没有人才，现代化只能是一句空话。而人才须有竞争力，没有竞争力就谈不上人才。新时代建设教育强国需要科技支撑力，科学是教育强国的主要方面，而科技支撑力本身也需要人才来支撑。没有人才，哪里来科技支撑力？说到底还是要有有竞争力的人才。建设教育强国是广大人民群众的呼声。教育要坚持以人民为中心，不断提升教育公共服务的普惠性、可及性、便捷性，让教育改革发展成果更多、更公平地惠及全体人民，这就是教育强国的民生保障力。建设教育强国需要全方位统筹协调，优化区域教育资源配置，推动义务教育优质均衡发展，扩大优质教育资源受益面，提升终身学习公共服务水平，这就是教育强国建设的社会协同力。新时代建设教育强国需要深入推动教育对外开放，统筹"引进来"和"走出去"，不断提升我国教育的国际影响力、竞争力和话语权，扩大国际学术交流和教育科研合作，积极参与全球教育治理，为推动全球教育事业发展贡献更多中国力量。

　　全国教育大会在北京召开后，我反复学习了习近平总书记在大会上的讲话，又系统地研读了习近平总书记关于教育的系列讲话，以及习近平总书记关于思想政治教育和思想政治理论课等讲话，认为为了建设教育强国，我应该尽一个青年知识分子的责任，思来想去还是想写点自己的学习感想。《教育强国六力论》就是对这个想法加以实践的结果。《教育强国六力论》以习近平新时代中国特色社会主义思想为指导，贯穿落实习近平总书记全国教育大会的讲话精神，系统地阐释了教育强国应当具有强大的思政引领力、人才竞争力、科技支撑力、民生保障力、社会协同力、国际影响力。这是一个阐释，但更多的是学习的感想。

由于全国教育大会召开到今天的时间并不长，需要学习的内容比较多。解读教育强国"六力"涉及理论与实践的方方面面，虽然前期积累了这方面的许多资料，也做了一些研究的准备工作，但真正研究起来还是不容易的。因此，研究还有许多未尽之处，有待进一步深化。本研究也参考了不少其他学者的研究成果，笔者在书中尽量进行了标注；当然也可能有遗漏，在此一并表示感谢！研究中不足之处，也希望学者们及其他读者批评指正。

本书适合高校从事马克思主义理论研究与教学的教师阅读和教学参考，也适合高校学生学习参考；同时，也可供宣传部门参考！在此谨感谢中山大学出版社陈霞等编辑对本书进行的后期编辑和修改，以及为本书出版所付出的努力！

王明亮

2024 年 12 月 1 日于中山大学康乐园